부가가치세법 입문 바이블

신일항 저

퍼블리셔

머리말

세법은 회계와 세무를 배우는 학생들이 학습에 가장 어려움을 겪는 분야입니다. 특히 세법을 처음 배우는 학생들은 세법 내용을 수업에서 배우더라도 이해하는 것이 매우 어렵습니다. 이는 세법이라는 분야의 방대함과 복잡함이 그 원인이기도 하지만 동시에 학생들 입장에서 내용을 강약을 구분하여 전달하고자 하는 입문서의 부재가 그 원인이기도 합니다. 이에 공인회계사 및 세무사로써 실무를 경험하고 대학에서 학생들을 가르치는 회계세무학 교수로써 부가가치세를 알기 쉽게 전달하려는 목적으로 본서를 집필하게 되었습니다.

구체적으로 본서의 특징을 정리하면 다음과 같습니다.

(1) 이해 위주의 상세한 설명

부가가치세의 개념을 부가가치세법을 바탕으로 접근하면 그 내용을 이해하기가 매우 어렵습니다. 이를 감안하여 본서는 부가가치세법 입문자들이 부가가치세의 원리와 응용을 자연스럽게 이해할 수 있도록 상세한 설명을 제시하였습니다.

(2) 부가가치세법의 주요 내용에 대해 선택과 집중

부가가치세법을 배우는데 있어서 주요 내용에 집중하여 설명을 제공하였습니다. 즉 본 도서는 부가가치세법 내용에 대한 백과사전식 나열보다는 부가가치세법 영역에서 다뤄야 할 핵심적인 내용을 충실히 다루는 것을 목적으로 하였습니다.

(3) 풍부한 예제 제공

부가가체세 개념을 학습할 수 있는 사례와 기출문제 등을 충분히 제공함으로써 부가가치세법 상의 이슈를 이해하는데 도움이 되도록 하였습니다.

본서가 나오기까지 많은 분들의 도움이 있었습니다. 본서의 편집과 출판 과정에서 많은 도움을 주신 나우퍼블리셔에 감사의 말씀을 드립니다. 마지막으로 이 책으로 부가가치세법에 입문할 독자들의 건투를 바라며, 향후 독자들의 비판과 조언을 기반으로 더욱 좋은 부가가치세법 도서를 만들기 위해 최선의 노력을 경주하겠습니다.

2025년 6월

가천관 연구실에서 저자 씀

CONTENTS

CHAPTER 1 총 칙

CHAPTER 2 과세거래

CHAPTER 3 영세율과 면세

CHAPTER
4 과세표준과 매출세액의 계산

CHAPTER
5 세금계산서

CHAPTER
6 매입세액의 계산

CHAPTER
7 겸영사업자의 세액계산특례

CHAPTER 8

차가감납부세액 및 납부절차

CHAPTER 9

간이과세

Chapter 01

Value Added Tax

총 칙

1 총 칙

1 부가가치세의 개념

부가가치세란 사업자가 생산·유통을 통하여 창출한 부가가치에 대해 과세하는 조세이다. 부가가치세의 과세대상이 되는 부가가치의 유형에는 GNP형 부가가치, 소득형 부가가치, 임금형 부가가치, 소비형 부가가치 등이 존재한다. 이 중 우리나라의 부가가치세는 소비형 부가가치세에 속하며 중간재와 자본재 구분 필요 없이 매입총액을 매출액에서 공제해서 계산한다. 소비형 부가가치세는 자본재 투자에 대한 부가가치세가 즉시 환급되므로 투자촉진 효과가 존재한다.

> 소비형 부가가치 계산방법
> = 총산출액 – 중간생산재 – 자본재구입액
> = (임금 + 임차료 + 이자 + 이윤 + 감가상각비) – 자본재구입액 = (임금 + 임차료 + 이자 + 이윤) – 순투자
> = 총 소비지출(C)과 일치

2 부가가치세의 과세방법

❶ 개 요

부가가치세의 과세방법, 즉, 부가가치세의 납부세액의 계산방법에는 가산법과 공제법이 있다. 여기서 공제법은 다시 전단계 거래액 공제법과 전단계 세액공제법으로 나눌 수 있다.

(1) 가산법

생산의 4요소인 노동·자본·토지·경영을 투입하여 나오는 임금·이자·임차료·이윤 등의 부가가치 구성요소를 합계한 금액에 세율을 곱하여 납부세액을 산정하는 방법이다.

납부세액 = 부가가치 합계액 × 세율

(2) 전단계거래액공제법

해당 과세기간의 공급가액에서 중간재 매입액을 공제한 금액에 세율을 곱하여 납부세액을 산정하는 방법이다.

납부세액 = (매출액 – 매입액) × 세율

(3) 전단계세액공제법

해당 과세기간의 공급가액에 세율을 적용하여 계산한 매출세액에서 해당 과세기간의 매입가액에 세율을 적용하여 계산한 매입세액을 공제하여 납부세액을 산정하는 방법이다.

납부세액 = 매출액 × 세율 - 매입액 × 세율 = 매출세액 - 매입세액

❷ 과세대상 및 과세표준

우리나라 부가가치세는 전단계 세액공제법을 채택하고 있다. 전단계 세액공제법에서는 일정기간의 매출액에 세율을 곱한 매출세액에서 전단계의 매입액에 세율을 곱한 매입세액을 차감하여 부가가치세를 계산한다.

부가가치세(VAT) = (매출액 - 매입액) × 10% ☜ 전단계거래액공제법

= 매출세액 - 매입세액 ☜ 전단계세액공제법

매출액×10% 증빙(세금계산서)

전단계 세액공제법에서는 부가가치세의 과세대상을 재화 또는 용역의 공급으로 보므로, 과세표준은 부가가치의 창출액이 아니라 재화 또는 용역의 공급가액이다. 매입세액은 공제세액의 일종으로 본다.

부가가치세는 특정 재화 또는 용역의 공급만을 과세대상으로 하지 않고 원칙적으로 사업자에 의하여 공급되는 모든 재화 또는 용역을 포괄적으로 과세대상으로 하고 있다.

사례 전단계 세액공제법에 의한 부가가치세 부과

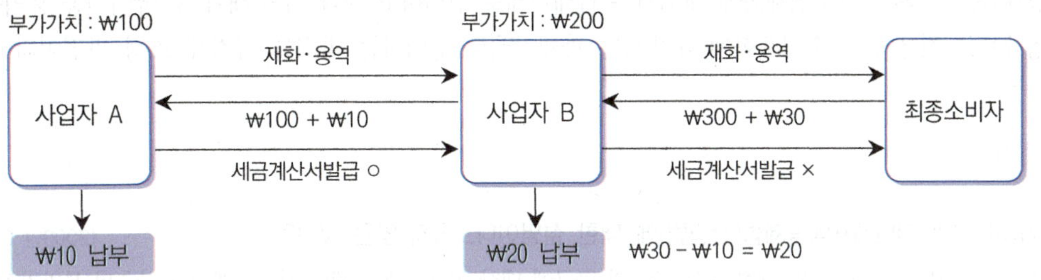

이 때 사업자에 의하여 공급되는 재화 또는 용역이면서 면세로 열거되어 있는 경우가 아니라면 세금계산서의 발행 여부, 매입세액의 공제 여부와 무관하게 과세거래가 되므로 매출세액이 과세된다. 반면에 세금계산서의 수취 등 일정한 요건을 충족하여야만 매입세액 공제가 가능하므로 우리나라 부가가치세 제도에서 세금계산서 제도는 중추적인 역할을 하고 있다.

❸ 국제거래에서의 부가가치세 과세

만일 국가 간의 물류이동에 대해서 양 국가 모두 부가가치세를 획일적으로 과세한다면 국가 간의 이중과세문제가 발생하게 되어 수입재화의 소비자가가 자국 생산재화의 소비자가보다 높게 책정될 수밖에 없어 결국 국가 간의 물류이동은 위축될 수밖에 없는 사태를 초래할 것이다. 이런 국가 간의 이중과세문제를 해결하여야 하는데, 그 해결방식에 대해 이론적으로는 생산지국 과세원칙과 소비지국 과세원칙을

생각해 볼 수 있다. 국제거래되는 상품에 대한 부가가치세 과세방법은 생산지국 과세원칙과 소비지국 과세원칙으로 구분할 수 있다.

(1) 생산지국 과세원칙

국제거래되는 상품에 대해서 원산지국에서 과세권을 행사하는 방법으로서, 원산지국 과세원칙이라고도 한다. 이 방법에서는 수출하는 경우에 원산지국에서 과세된 간접세를 공제 또는 환급하지 않고 수입하는 경우에 간접세를 부과하지 않는다. 즉 전혀 국경세 공제를 하지 않는다. 이는 부가가치세를 생산지국에서만 과세를 하고 소비지국에서는 과세를 하지 않는 방식이다. 이 방식은 국가간의 이중과세문제는 해결하지만 생산지국과 소비지국의 부가가치세 세율이 다를 경우에 수입재화와 자국생산재화에 대한 부가가치세가 달라지게 되는 문제점을 내포하고 있다.

(2) 소비지국 과세원칙

국제거래되는 상품에 대해서 소비지국에서 과세권을 행사하는 방법으로서, 행선지국 과세원칙이라고도 한다. 이 방법에서는 생산지국에서 수출할 때에는 간접세를 전액 공제 또는 환급하여 간접세 부담을 완전히 제거하고, 수입할 때에는 자국에서 생산된 물품과 동일하게 간접세를 부과한다. 국제거래되는 상품에 대해서 원산지국에서 과세권을 행사하는 방법으로서, 원산지국 과세원칙이라고도 한다. 이 방법에서는 수출하는 경우에 원산지국에서 과세된 간접세를 공제 또는 환급하지 않고 수입하는 경우에 간접세를 부과하지 않는다. 즉 전혀 국경세 공제를 하지 않는다.

우리나라의 부가가치세에서는 소비지국 과세원칙의 관철을 위해, 수출재화 및 국외제공 용역에 대해 영세율을 적용하고, 수입재화에 대해서는 과세거래로 정의하고 있다. 수출재화 및 국외제공 용역에 대해 영세율을 적용하고, 수입재화에 대해서는 과세거래로 정의하는 과정을 국경세 조정 과정이라고 한다.

예제

부가가치세법과 전단계세액공제법(간접법)에 대한 설명이다. 옳지 않은 것은? [2009년 CPA 기출]

① 부가가치세법상 과세표준인 재화 또는 용역의 공급에 대한 공급가액은 해당 거래단계에서 창출된 부가가치의 총액을 의미한다.

② 부가가치세법은 부가가치를 직접 산출하여 과세하지 않고 전단계세액공제법에 따라 재화 또는 용역의 공급, 재화의 수입에 대하여 부가가치세를 부과한다.

③ 전단계세액공제법은 매출액에 세율을 곱하여 거래징수한 매출세액에서 재화 등을 매입할 때 거래징수 당한 매입세액을 공제하여 부가가치세 납부세액을 계산하는 방법이다.

④ 전단계세액공제법에서 전단계세액은 부가가치세법 상 매입세액에 해당한다.

⑤ 부가가치세법 상 납부세액을 산출함에 있어 매출세액에서 매입세액을 공제하는 이유는 이전 거래단계에서 창출된 부가가치에 대한 중복과세를 회피하기 위한 것이다.

정답 ①

부가가치세법상 과세표준인 재화 또는 용역의 공급에 대한 공급가액은 해당 거래단계까지 창출되어 누적된 부가가치의 총액을 의미한다.

참고 국경세의 조정

1. 이중과세문제 발생
   만일 국가 간의 물류이동에 대해서 양국가 모두 부가가치세를 획일적으로 과세한다면 국가 간의 이중과세문제가 발생하게 되어 수입재화의 소비자가가 자국생산재화의 소비자가보다 높게 책정될 수밖에 없어 결국 국가 간의 물류이동은 위축될 수밖에 없는 사태를 초래할 것이다. 이런 국가 간의 이중과세문제를 해결하여야 하는데, 그 해결방식에 대해 이론적으로는 생산지국 과세원칙과 소비지국 과세원칙을 생각해 볼 수 있다.
2. 생산지국 과세원칙
   이는 부가가치세를 생산지국에서만 과세를 하고 소비지국에서는 과세를 하지 않는 방식이다. 이 방식은 국가 간의 이중과세문제는 해결하지만 생산지국과 소비지국의 부가가치세 세율이 다를 경우에 수입재화와 자국생산재화에 대한 부가가치세가 달라지게 되는 문제점을 내포하고 있다.
3. 소비지국 과세원칙
   이는 부가가치세를 생산지국에서는 과세를 하지 않고 소비지국에서 과세를 하는 방식이다. 이 방식은 생산지국 과세원칙과는 달리 생산지국과 소비지국의 부가가치세 세율이 다른 경우에도 수입재화와 자국생산재화에 대한 부가가치세가 동일하게 되어 각 국가가 독자적으로 자국상황에 맞는 부가가치세제의 운영을 할 수 있는 장점을 갖고 있으며 우리나라를 포함한 대부분의 국가가 소비지국 과세원칙을 따르고 있다.

A국의 a회사가 B국의 b회사로 100에 매입한 상품을 300에 수출하는 경우

1. 국경세 조정을 인위적으로 하지 않는 경우(생산지국 과세)
   a회사는 300에 수출하는 상품에 대해 매출세액 30에서 매입세액 10을 차감한 20을 부가가치세로 생산지국인 a국에 납부함
   b회사는 330에 수입하는 상품에 대해 소비세(부가가치세) 납무 의무 없음
2. 국경세 조정을 하는 경우(소비지국 과세)
   a회사는 300에 수출하는 상품에 대해 영세율 적용하므로, 매출세액 0에서 매입세액 10을 차감한 10의 부가가치세를 환급받음
   b회사는 300에 수입하는 상품이 과세거래로 포함되어 매출세액 30의 부가가치세를 소비지국인 b국에 납부함

만일 소비지국 과세원칙을 사용하지 않고 생산지국 과세원칙을 적용할 경우 A국의 간접세율은 5%이고 B국의 간접세율은 10%일 때 A국에서 B국으로 수출되는 경우에 B국의 국민들은 자국물품보다 A국의 물품을 선호하게 될 것이다. 반대로 B국에서 A국으로 수출되는 경우 A국의 국민은 B국의 물품보다 A국의 물품을 선호하게 된다. 즉, 이 경우 간접세율이 낮은 나라의 제품이 국제경쟁력에서 우위를 차지하게 되는 것이며 소비지국 과세원칙은 이러한 현상을 방지할 수 있다.

참고 탄소국경조정제도(Carbon Border Adjustment Mechanism) : 탄소국경세

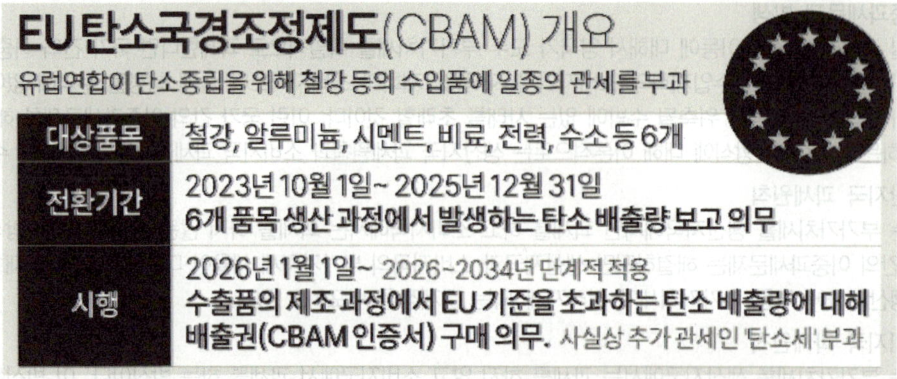

어떻게 세금을 물린다는 것일까? 한국에서 물건을 수입하는 유럽의 수입업자(바이어)에게 책임을 지운다. 수입업자는 수입품에서 발생하는 탄소의 총량에 따라 그만큼 'CBAM 인증서'라는 것을 구매해야 한다. 이 비용은 결국 해당 상품을 수출한 기업이 치를 수밖에 없다. 한국의 포스코가 독일 폭스바겐에 자동차 강판을 판다고 치자. 폭스바겐이 구입해야 할 CBAM 인증서 구매 비용을 한국의 포스코가 어떤 식으로든 떠안아야 한다는 이야기다. 관세나 다름없다. EU 측의 탄소국경조정제도 설명에 관세(tariff)라는 말이 한마디도 없지만, 우리가 이 제도를 '탄소국경세'라고 부르는 이유다.

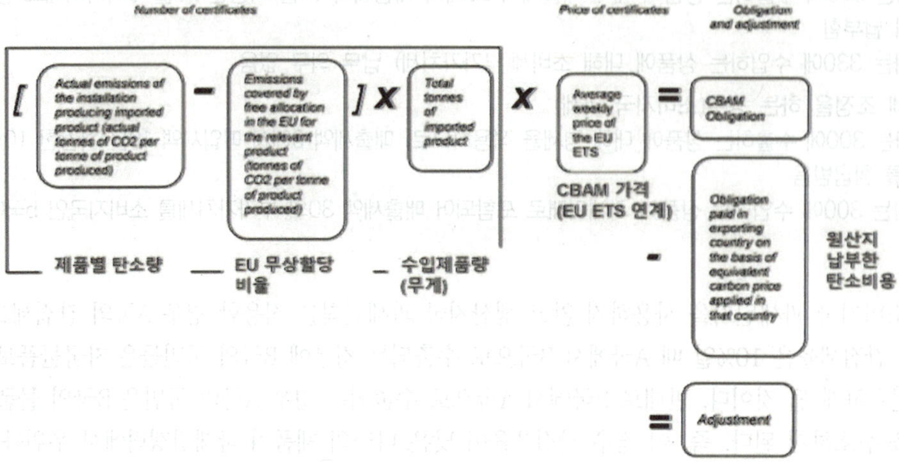

CBAM에서 탄소 총량을 계산하는 계산식은 복잡한 데다 아직 최종 확정되지 않았다. 다만 EU의 탄소배출권 가격에 연동해 그 액수가 결정된다는 점은 확실하다. 탄소배출권 가격은 다 다른데, 한국의 경우 t당 2만원 이하, EU는 10만원을 훌쩍 넘는다. 만약 포스코나 현대제철이 철강 1t을 생산하는 데 탄소 2t을 배출했다면, 철강 1t을 EU에 팔기 위해서는 EU의 배출권 가격에 맞춰 20만원 이상 배출권 비용을 추가로 부담해야 한다는 이야기다. EU CBAM은 탄소배출량 계산에서 간접 배출도 포함하겠다고 밝혔다. '간접 배출'은 생산공정에서 발생하는 직접 배출 외에 그 과정에서 사용한 열과 전력으로 인한 배출량까지 계산에 넣겠다는 것이다. 즉 포스코가 쓴 전력이 탄소배출이 많은 화력발전인지, 태양광·풍력 같은 재생에너지인지 따지겠다는 것이다.

3 부가가치세의 특징

① 개 요

조세는 정부의 다양한 활동을 가능하게 하기 위한 자원을 민간부문으로부터 정부부문으로 강제로 이전하는 수단인데, 세금을 부과·징수하는 과세권의 주체에 따라 국세와 지방세로 분류할 수 있다. 국세는 중앙정부인 국가가 과세권을 갖고 부과·징수하여 중앙정부의 재정수입으로 귀속되는 조세이다. 국세는 과세대상이 되는 물건인 재화 등이 국경을 넘어서 이동하는 거래인가, 우리나라의 국경 내에서 일어나는 거래인가를 기준으로 내국세와 관세로 구별한다. 반면에 지방세는 지방자치단체의 과세권에 의해 부과·징수되는 조세로서, 당해 지방자치단체의 재정수요에 충당된다는 점에서 국세와 차이점이 있다.

부가가치세는 중앙정부인 국가가 과세권을 갖고 부과·징수하므로 국세로 분류된다. 다만 우리나라는 국가가 국세로 징수한 부가가치세 일부를 지방소비세라는 별도 지방세로 지방에 이전하고 있다. 즉 우리나라는 부가가치세를 국세로 일원화해 징수 효율성을 높이고, 대신 지역 간 재정 불균형을 완화하기 위해 지방소비세를 통해 배분하고 있다.

또한 조세는 법률상의 납세의무자와 경제상의 조세부담자(담세자)가 일치하는지의 여부에 따라 직접세와 간접세로 분류할 수 있다. 직접세는 법률상의 납세의무자와 경제상의 조세부담자가 일치하는 조세이며. 소득세, 법인세, 상속세, 증여세, 종합부동산세 등이 이에 속한다. 간접세는 경제거래를 통해 타인에게 조세부담의 전부 또는 일부가 전가되어 법률상의 납세의무자와 경제상의 조세부담자가 일치하지 않는 조세이다. 법률상 부가가치세의 납세의무자는 재화와 용역을 공급하는 사업자지만, 사업자가 납부한 부가가치세는 다음 거래단계에 가격에 반영되어 전가되며, 최종단계에는 최종소비자에게 귀착되므로 최종소비자가 담세자가 된다. 즉 부가가치세는 납세의무자와 조세부담자가 상이하다는 측면에서 대표적인 간접세이다.

부가가치세는 특정한 재화 또는 용역의 소비행위에 대해서 과세하는 개별소비세와는 달리 원칙적으로 모든 재화와 용역의 소비행위에 대해서 과세하는 일반소비세이며 단일세율로 과세한다. 세부담의 역진성은 소득이 낮을수록 소득에 대한 세부담 비율이 더 높은 상황을 의미하는데, 부가가치세의 경우 단일세율 구조로 인해 소득에 대한 세금의 부담이 역진적이라고 할 수 있다. 이러한 부가가치세의 역진성을 완화하기 위해 현행 부가가치세법에서는 고소득자나 저소득자가 대부분 소비하게 되는 생필품 등의 공급에 대해 부가가치세 과세대상에서 제외시키는 면세제도를 운용하고 있다.

또한 우리나라의 부가가치세는 과세대상의 주체에 의한 분류에 따르면 인세와 물세 중 물세라고 할 수 있다. 인세(Personal Tax)란 수입이나 재산이 귀속되는 사람을 중심으로 담세력을 고려하여 부과하는 조세를 말하며, 물세(In rem Tax)란 각 사람의 담세력을 고려하지 않고 수입이나 재산 그 자체에 대하여 부과하는 조세를 말한다. 부가가치세는 소득에 대하여 부과하는 것이 아니라 매출액을 기준으로 부과하기 때문에 담세력을 고려하지 않은 물세라고 할 수 있다.

구 분	내 용
다단계 거래세	부가가치세는 재화 또는 용역이 어떠한 형태이든 독립된 경제거래의 대상이 될 때에는 과세하므로 제조·도매·소매 등 최종소비자에게 도달될 때까지의 모든 거래단계마다 부가가치세를 과세하는 다단계거래세이다.
일반소비세	부가가치세는 면세로 열거된 것을 제외한 모든 재화와 용역의 소비행위에 대해서 과세하는 일반소비세이다. 따라서 특정한 재화 또는 용역의 소비행위에 대해서 과세하는 개별소비세 및 주세와는 구별된다.
간접세	부가가치세는 납세의무자와 담세자가 다를 것으로 예정된 조세이므로 간접세에 해당한다. 부가가치세의 납세의무자는 사업자이나, 담세자는 최종소비자이다.
면세제도 도입	현행 부가가치세법에서는 세부담의 역진성을 완화하기 위하여 특정 재화 또는 용역의 공급에 대해서는 부가가치세 과세대상에서 제외시키는 면세제도를 운용하고 있다.
물세	부가가치세는 납세의무자와 담세자의 인적사정을 고려하지 않고, 단지 재화와 용역의 소비사실에 대하여 과세하는 물세이다.

4 납세의무자

1 개요

사업자 또는 재화를 수입하는 자로서 개인, 법인(국가·지방자치단체와 지방자치단체조합을 포함), 법인격이 없는 사단·재단 또는 그 밖의 단체는 부가가치세를 납부할 의무가 있다. 부가가치세 납세의무자의 요건을 구체적으로 설명하면 다음과 같다.

(1) 영리목적 여부와는 무관하다

부가가치세의 납세의무자는 사업목적이 영리이든 비영리이든 관계없이 사업상 독립적으로 재화 또는 용역을 공급하는 사업자를 말한다. 따라서 개인, 법인(국가·지방자치단체 및 지방자치단체조합 포함) 또는 법인격 없는 사단·재단·기타단체 등도 다른 요건을 충족하면 부가가치세의 납세의무자가 될 수 있다(부가법 3). 이러한 규정은 부가가치세의 경우 최종소비자가 실질적으로 세금을 부담하기 때문에 사업자의 영리성 유무에 따라 소비자의 세금부담에 차이가 생기는 혼란을 방지하고, 사업자 간의 중립성을 유지하기 위한 방안이라고 볼 수 있다.

(2) 사업성을 갖추어야 한다

사업자란 부가가치를 창출해낼 수 있는 정도의 사업형태를 갖추고 계속적이고 반복적인 의사로 재화 또는 용역을 공급하는 자를 말한다. 따라서 사업자가 되기 위해서는 사업성이 인정되어야 하는데, 사업성이 인정되지 아니하고 가사로써 재화 또는 용역을 한두 차례 공급한다면 사업자가 될 수 없는 것이다. 사업성의 여부는 실질에 따라 판단하며 사업자등록 여부 및 거래징수 여부와 상관없이 사업성이 있으면 과세하게 된다. 소득세법 시행령에 따라 소득세가 과세되지 아니하는 농가부업은 독립된 사업으로 보지 아니하므로 부가가치세의 납세의무가 없다. 다만, 소득세법 시행령에 따른 민박, 음식물 판매, 특산물 제조, 전통차 제조 및 그 밖에 이와 유사한 활동은 독립된 사업으로 보아 부가가치세가 과세된다(부가칙 2 ③).

(3) 독립성을 갖추어야 한다

부가가치세 납세의무자는 재화 또는 용역을 공급하는 사업 자체가 독립적이어야 한다. 독립적이 아니고 다른 사업자에게 고용되어 있다면 별도의 납세의무가 성립하지 아니한다.

(4) 과세대상인 재화 또는 용역을 공급하는 자이어야 한다

부가가치세의 납세의무자는 부가가치세 과세대상인 재화 또는 용역의 공급자이며, 면제대상인 재화 또는 용역을 공급하는 면세사업자는 부가가치세법상 납세의무자가 아니다. 이러한 납세의무자의 요건을 충족하는 경우에는 해당 사업자의 사업자등록 여부 및 공급 시 부가가치세 거래징수 여부에 불구하고 부가가치세를 신고·납부할 의무가 부여된다.

(5) 재화를 수입하는 자

재화를 수입하는 자는 사업자 여부에 관계없이 재화의 수입에 대하여 부가가치세의 납세의무를 진다.

참고 납세의무자 관련 유의사항

① 개인·법인·국가·지방자치단체 등과 법인격 없는 사단·재단·기타단체도 납세의무자에 해당한다. 다만, 부가가치세법에서는 행정상의 편의 등을 이유로 국가, 지방자치단체, 지방자치 단체조합이 공급하는 재화 또는 용역에 대해서 과세대상으로 규정한 것을 제외하고는 면세하도록 규정하고 있다.

② 소득세법 시행령에 따라 소득세가 과세되지 아니하는 농가부업은 독립된 사업으로 보지 아니하므로 부가가치세의 납세의무가 없다. 다만, 소득세법 시행령에 따른 민박, 음식물 판매, 특산물 제조, 전통차 제조 및 그 밖에 이와 유사한 활동은 독립된 사업으로 보아 부가가치세가 과세된다.

③ 재화를 수입하는 자는 소비지국 과세원칙의 관철을 위한 국경세조정의 일환으로 사업자 여부와 관계없이 재화의 수입에 대하여 부가가치세 납세의무를 부담하게 된다. 외국으로부터 재화가 수입되는 경우에는 재화의 공급자가 당해 외국의 과세권이 미치는 외국인이므로 우리나라의 과세권이 미치지 않는다. 그러나 부가가치세법에서는 소비지국 과세원칙에 따라 재화의 수입에 대하여 부가가치세 과세대상 거래로 규정하여 국내생산 재화의 경우와 동일하게 과세하여 과세형평을 유지하도록 하고 있다. 따라서 재화를 수입하는 자를 납세의무자로 하고 세관장이 가상의 공급자가 되어 관세징수의 예에 의하여 부가가치세를 징수하도록 하고 있다.

다만, 용역의 수입에 대해서는 사용 장소의 구분과 세원포착의 어려움 등으로 인하여 과세대상으로 열거하지 않고 있다.

참고로 사업자에 대한 부가가치세는 납세지를 관할하는 세무서장 또는 지방국세청장이 과세하고, 재화를 수입하는 자에 대한 부가가치세는 납세지를 관할하는 세관장이 과세한다. 이를 과세관할이라 한다.

2 납세의무자의 분류

(1) 개요

납세의무자는 다음과 같이 분류한다.

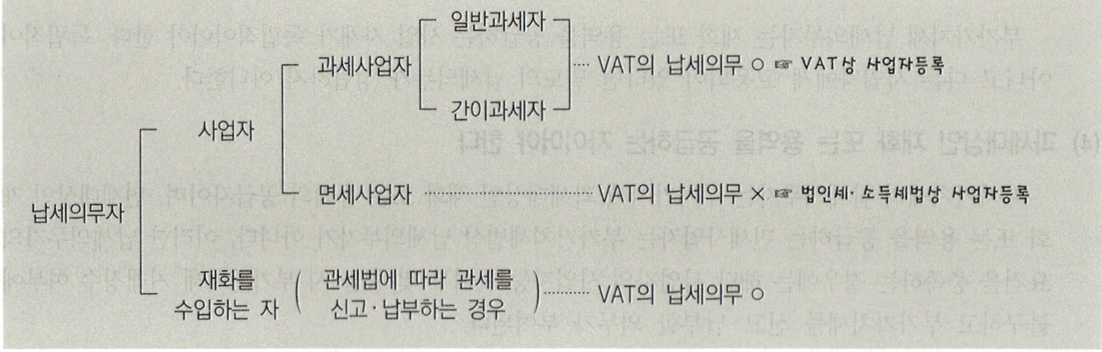

부가가치를 창출할 수 있는 정도의 사업형태를 갖추고 계속적이고 반복적인 의사로 재화 또는 용역을 공급하는 자인 사업자에 의하여 공급되는 모든 재화 또는 용역이 원칙적으로 부가가치세 과세대상이 되나 면세로 열거된 재화나 용역을 공급하는 경우 면세사업자가 된다. 면세사업자는 부가가치세 납세의무가 면제된 자이므로 부가가치세법상 납세의무자가 아니다.

또한 과세사업자가 영세율로 열거된 재화나 용역을 공급하는 경우 영세율이 적용되나 면세사업자가 영세율로 열거된 재화나 용역을 공급하는 경우(즉 면세 재화 등을 해외로 직수출하는 경우) 면세포기 절차를 취해야만 영세율을 적용받을 수 있다.

또한 연간 매출액이 일정금액에 미달하는 소규모 영세사업자의 경우에는 기장, 신고·납부 등 일반과세자와 동일한 각종 협력의무를 지우기 어렵고, 이들이 대부분 최종소비자에게 바로 재화나 용역을 공급하므로 부가가치세를 최종소비자가 부담하도록 하는데에 많은 지장을 초래하지 않으므로 과세표준과 세액계산, 신고·납부, 경정·징수와 환급에 관하여 예외적인 방법을 인정하고 있는데, 이를 간이과세제도라 한다. 이러한 취지로 일정규모 이하의 개인사업자에 대하여는 일반과세자와는 달리 간편한 방법으로 납세의무를 이행토록 하고 있다.

현행 간이과세제도에서 간이과세자는 직전 연도의 공급대가의 합계액이 1억 400만원에 미달하는 개인사업자를 의미한다.

(2) 신탁 관련 부가가치세 납세의무자

신탁재산과 관련된 재화 또는 용역을 공급하는 때에는 신탁법 제2조에 따른 수탁자가 신탁재산별로 각각 별도의 납세의무자로서 부가가치세를 납부할 의무가 있다. 다만, 다음의 어느 하나에 해당하는 경우에는 신탁법 제2조에 따른 위탁자가 부가가치세를 납부할 의무가 있다.

① 신탁재산과 관련된 재화 또는 용역을 위탁자 명의로 공급하는 경우
② 위탁자가 신탁재산을 실질적으로 지배·통제하는 경우로서 대통령령으로 정하는 경우

③ 그 밖에 신탁의 유형, 신탁설정의 내용, 수탁자의 임무 및 신탁사무 범위 등을 고려하여 대통령령으로 정하는 경우(현재는 대통령령에 정해진 사항 없음)

3 납세의무자 간 비교

(1) 개요

납세의무자 중 과세사업자는 원칙적으로 사업자등록과 세금계산서 발급, 신고 및 납부 의무가 존재한다.

분류			사업자등록	T/I 발급	신고·납부
사업자	과세사업자	일반과세자	○	○	○
		간이과세자	○	△	○
	면세사업자		×	×	×

다만 간이과세자 중 신규사업자거나 직전연도 공급대가가 4,800만원 미만인 경우 세금계산서를 발급해서는 안된다.

(2) 납세의무자 분류별 과세 사례

[Case 1] 일반

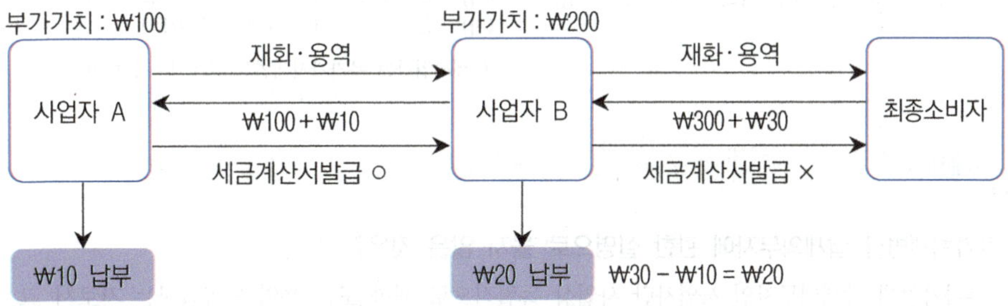

사업자A

(차)	현 금	110	(대)	매 출	100
				매출세액	10
(차)	매출세액	10	(대)	현 금	10

사업자B

(차)	매 입	110	(대)	현 금	110
	매입세액	10			
(차)	현 금	330	(대)	매 출	310
				매출세액	30
(차)	매출세액	30	(대)	현 금	10
				매입세액	10

[Case 2] 영세율

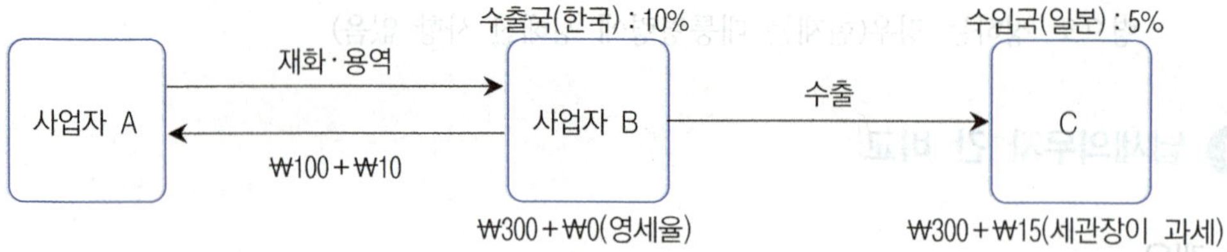

사업자A				사업자B(수출업자) ☞ 완전면세제도(∵ 소비지국과세원칙)			
(차) 현금	110	(대) 매출	100	(차) 매입	100	(대) 현금	110
		매출세액	10	매입세액	10		
				(차) 현금	300	(대) 매출	300
						매출세액	0
(차) 매출세액	10	(대) 현금	10	(차) 매출세액	0	(대) 현금	0
				(차) 현금	10	(대) 매입세액	10

[Case 3] 면세

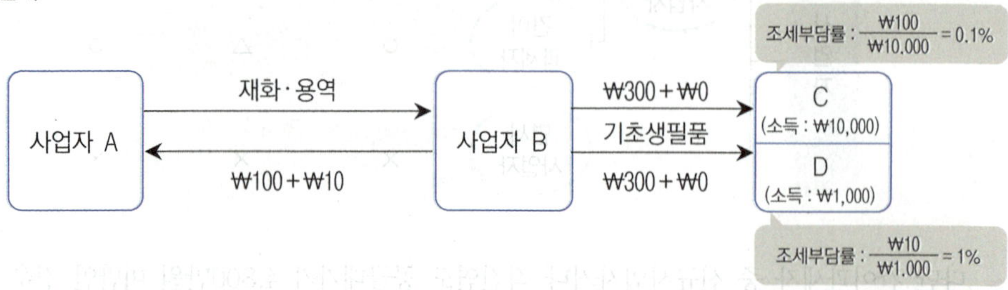

사업자A				사업자B(수출업자) ☞ 부분면세제도(∵ 세부담의 역진성 완화)			
(차) 현금	110	(대) 매출	100	(차) 매입	110	(대) 현금	110
		매출세액	10	매입세액	0		
				(차) 현금	310	(대) 매출	310
						매출세액	0
(차) 매출세액	10	(대) 현금	10	(차) 매출세액	0	(대) 현금	0
				(차) 현금	0	(대) 매입세액	0

*면세사업자는 부가가치세법상 납세의무자가 아님

예제

부가가치세법상 납세의무자에 관한 설명으로 옳지 않은 것은? [2018년 국가직 9급]

① 부가가치세 납세의무자인 사업자란 사업상 독립적으로 재화 또는 용역을 공급하는 자로서 그 사업목적은 영리인 경우에 한한다.

② 위탁자의 채무이행을 담보할 목적으로 대통령령으로 정하는 신탁계약을 체결한 경우로서 수탁자가 그 채무이행을 위하여 신탁재산을 처분하는 경우에는 수탁자가 재화를 공급하는 것으로 본다.

③ 재화를 수입하는 자는 사업자가 아니어도 부가가치세의 납세의무자가 될 수 있다.

④ 위탁자를 알 수 있는 위탁매매의 경우에는 위탁자가 직접 재화를 공급하거나 공급받은 것으로 본다.

정답 ①

부가가치세 납세의무자는 사업목적이 영리이든 비영리이든 관계없다.

5 과세기간과 신고기한

① 원칙적 과세기간

과세기간이란 부가가치세에 대한 과세표준의 계산에 기초가 되는 기간을 의미한다. 부가가치세법은 1년을 2과세기간으로 구분하여 각각 6개월을 1과세기간으로 하고 있으나, 간이과세자는 과세표준과 세액의 신고, 납부의 편의를 도모하기 위해 매년 1월 1일부터 12월 31일까지 1년을 1과세기간으로 한다.

구 분		신규사업자(최초과세기간)	계속사업자	폐업자(최종과세기간)
일반과세자	제1기	개업일 ~ 6.30	1.1 ~ 6.30	1.1 ~ 폐업일
	제2기	개업일 ~ 12.31	7.1 ~ 12.31	7.1 ~ 폐업일
간이과세자		개업일 ~ 12.31	1.1 ~ 12.31	1.1 ~ 폐업일

신규사업자의 경우, 개업일은 사업개시일로 하되 사업개시전 등록의 경우 등록신청일로 한다. 폐업자의 경우, 폐업일까지를 과세기간으로 하되, 사업개시 전에 등록한 후 사업을 시작하지 아니하게 되는 경우 등록일(등록신청일)부터 사실상 그 사업을 시작하지 아니하게 되는 날까지를 과세기간으로 한다.

참고 사업개시일

사업개시일은 다음의 구분에 따른다. 다만, 해당 사업이 법령개정 등으로 면세사업에서 과세사업으로 전환되는 경우에는 그 과세전환일을 사업개시일로 한다.

① **제조업** : 제조장별로 재화의 제조를 시작하는 날
② **광업** : 사업장별로 광물의 채취·채광을 시작하는 날
③ **①과 ② 외의 사업** : 재화나 용역의 공급을 시작하는 날

참고 폐업일

① **합병으로 인한 소멸법인의 경우** : 합병법인의 변경등기일 또는 설립등기일(단, 존속법인의 과세기간은 변동없음)
② **분할로 인하여 사업을 폐업하는 경우** : 분할법인의 분할변경등기일(단, 분할법인이 소멸하는 경우에는 분할신설법인의 설립등기일)
③ **①과 ② 외의 경우** : 사업장별로 그 사업을 실질적으로 폐업하는 날. 다만, 폐업한 날이 분명하지 않는 경우에는 폐업신고서의 접수일
④ **사업개시일 전에 사업자등록을 한 자로서 사업자등록을 한 날부터 6개월이 되는 날까지 재화와 용역의 공급실적이 없는 경우** : 그 6개월이 되는 날(다만, 사업장의 설치기간이 6개월 이상이거나 그 밖의 정당한 사유로 인하여 사업개시가 지연되는 경우에는 그렇지 않음)

❷ 예외적 과세기간

(1) 사업자가 간이과세를 포기함으로써 일반과세자로 되는 경우

다음의 기간을 각각 1과세기간으로 한다.

구 분	내 용
간이과세자	간이과세포기의 신고일이 속하는 과세기간개시일부터 그 신고일이 속하는 달의 말일까지의 기간
일반과세자	간이과세포기의 신고일이 속하는 달의 다음 달 1일부터 그 신고일이 속하는 과세기간의 종료일까지의 기간

사례 간이과세를 포기하는 경우

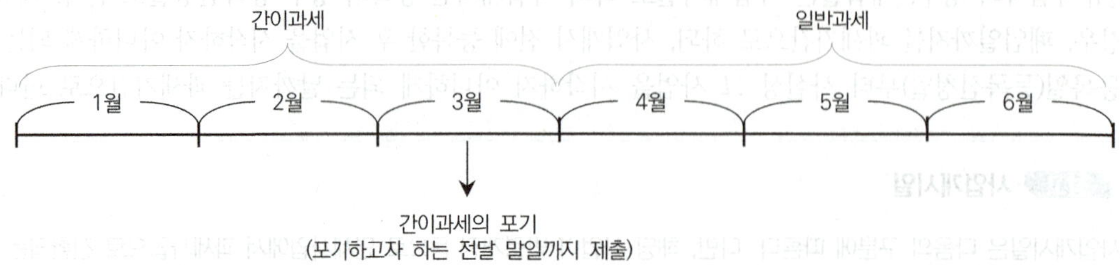

(2) 과세유형이 변경되는 경우

일반과세자가 간이과세자로 변경되거나 간이과세자가 일반과세자로 변경되는 경우 그 변경되는 해에 간이과세자에 관한 규정이 적용되는 기간의 부가가치세의 과세기간은 다음의 구분에 따른 기간으로 한다.

구 분	내 용
일반과세자가 간이과세자로 변경되는 경우	그 변경 이후 7월 1일부터 12월 31일까지
간이과세자가 일반과세자로 변경되는 경우	그 변경 이전 1월 1일부터 6월 30일까지

❷ 신고기한

부가가치세의 각 과세기간 중에는 예정신고기간과 예정 납부기한을 두어 해당 예정신고기간의 과세표준과 세액을 별도로 신고, 납부하도록 하거나 직전 과세기간의 납부세액을 기준으로 산출한 세액을 납세고지의 방법에 따라 납부하도록 하고 있다.

(1) 일반과세자의 경우

일반과세자는 예정신고를 하는 것이 원칙이며, 예정신고기간은 1월 1일부터 3월 31일까지로 한다.

다만 일반과세자 중 개인사업자와 직전과세기간 공급가액의 합계액이 1억 5천만원 미만인 법인사업자는 일반과세자라 할지라도 예정신고를 하지 않고 고지납부하는 것이 원칙이다. 예정신고의무가 면제된 개인 또는 법인사업자는 예정신고기간마다 관할세무서장이 직전과세기간에 대한 납부세액의 50%로 결정하여 고지한 세액을 납부한다. 이와 같이 납부한 예정신고기간 고지납부세액은 확정신고 시 공제세액으로 차감한다.

구분	신고기간	신고기한	비고
예정신고	(제1기) 1.1 ~ 3.31 (제2기) 7.1 ~ 9.30	예정신고기간 종료일후 25일 이내	제1기 : 4.25 제2기 : 10.25
확정신고	(제1기) 1.1 ~ 6.30 (제2기) 7.1 ~ 12.31	과세기간 종료일후 25일 이내	제1기 : 7.25 제2기 : 익년 1.25

(2) 간이과세자의 경우

간이과세자는 납세부담을 완화하기 위해 6/30까지 예정부과기간으로 하여 직전과세기간에 대한 납부세액의 50%에 해당하는 금액을 납부세액으로 결정·징수한다. 간이과세자의 예정부과기간은 1월 1일부터 6월 30일까지로 하며, 이 경우 예정부과세액은 직전 과세기간의 납부세액을 기준으로 산출한 금액으로 하므로 직전 과세기간 이전에 사업을 개시한 자에게만 적용된다.

사례 과세기간

[사례 1] 일반과세자

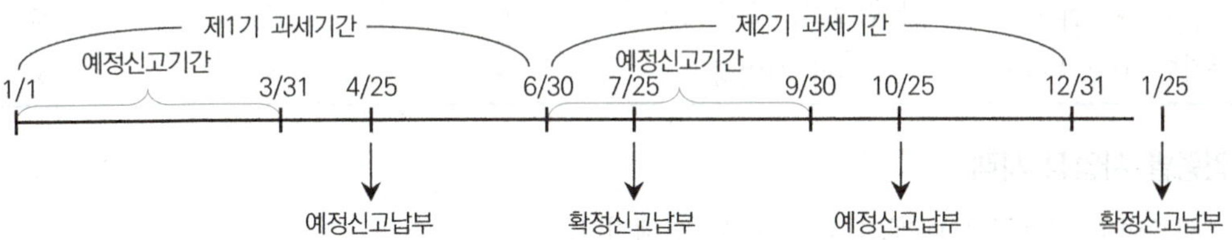

[사례 2] 간이과세자

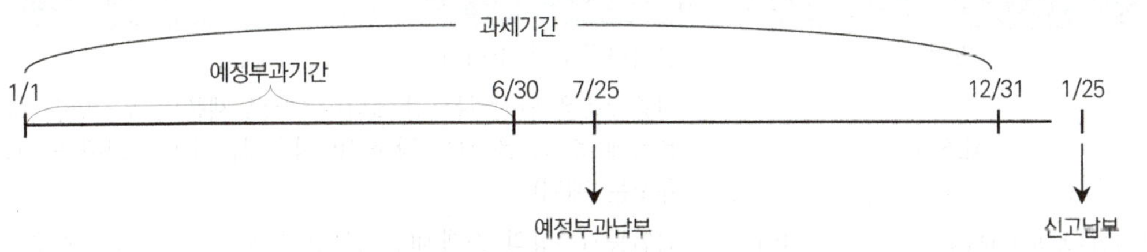

6 납세지

1 개요

(1) 납세지의 정의

납세지는 사업자가 부가가치세법에 따른 납세의무 및 협력의무를 이행하고 과세관청이 부과권, 징수권을 행사하는 기준이 되는 장소를 의미한다. 사업자의 경우 부가가치세법 상 납세지는 사업장소재지를 기준으로 하고, 재화 수입자의 경우 세관장이 가상의 공급자가 되어 관세징수의 예에 의하여 부가가치세를 징수하도록 하고 있으므로 관세법에 따라 수입을 신고하는 세관의 소재지를 기준으로 한다.

사업장은 사업자 또는 그 사용인이 상시 주재하여 거래의 전부 또는 일부를 행하는 고정된 장소를 의미한다. 소득세와 법인세는 주소지 또는 본점에서 일괄하여 신고·납부하지만 부가가치세는 사업장별로 신고·납부함을 원칙으로 한다.

사업자는 사업장마다 사업자등록을 해야 하고 사업장별로 구분하여 세금계산서를 발급·수령해야 하며, 사업장별로 신고·납부의무를 이행해야 한다. 다만, 둘 이상의 사업장이 있는 경우에 주사업장 총괄납부를 신청한 경우에는 납부를 주된 사업장에서 총괄해서 하며, 사업자단위과세사업자로 등록한 경우에는 사업자등록, 세금계산서의 발급, 부가가치세의 신고·납부 등을 본점 또는 주사무소에서만 한다.

구분	사업장의 종류	사업자등록·세금계산서 발급	신고	납부
원칙 (부가법 6)	주사업장	○	○	○
	기타 사업장	○	○	○
주사업장 총괄납부 (부가법 51)	주사업장	○	○	○
	기타 사업장	○	○	×
사업자단위과세 (부가법 6④, 8③)	본점 또는 주사무소	○	○	○
	기타 사업장	×	×	×

(2) 업종별 사업장 사례

업종별로 사업장은 아래의 표와 같이 정해진다.

▌업종별 사업장

구 분		사업장
광업		광업사무소의 소재지
제조업		최종제품을 완성하는 장소(다만, 따로 제품의 포장만을 하거나 용기에 충전만을 하는 장소 및 석유제품의 단순보관을 위한 저유소는 제외)
건설업·부동산매매업·운수업	법인	법인등기부상의 소재지(등기부상의 지점소재지를 포함함)
	개인	그 업무를 총괄하는 장소

구 분	사업장
부동산임대업	부동산등기부상의 소재지 * ① 부동산의 권리만을 대여하거나 ② 국가나 지자체 혹은 공기업 등(전기사업자, 한국토지공사, 한국자산관리공사 등)이 부동산을 임대하는 경우에는 납세편의를 위해 그 사업에 관한 업무를 총괄하는 장소를 사업장으로 함
비거주자 또는 외국법인	비거주자 또는 외국법인의 국내사업장
무인자동판매기를 통하여 재화·용역을 공급하는 사업	그 사업에 관한 업무를 총괄하는 장소
사업장을 설치하지 않은 경우	사업자의 주소지 또는 거소지
부가가치세 과세사업(부동산임대업, 음식·숙박업, 도·소매업, 골프장·스키장운영업 등)을 영위하는 국가·방자치단체 등	그 사업에 관한 업무를 총괄하는 장소 * 위탁·위임 또는 대리에 의하여 재화 또는 용역을 공급하는 때에는 수탁자·수임자 또는 그 대리인이 그 업무를 총괄하는 장소로 함
기타의 경우	위 사업장 이외의 장소도 사업자의 신청에 의하여 추가로 사업장으로 등록할 수 있음(무인자동판매기의 운영업은 제외함)

업종별 사업장 관련해서 건설업과 부동산매매업의 경우 사업장이 법인의 등기부상 소재지인 반면에 부동산임대업의 경우 부동산등기부상의 소재지가 사업장이다.

건설업의 경우 건설 현장은 고정된 장소가 아니므로 사업장이 아니며, 법인등기부상의 소재지 즉 본점이 사업장이되 등기부상의 지점소재지를 포함한다. 부동산 매매업의 경우 매매대상 부동산 소재지는 고정된 장소가 아니므로 사업장이 아니며, 법인등기부상의 소재지 즉 본점이 사업장이되 등기부상의 지점소재지를 포함한다.

반면에 부동산임대업의 경우 부동산등기부상의 소재지가 사업장이다. 따라서 국외에 소재하는 부동산의 임대용역의 경우 사업장이 부동산등기부상의 소재지인 외국이므로 부가가치세의 납세의무가 없다.

(3) 직매장과 하치장 및 임시사업장

사업장은 사업자 또는 그 사용인이 상시 주재하여 거래의 전부 또는 일부를 행하는 고정된 장소를 의미한다. 직매장의 경우 직접 판매하기 위하여 특별히 판매시설을 갖춘 장소이므로 사업장의 정의에 부합한다. 따라서 사업개시일로부터 20일 이내 사업자등록 신청절차를 정상적으로 수행해야 한다. 반면에 하치장은 재화의 보관·관리시설만을 갖춘 장소로서 판매행위가 이루어지지 않는 장소이므로 사업장으로 보지 않는다. 따라서 하치장의 경우 사업자등록 신청절차는 불필요하나 하치장을 설치한 사업자는 해당 하치장을 둔 날로부터 10일 이내에 하치장 설치신고서를 하치장 관할세무서장에게 제출하여야 하며, 신고를 받은 하치장 관할세무서장은 10일 이내에 사업장 관할세무서장에게 통보하여야 한다.

임시사업장은 각종 경기대회·박람회 등의 행사가 개최되는 장소에 임시적으로 개설한 장소이므로 독립된 사업장으로 보지 않고 기존사업장에 포함되는 것으로 한다. 따라서 임시사업장에 대해 별도의 사업자등록을 수행하지는 않으나 임시사업장을 개설하고자 하는 자는 임시사업장개설신고서를 해당 임시사업장의 사업개시일부터 10일 내에 임시사업장의 관할세무서장에게 제출해야 한다. 다만, 임시사업장의 설치기간이 10일 이내인 경우에는 신고를 하지 않을 수 있다.

구 분	직매장	하치장	임시사업장
개 념	특별히 판매시설을 갖춘 장소	보관·관리시설만을 갖춘 장소	경기대회·박람회 기타 이와 유사한 행사가 개최되는 장소에서 임시로 개설한 사업장
사업장 여부	사업장에 해당	사업장이 아님	기존사업장에 포함
사업자 의무	사업자등록 ○	하치장 설치신고 ① 하치장 설치일로부터 10일 이내 ② 설치신고를 받은 하치장 관할세무서장은 설치신고를 받은 날로부터 10일 내에 납세지 관할세무서장에게 그 사실을 통보	① 임시사업장 개설신고 : 임시사업장 개설 후 10일 이내. 다만, 개설기간이 10일 이내인 경우에는 개설신고를 하지 않을 수 있다. ② 폐쇄일로부터 10일 이내에 폐쇄신고서를 관할세무서장에게 제출

참고 사업장에 해당하지 않는 장소

① 제품의 판매목적이나 보관·관리를 위한 별도의 시설을 갖추지 않고 단순히 견본품만을 전시할 목적으로 진열시설을 갖춘 장소
② 재화 또는 용역의 공급 없이 주문만을 받는 장소
③ 물품을 판매하지 않고 단순히 본점의 지시에 따라 판매업무에 수반하는 상품의 수주나 대금의 영수, 신용조사 및 주문처와의 단순한 업무연락만 하는 장소
④ 사업자가 자기가 생산한 재화를 판매하지 않고 단순히 보관 또는 관리하는 장소

(5) 사업장이 없는 경우의 납세지 결정

사업자가 사업장을 설치하지 아니한 경우에는 해당 사업자의 주소 또는 거소를 사업장으로 한다. 사업장을 설치하지 아니하고 사업자가 사업자등록을 하지 아니한 때에는 과세표준과 세액을 결정할 당시 주소 또는 거소를 사업장으로 한다.

또한 사업자가 비거주자인 경우에는 소득세법 규정에 따른 국내사업장을 사업장으로 하고, 외국법인인 경우에는 법인세법 규정에 따른 국내사업장을 사업장으로 한다. 외국법인은 외국에 본점 또는 주사무소를 둔 단체인데 외국법인의 국내사업장은 국내에서 사업의 전부 또는 일부를 수행하는 고정된 장소를 의미한다. 국내사업장으로 볼 수 있는 장소는 국내에 본점, 사무소 또는 영업소, 상점 그 밖의 고정된 판매장소 등이 해당된다. 다만, 국내사업장을 두지 않더라도 자신을 위하여 일정한 권한을 행사하는 대리인을 둘 수 있으며 이를 '간주국내사업장'이라 하며 국내에 자기를 위하여 계약을 체결할 권한을 가지고 반복적으로 행사하는 자를 두고 사업을 경영하는 경우에는 그 자의 사업장 소재지를 국내사업장으로 볼 수 있다. 참고로 조세조약에서는 국내사업장이란 명칭 대신 '고정사업장(Permanent Establishment, PE)'이라고도 불리고 있다.

예제

부가가치세법상 사업장에 대한 설명으로 옳지 않은 것은? [2016년 국가직 9급]

① 무인자동판매기를 통하여 재화·용역을 공급하는 사업은 무인자동판매기가 설치된 장소를 사업장으로 한다.

② 사업장을 설치하지 아니하고 사업자등록도 하지 아니하는 경우에는 과세표준 및 세액을 결정하거나 경정할 당시의 사업자의 주소 또는 거소를 사업장으로 한다.

③ 사업자가 자기의 사업과 관련하여 생산한 재화를 직접 판매하기 위하여 특별히 판매시설을 갖춘 장소는 사업장으로 본다.

④ 재화를 보관하고 관리할 수 있는 시설만 갖춘 장소로서 법령이 정하는 바에 따라 하치장으로 신고된 장소는 사업장으로 보지 아니한다.

정답

무인자동판매기를 통하여 재화 또는 용역을 공급하는 사업은 업무총괄장소를 사업장으로 하며, 무인자동판매기 설치장소는 사업장으로 등록할 수 없다.

2 주사업장총괄납부

(1) 개요

주사업장총괄납부란 사업자가 2이상의 사업장을 가지고 있는 경우 주된 사업장의 관할세무서장에게 신청하여 각 사업장의 납부세액(또는 환급세액)을 통산하여 주된 사업장에서 납부하거나 환급받는 제도를 의미한다. 총괄납부사업자의 경우 판매목적 타사업장 반출시 재화의 공급의제를 적용하지 않지만, 총괄납부사업자가 착오로 세금계산서를 발급하여 예정신고 또는 확정신고를 한 경우에는 재화의 공급으로 본다.

사례 주사업장총괄납부

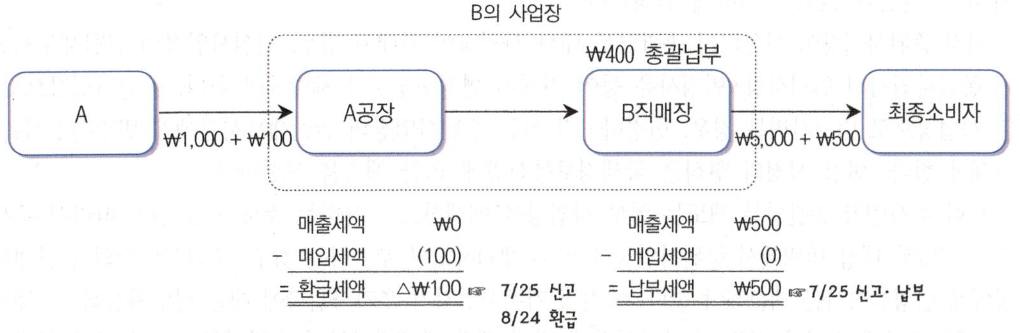

A공장에서는 환급세액 ₩100이 발생하고 B직매장에서는 납부세액 ₩500이 발생한다. 환급세액은 신고기한의 경과 후 30일 내에 환급되고 납부세액은 신고와 동시에 납부해야 하므로 그 사이

자금의 유동성 문제가 발생하게 된다. 따라서 주사업장총괄납부 제도에 따라 부가가치세 납부 업무를 A공장과 B직매장을 총괄하여 진행하도록 하여, 주된 사업장에서 납부세액 400을 납부하도록 하게 하는 것이다.

주사업장 총괄납부를 채택한 사업자는 납부세액 계산에 한하여 사업장 간 통산이 가능하다. 즉, 사업장별 과세의 원칙을 따르되 부가가치세액의 납부에 한하여 주된 사업장에서 할 수 있는 것이다. 그러므로, 납부를 제외한 부가가치세의 신고, 사업자등록, 세금계산서의 수수는 사업장별로 하여야 한다. 주사업장의 관할세무서장의 승인 없이 사업자의 신청만으로 주사업장 총괄납부제도를 적용받을 수 있다.

주사업장 총괄납부 사업자가 되려는 자는 총괄납부하고자 하는 과세기간 개시 20일 전에 주사업장 총괄 납부신청서를 주된 사업장의 관할 세무서장에게 제출(국세정보통신망에 의한 제출을 포함)하여야 하고, 신규사업자의 경우 사업자등록증을 수령한 날로부터 20일 이내 신청해야 한다. 즉 신규사업자는 해당 과세기간부터 총괄납부가 적용되는 것이고 기존사업자는 다음 과세기간부터 총괄납부가 적용되는 것이다.

이 때 총괄납부를 하게 되는 주된 사업장의 범위는 다음과 같다.

사업자의 형태	주된 사업장
영리법인	본점 또는 지점 중 사업자 선택
비영리법인	주사무소 또는 분사무소 중 사업자 선택
개인	주사무소

주사업장총괄납부사업자가 각 사업장에서 납부하고자 할 때는 총괄납부를 포기할 수 있다. 이 경우 사업장 단위로 과세를 적용받기 위한 과세기간의 개시 20일 전에 주된사업장 관할세무서장에게 주사업장총괄납부포기신고서를 제출해야 한다.

(3) 총괄납부의 변경신청

총괄납부 관련 변경 사유가 발생할 수 있는데 변경신청서를 제출해야 할 관할 세무서는 변경 사유에 따라 다음과 같이 상이하게 결정된다.

먼저 종된사업장이 신설되어 총괄납부 대상 사업장이 확대된 경우, 신설사업장의 관할세무서장에게 종된사업자의 인적사항·변경사유 등이 기재된 변경신청서를 제출해야 한다. 종된사업장으로 주된 사업장으로 변경하려는 경우, 변경하고자 하는 주된사업장의 관할세무서장에게 변경신청서를 제출해야 한다. 변경 신청의 형식은 국세정보통신망에 의한 제출을 포함한다.

또한 주사업장 총괄납부 제도는 일부 사업장을 배제하고 적용하는 것도 가능하다. 따라서 주사업장 총괄납부 대상 범위에서 종된사업장을 일부 제외하고나 추가하는 경우, 주된사업장의 관할세무서장에게 변경신청서를 제출해야 한다. 예컨대 기존사업자가 추가사업장에 대한 사업자등록 후 등록증을 6월 20일에 수령한 경우, 추가사업장에 대해 해당 과세기간부터 총괄납부를 적용받기 위해서는 해당 과세기간 말일인 6월 30일까지 변경신청을 해야 한다.

변경사유	변경신청서의 제출관할세무서
종된사업장의 신설	신설사업장의 관할세무서장
종된사업장을 주된사업장으로 변경	변경하고자 하는 주된사업장의 관할세무서장
사업자등록에 대한 정정사유의 발생	정정사유가 발생한 사업장의 관할세무서장 * 단, 법인의 대표자를 변경하는 경우에는 주된사업장의 관할세무서장
일부 종된사업장의 제외	주된사업장의 관할세무서장
총괄납부대상 사업장의 추가	주된사업장의 관할세무서장

이러한 변경사항은 변경신청일이 속하는 해당 과세기간부터 적용된다.

3 사업자단위과세

(1) 개요

사업장이 둘 이상인 사업자가 사업자단위로 해당 사업자의 주사업장에 해당하는 본점 또는 주사무소 관할세무서장에게 등록을 신청하는 경우 이를 사업자단위과세 사업자라 한다. 사업자단위과세 사업자는 사업자등록, 세금계산서의 교부, 부가가치세의 신고·납부, 결정·경정 등의 납세의무를 사업자단위과세 적용사업장에서 총괄하여 이행하게 된다. 사업자단위과세 사업자는 사업장이 하나이나 추가로 사업장을 개설하려는 사업자를 포함하고 있다. 따라서, 사업자단위과세는 "사업장별 과세의 원칙"을 배제하고 "사업자단위"로 과세를 하는 것이다.

사업개시일부터 사업자단위과세를 적용받고자 하는 신규사업자는 사업개시일부터 20일 이내에 해당 사업자의 본점 또는 주사무소의 관할세무서장에게 등록해야 한다. 사업장 단위 사업자등록을 한 사업자가 사업자단위로 등록하려면 사업자단위과세 사업자로 적용받으려는 과세기간개시 20일 전까지 등록해야 한다.

(2) 사업자단위과세적용 사업장

사업자단위과세적용 주사업장은 본점 또는 주사무소로 한정한다. 참고로 주 사업장 총괄납부시에는 지점도 총괄 납위 위한 주된 사업장으로 할 수 있다.

구 분	내 용
법인	본점(주사무소 포함)만 가능
개인	주사무소만 가능

(3) 사업자단위과세의 변경 혹은 포기

사업자단위과세 등록 내용을 변경하려면 사업자등록 사항을 변경하는 절차를 진행해야 한다. 변경신청서를 진행해야 하는 총괄납부 관련 변경신청과는 다르다고 볼 수 있다.

사업자단위로 사업자등록을 한 사업자가 각 사업장별로 신고·납부하거나 주사업장총괄납부를 하려는 경우 사업자단위과세를 포기해야 하며, 이를 위해서는 사업장별 혹은 총괄납부하고자 하는 과세기간개시 20일 전에 사업자단위과세포기신고서를 관할세무서장에게 제출해야 한다.

(4) 주사업장 총괄납부 VS 사업자단위과세 비교

구 분	주사업장총괄납부	사업자단위과세
사업자등록, 세금계산서의 발급 및 수취, 과세표준계산 및 세액계산, 신고, 결정·경정 및 징수	사업장별 적용	사업자단위과세적용사업장에서 일괄적용
납부·환급	주된 사업장에서 일괄적용	사업자단위과세적용사업장에서 일괄적용
주된사업장 또는 총괄사업장	① 법인 : 본점 및 지점 중 선택 ② 개인 : 주된 사무소	① 법인 : 본점 ② 개인 : 주된 사무소
신청 및 등록	① 신규사업자 : 사업자등록증을 받은 날부터 20일 이내 ② 계속사업자 : 과세기간개시 20일 전까지	① 신규사업자 : 사업개시일부터 20일 이내 ② 사업장별로 등록한 사업자 : 과세기간개시 20일 전까지
변경	일정한 사유발생시 변경신청	일정한 사유발생시 사업자등록의 정정
포기신고	과세기간개시 20일 전	과세기간개시 20일 전
포기의 제한	없음	없음
적용 제외	가능	불가능

7 사업자 등록

① 개요

사업자등록이란 부가가치세의 과세행정상 납세자 및 세원의 현황을 파악하고 조세채권을 확보함에 있어서 납세의무자의 상호, 성명, 주소, 주민등록번호 및 사업장소재지와 사업의 종류 등의 인적사항과 사업의 개시일 기타 과세자료를 입수하는 데 적절한 사실 내용을 세무관서의 대장에 등재 및 수록하는 것을 말한다.

사업자 등록제도는 사업자의 사업사실 내용을 정확하게 확인하기 위한 협력의무로서 과세관청으로 하여금 부가가치세의 납세의무자를 파악하게 하고 그 과세자료를 확인하도록 하는데 입법취지가 있다.

부가가치세법상 과세사업자는 부가가치세법상의 사업자등록을 하게 되는데, 부가가치세법상의 사업자등록을 하면 법인세법 또는 소득세법상의 등록을 마친 것으로 본다. 사업자등록은 부가가치세법상의 납세의무자에게만 등록의무가 있으므로 부가가치세 납세의무 자체가 없는 면세사업자는 부가가치세의 납세의무 그 자체가 배제되고 그에 따른 종된 의무의 이행도 배제되므로 부가가치세법에 의한 사업자등록의 의무는 없는 대신, 법인세법 또는 소득세법상의 등록의무가 있다.

그러나 과세사업과 면세사업을 겸영하는 사업자는 부가가치세법상의 사업자등록을 하여야 한다.

한편, 소득세법 및 법인세법에 의하여 등록한 자로서 면세사업을 영위하는 자가 추가로 과세사업을 영위하고자 하는 경우 사업자등록정정신고서를 제출한 때에 부가가치세법상 사업자등록신청을 한 것으로 본다.

2 사업자등록의 신청

(1) 등록 대상

사업자 등록대상자는 신규로 부가가치세법상의 사업을 개시하거나 기존 등록사업자로서 사업자단위과세사업자로 등록하고자 하는 자이다. 신규로 사업을 개시하거나 개시하고자 하는 자는 소정의 방법에 의하여 사업자등록을 하여야 하고 그 등록에 의한 사 업자등록증을 교부받은 자는 휴·폐업의 신고 및 정정신고를 하도록 하고 있다.

(2) 사업장 단위 등록

사업자단위과세사업자가 아닌 사업자의 사업자등록은 사업장마다 사업개시일로부터 20일 이내에 세무서장(사업장 관할 세무서장 뿐 아니라 그 밖의 세무서장도 가능함)에게 등록해야 한다. 단, 신규로 사업을 시작하려는 자는 사업개시일 전이라도 등록할 수 있다. 사업자등록은 사람을 기준으로 하는 것이 아니고 사업장을 기준으로 하는 것이므로 어느 한 사업장을 경영하면서 사업자등록을 했다고 하더라도 그 외에 또 다른 사업장을 신규로 개시하면 그 신규사업장도 각각 등록해야 하는 것이다. 주사업장총괄납부의 경우에도 주된 사업장 이외의 각 사업장도 사업자등록을 하여야 한다.

(3) 사업자 단위 등록

사업자단위과세사업자는 사업자단위로 해당 사업자의 본점 또는 주사무소 관할 세무서장에게 등록할 수 있다. 사업장별등록규정에도 불구하고 둘 이상의 사업장이 있는 사업자는 사업자단위로 해당 사업자의 본점 또는 주사무소의 관할세무서장에게 사업개시일부터 20일 이내에 등록할 수 있다(신규사업자). 사업장별등록규정에 따라 등록한 사업자가 사업자단위로 등록하려면 사업자단위과세사업자로 적용받으려는 과세기간개시 20일 전까지 등록해야 한다(기존사업자). 즉 등록신청은 사업개시일로부터 20일 이내 또는 사업자단위과세사업자로 적용받으려는 과세기간 개시 20일전까지 신청해야 한다. 사업자단위과세사업자의 경우 당해 사업자의 본점 또는 주사무소, 즉 사업자단위과세적용사업장 이외의 사업장에 대한 사업자등록의무가 없다. 즉, 사업자 단위별로 하나의 사업자등록번호만 존재하는 것이다.

사업장이 하나인 사업자가 추가로 사업장을 개설하면서 추가사업장의 사업개시 일이 속하는 과세기간부터 사업자단위 과세사업자 또는 주사업장 총괄납부를 적용받으려는 경우, 추가 사업장 사업개시일로부터 20일 이내 사업장 본점 또는 주 사무소 관할 세무서장에게 변경등록을 신청해야 한다.

(4) 사업자등록증 발급

사업자등록 신청을 받은 사업장 관할세무서장은 사업자의 인적사항과 그 밖에 필요한 사항을 적은 사업자등록증을 신청일부터 2일 이내(토요일 및 일요일, 공휴일 및 대체공휴일 또는 근로자의 날은 산정에서 제외)에 신청자에게 발급하여야 한다. 다만, 사업장시설이나 사업현황을 확인하기 위하여 국세청장이 필요하다고 인정하는 경우에는 발급기한을 5일 이내에서 연장하고 조사한 사실에 따라 사업자등록증을 발급할 수 있다.

사업자 또는 국외사업자가 사업자등록 또는 간편사업자등록을 하지 아니하는 경우에는 납세지 관할세무서장이 조사하여 직권으로 등록시킬 수 있다. 사업개시전 사업자등록 신청을 받은 세무서장은 신청자가 사업을 사실상 시작하지 아니할 것이라고 인정될 때에는 등록을 거부할 수 있다.

사업자등록 후 교부받는 사업자등록증은 아래와 같다.

사 업 자 등 록 증

( )

등록번호 :

① 상호 : ② 성명 :

③ 개업 연월일: 년 월 일 ④ 생년월일 :

⑤ 사업장 소재지 :

⑥ 사업의 종류 : 업태 종목

⑦ 발급 사유 :

⑧ 공동사업자 :

⑨ 주류판매신고번호 :

⑩ 사업자 단위 과세 적용사업자 여부 : 여( ) 부( )

⑪ 전자세금계산서 전용 전자우편주소 :

년 월 일

○ ○세무서장 직인

(5) 등록의 정정

사업자가 상호변경, 법인의 대표자 변경, 사업종류의 변경, 사업장의 이 전 및 상속으로 인한 사업자명의의 변경 또는 공동사업자의 구성원, 출자지분 변경, 임차상황의 변경, 사업자 단위 과세 사업자가 사업자단위 과세 적용 사업장을 변경, 종된 사업장을 신설하거나 이전, 종된 사업장의 사업을 휴업하거나 폐업하는 경우, 사이버몰의 통신판매업자가 사이버몰의 명칭 또는 인터넷 도메인 이름을 변경하는 경우 등이 있는 때에는 관할 세무서장에게 사업자등록 정정신고를 하고, 관할 세무서장은 사업자등록증을 정정하여 재발급해야 한다

(6) 휴폐업 및 등록말소

사업자등록을 한 사업자가 휴업 또는 폐업을 하거나 사업개시일 전에 사업자등록을 한 자가 사실상 사업을 시작하지 않게 되는 경우에는 지체없이 휴업(폐업)신고서에 사업자등록증을 첨부하여 관할 세무서장이나 그 밖에 신고인의 편의에 따라 선택한 세무서장에게 제출해야 한다(국세정보통신망에 의한 제출을 포함한다). 다만, 폐업을 하는 사업자가 부가가치세 확정신고서에 폐업연월일과 그 사유를 적고 사업자등록증을 첨부하여 제출하는 경우에는 폐업신고서를 제출한 것으로 본다.

한편 법령에 따라 허가를 받거나 등록 또는 신고 등을 하여야 하는 사업의 경우에는 허가·등록·신고 등이 필요한 사업의 주무관청에 휴업(폐업)신고서를 제출할 수 있으며, 휴업(폐업)신고서를 받은 주무관청은 지체 없이 관할세무서장에게 그 서류를 송부(정보통신망을 이용한 송부를 포함)하여야 하고, 허가·등록·신고 등이 필요한 사업의 주무관청에 제출하여야 하는 해당 법령에 따른 신고서를 관할세무서장에게 제출한 경우에는 관할세무서장은 지체 없이 그 서류를 관할 주무관청에 송부하여야 한다.

(7) 면세사업자의 사업자등록

과세사업자(과세사업과 면세사업을 겸영하는 사업자를 포함함)는 부가가치세법에 의한 사업자등록을 하지만 면세사업자는 소득세법 또는 법인세법에 의한 사업자등록을 해야 한다. 면세사업자가 추가로 과세사업을 영위하고자 하는 경우 「사업자등록정정신고서」를 제출한 때에는 사업자등록신청을 한 것으로 보므로 부가가치세법상 사업자등록신청을 별도로 하지 않을 수 있다.

(8) 개별소비세법 등에 따른 신고 등의 효력

개별소비세 또는 교통에너지환경세의 납세의무가 있는 사업자가 개별소비세법 또는 교통에너지환경세법에 따라 개업 신고, 휴업·폐업·변경 신고, 사업자단위 과세사업자 신고, 양수·상속·합병 신고 등을 한 경우에는 부가가치세법에 따른 사업자등록의 신청, 휴업·폐업 신고 또는 등록사항 변경신고, 사업자단위 과세사업자 등록 신청 또는 사업자단위 과세사업자 변경등록 신청을 한 것으로 본다.

3 사업자등록의 정정

다음의 사유가 발생한 경우에는 지체없이 사업자등록정정신고를 해야 한다.

등록정정사유	재발급기한
① 상호를 변경하는 때 ② 통신판매업자가 「사이버몰의 명칭 또는 인터넷주소자원에 관한 법률」에 따른 인터넷 도메인 이름을 변경하는 때	신청일 당일
③ 법인 또는 1거주자로 보는 소정단체의 대표자를 변경하는 때 ④ 상속으로 인하여 사업자의 명의가 변경된 때 ⑤ 임대인, 임대차목적물이나 면적, 보증금, 임대차기간 등의 변경이 있거나 새로이 상가건물을 임차한 때 ⑥ 사업자단위과세사업자가 종된사업장의 신설, 이전, 휴업, 폐업하는 때 ⑦ 사업의 종류에 변경이 있는 때 ⑧ 사업장을 이전하는 때 ⑨ 공동사업장의 구성원 또는 출자자본의 변경이 있는 때 ⑩ 사업자단위과세사업자가 사업자단위과세적용사업장을 변경하는 때	신청일로부터 2일 이내

4 미등록에 대한 제재

(1) 미등록사업자의 납세의무

사업자가 부가가치세가 과세되는 재화를 공급하거나 용역을 제공하는 경우에는 해 당 사업자의 사업자등록 여부 및 공급 시 부가가치세의 거래징수 여부에 불구하고 해당 재화의 공급 또는 용역의 제공에 대하여 부가가치세를 신고·납부할 의무가 있다.

(2) 미등록사업자의 불이익

사업자가 사업자등록을 기한 내에 이행하지 않은 경우에는 다음과 같은 불이익이 있다.

① 미등록가산세의 부과 : 사업개시일부터 20일 이내에 등록을 신청하지 아니한 경우에는 사업개시일부터 등록을 신청한 날의 직전일까지의 공급가액의 1%에 상당하는 가산세를 부과한다.

② 사업자등록 신청 전 매입세액의 불공제 : 사업자등록을 신청하기 전에 발생한 매입세액은 매출세액에서 공제할 수 없다. 단, 공급시기가 속하는 과세기간이 끝난 후 20일 이내에 등록신청한 경우에는 등록신청일부터 공급시기가 속하는 과세기간 기산일(1월 1일 또는 7월 1일)까지 역산한 기간 내의 매입세액은 공제할 수 있다.

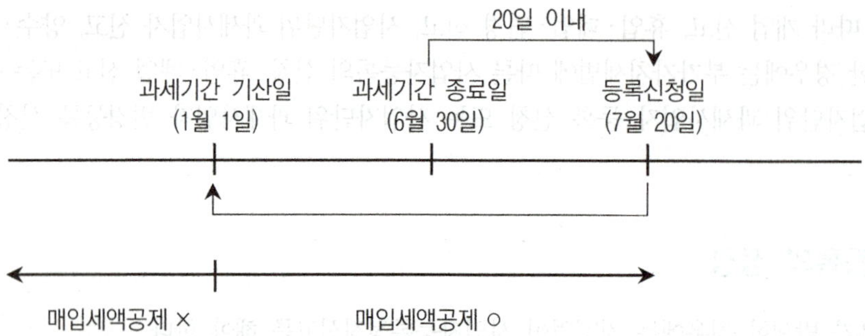

사례 **미등록시의 제재**

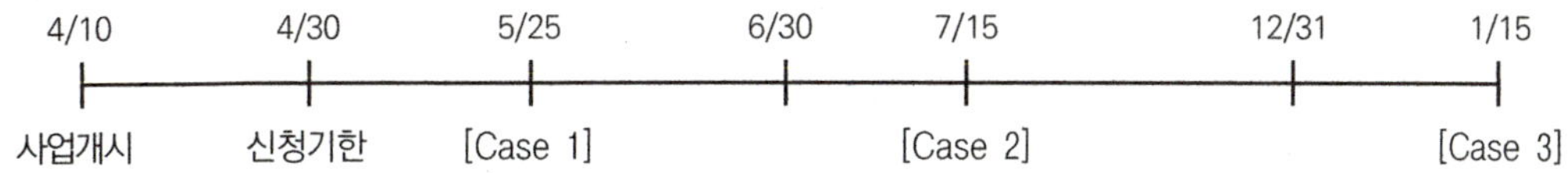

구 분	매입세액공제대상	미등록가산세(= 공급가액 × 1%)
[Case 1]	1/1이후 매입세액	(4/10~5/24)의 공급가액*1 × 1% × (1 - 50%)*2
[Case 2]	1/1이후 매입세액	(4/10~7/14)의 공급가액 × 1%
[Case 3]	7/1이후 매입세액	(4/10~1/14)의 공급가액 × 1%

*1 사업개시일부터 등록신청한 날의 직전일까지 공급가액임
*2 법에 정한 의무등록·신청·제출의 이행시점이 1월 이내인 경우 가산세액의 50%를 감면함

예제 1

부가가치세법령상 사업자등록에 대한 설명으로 옳지 않은 것은? [2023년 국가직 9급]

① 신규로 사업을 시작하려는 자는 사업개시일 이전이라도 사업자등록을 신청할 수 있다.
② 사업장 관할 세무서장은 등록된 사업자가 폐업한 경우에는 지체 없이 사업자등록을 말소하여야 한다.
③ 사업장을 이전하는 경우는 사업자등록의 정정신고 사유이다.
④ 사업자는 사업자등록의 신청을 사업장 관할 세무서장에게만 할 수 있으며, 관할 세무서장이 아닌 다른 세무서장에게 한 사업자등록의 신청은 효력이 없다.

정답
부가법 제8조 제2항에 따라 사업자는 사업자등록의 신청을 사업장 관할 세무서장이 아닌 다른 세무서장에게도 할 수 있으며, 이 경우 사업장 관할 세무서장에게 사업자등록을 신청한 것으로 본다.

예제 2

부가가치세법령상 사업자등록에 대한 설명으로 옳지 않은 것은? [2023년 국가직 7급]

① 2023년 1월 1일 사업을 시작한 사업자가 2023년 2월 15일 사업자등록을 신청한 경우 등록신청일부터 공급시기가 속하는 과세기간 기산일까지 역산한 기간 내의 매입세액을 공제받을 수 없으며, 미등록가산세도 납부하여야 한다.
② 신규로 사업을 시작하려는 자는 사업개시일 전이라도 사업자등록신청을 할 수 있다.
③ 사업자 단위로 등록신청을 한 사업자에게는 사업자 단위 과세 적용 사업장에 한 개의 등록번호를 부여한다.
④ 사업장 단위로 등록한 사업자가 사업자 단위 과세 사업자로 변경하려면 사업자 단위 과세 사업자로 적용받으려는 과세기간 개시 20일 전까지 사업자의 본점 또는 주사무소 관할 세무서장에게 변경등록을 신청해야 한다.

정답 ①
부가법 제39조 제1항 제8호 단서에 따라 공급시기가 속하는 과세기간이 끝난 후 20일 이내에 등록을 신청한 경우 등록신청일부터 공급시기가 속하는 과세기간 기산일까지 역산한 기간 내의 것은 매입세액 공제를 받을 수 있다. 보기에서 2023년 2월 15일, 즉, 2023년 1기가 끝나기 전에 사업자등록을 신청했으므로 해당 과세기간에 대한 매입세액 공제는 가능하다.

Chapter 02

Value Added Tax

과세거래

2 과세거래

1 개 요

❶ 과세거래의 범위

(1) 과세물건의 정의

부가가치세의 과세물건은 ① 재화의 공급, ② 용역의 공급, ③ 재화의 수입이다. 부가가치세의 과세대상이 되는 재화 또는 용역을 공급하는 사업자는 거래상대방으로부터 부가가치세를 징수하여 관할 세무서에 납부할 의무가 발생하게 되고, 재화의 수입시에는 세관장이 부가가치세를 징수하게 된다.

- 재화와 용역의 공급에 대한 과세 : 우리나라의 부가가치세의 과세대상은 각 거래단계에서 창출한 부가가치이지만, 우리나라에서는 전단계세액공제법을 채택하고 있다. 따라서 각 거래단계에서의 부가가치를 직접 포착하는 것이 아니라, 재화와 용역의 공급가액 전체에 대하여 과세하고, 매입시 부담한 부가가치세를 세액공제의 형태로 차감하도록 함으로써 결과적으로 해당 거래단계에서의 부가가치에 대한 과세를 하도록 하고 있다. 따라서 현행 부가가치세법은 부가가치 자체가 아닌 재화의 공급과 용역의 공급을 과세물건으로 규정하고 있다.
- 재화의 수입에 대한 과세 : 재화의 수입은 본래 국외거래이므로 과세물건이 될 수 없다. 그러나 소비지국 과세원칙에 따라 소비자가 부담하는 간접세를 소비지국에서 징수함으로써 거래 당사자 국간의 세율차이에 관계없이 국내 생산품이나 수입품에 적용되는 세율이 동일하게 하기 위해 재화의 수입을 과세물건에 포함시킨다.

(2) 실질공급과 간주공급

재화의 경우 과세거래를 실질공급과 간주공급으로 나눌 수 있다. 실질공급은 대가를 받고 재화를 인도 또는 양도하는 것을 말한다. 부가가치세 과세대상인 재화의 공급은 대가를 받고 유상으로 재화를 인도하거나 양도하는 것을 원칙으로 한다. 그러나 사업자가 대가를 받지 아니하고 재화를 사용·소비하는 경우에 부가가치세를 과세하지 않는다면 부가가치세 부담없이 재화를 소비하게 되어 과세형평을 침해하는 결과를 초래하게 된다. 따라서 실질적인 재화의 공급이 아닌 경우에도 일정한 요건을 충족하면 재화를 공급한 것으로 보아 부가가치세를 과세하는데 이를 간주공급(공급의 의제)이라 한다.

반면에 용역의 경우 간주공급은 인정되지 않고 실질공급만 존재한다. 수입의 경우에도 재화의 수입만 과세거래로 인정된다.

구 분	재 화	용 역
실질공급	과세거래	과세거래
간주공급	과세거래	-
수입	과세거래	-

2 재화의 공급

(1) 재화의 개념

재화란 재산 가치가 있는 물건 및 권리를 말한다. 물건은 상품·제품·원료·기계·건물 등 모든 유체물과 전기·가스·열 등 관리할 수 있는 자연력을 말하며, 권리는 광업권, 특허권, 저작권 등 물건 외에 재산적 가치가 있는 모든 것을 말한다.

구 분	구체적 범위
유체물	원료, 상품, 제품, 비품, 기계장치, 건축물 등 모든 유형적 물건
무체물	동력, 열, 기타 관리할 수 있는 자연력 및 영업권, 산업재산권, 광업권 등 재산적 가치가 있는 권리 등으로 재산적 가치가 있는 유체물 외의 모든 것

다만, 다음은 재화에 해당하지 않는다.

① 재산적 가치가 없는 유체물과 무체물(물, 공기 등). 단 생수는 과세한다.
② 수표·어음 등의 화폐대용증권과 주식·채권 등의 유가증권
③ 임치물의 반환이 수반되지 않는 창고증권

(2) 재화의 실질공급

재화의 공급은 계약상 또는 법률상의 모든 원인에 따라 재화를 인도 또는 양도하는 것을 말한다. 재화의 소유권을 이전하는 경우에는 재화공급의 원인이 거래당사자의 의사에 의한 계약상의 것이든지, 정부의 수용 등에 의한 비자발적인 것이든지 관계없이 모두 재화의 공급에 해당된다.

구 분	거래 내용
매매계약	현금판매·외상판매·할부판매·장기할부판매·조건부 및 기한부판매·위탁판매 기타 매매계약에 따라 재화를 인도하거나 양도하는 것
가공계약	자기가 주요자재의 전부 또는 일부를 부담하고 상대방으로부터 인도받은 재화를 가공하여 새로운 재화를 만드는 가공계약에 따라 재화를 인도하는 것 ※ 주요자재를 전혀 부담하지 않고 단순히 가공만 하는 경우는 용역의 공급에 해당한다.
교환계약	재화의 인도대가로서 다른 재화를 인도받거나 용역을 제공받는 교환계약에 따라 재화를 인도하거나 양도하는 것.
기타원인	경매·수용·대물변제·현물출자 그 밖의 계약상 또는 법률상의 원인에 따라 재화를 인도하거나 양도하는 것
보세구역 지정창고 임치물의 국내반입	보세구역에 있는 조달청 창고 또는 런던금속거래소의 지정창고에 임치된 임치물을 국내로 다시 반입하는 것

위탁매매 또는 대리인에 의한 매매를 할 때에는 위탁자 또는 본인이 직접 재화를 공급하거나 공급받은 것으로 본다. 다만, 해당 거래 또는 재화의 특성상 또는 보관·관리상 위탁자 또는 본인을 알

수 없는 경우에는 수탁자 또는 대리인에게 재화를 공급하거나 수탁자 또는 대리인으로부터 재화를 공급받은 것으로 본다.

신탁법에 따라 위탁자의 지위가 이전되는 경우에는 기존 위탁자가 새로운 위탁자에게 신탁재산을 공급한 것으로 본다. 다만, 신탁재산에 대한 실질적인 소유권의 변동이 있다고 보기 어려운 경우로서 다음 경우에는 신탁재산의 공급으로 보지 아니한다.

① 자본시장과 금융투자업에 관한 법률에 따른 집합투자기구의 집합투자업자가 다른 집합투자업자에게 위탁자의 지위를 이전하는 경우

② 신탁재산의 실질적인 소유권이 위탁자가 아닌 제3자에게 있는 경우 등 위탁자의 지위 이전에도 불구하고 신탁재산에 대한 실질적인 소유권의 변동이 있다고 보기 어려운 경우

교환계약에 의한 재화의 인도 또는 양도에는 민법에 의한 교환 뿐만 아니라 소비대차의 경우까지 포함하는 개념으로 사용되고 있다. 소비대차라 함은 당사자 일방이 금전 기타 대체물의 소유권을 상대방에게 이전할 것을 약정하고 상대방은 그와 같은 종류, 품질 및 수량으로 반환할 것을 약정함으로써 그 효력이 생기는 것을 말하는 것이다(민법 598조). 따라서 사업자간에 상품·제품·원재료 등의 재화를 차용하여 사용 소비하고 동종 또는 이종의 재화를 반환하는 소비대차의 경우에 해당 재화를 차용하거나 반환하는 것은 각각 재화의 공급에 해당한다.

사례 소비대차계약*에 따른 차용 또는 반환거래(기타계약상의 원인)

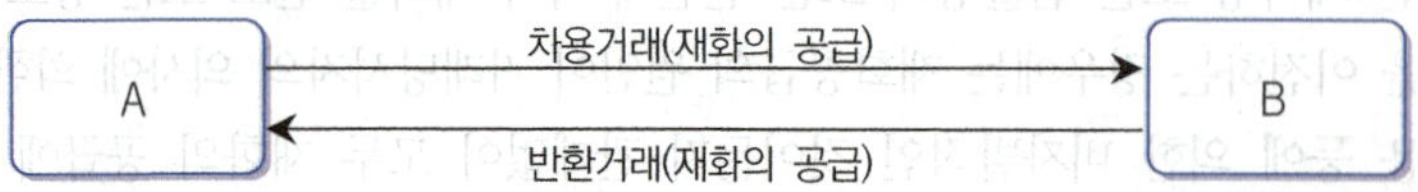

* 사업자 간에 상품·제품·원재료 등의 재화를 차용하여 사용·소비하고 동종·동질·동량의 재화로 반환할 것을 약정하는 계약

사례 현물출자 ☞ 제공한 자산의 시가

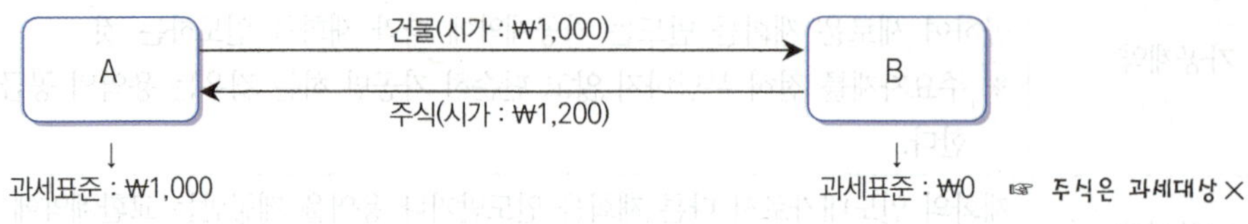

(3) 재화의 공급으로 보지 않는 것

① 담보제공 : 질권·저당권 또는 양도담보의 목적으로 동산·부동산 및 부동산상의 권리를 제공하는 것을 말한다. 다만, 채무불이행 등의 사유로 담보권자가 환가처분을 행사하여 담보물의 실질 소유권이 이전되는 경우에는 재화의 공급으로 본다(∴ 채권의 담보를 위한 것일 뿐 소유권이 실질적으로 이전되지 않으나 단서의 경우 대물변제에 해당함).

② 사업양도 : 여기서 사업의 양도란 다음 각호의 어느 하나에 해당하는 것을 말한다.
첫째, 사업장별로 그 사업에 관한 모든 권리와 의무를 포괄적으로 승계시키는 경우. 이 경우 그

사업에 관한 권리와 의무 중 다음의 것을 포함하지 아니하고 승계시킨 경우에도 해당 사업을 포괄적으로 승계시킨 것으로 본다.

㉠ 미수금 또는 미지급금에 관한 것

㉡ 해당 사업과 직접 관련이 없는 토지·건물 등에 관한 것

둘째, 상법에 따라 분할하거나 분할합병하는 경우(같은 사업장안에서 사업부문별로 양도하는 경우를 포함한다)

셋째, 법인세법 상 적격분할

넷째, 조세특례제한법 제37조 제1항 각호의 요건을 갖춘 자산의 포괄적 양도의 경우. 이 때 조세특례제한법 37조 1항 각호의 요건을 갖춘 자산의 포괄적 양도란 다음 각호의 요건을 갖춘 포괄적 양도를 말한다.

㉠ 자산의 포괄적 양도일 현재 1년 이상 계속하여 사업을 하던 내국법인간의 양도, 양수 일 것

㉡ 피인수법인이 인수법인으로부터 그 자산의 포괄적 양도로 취득하는 인수법인의 주식 또는 출자지분의 가액과 금전, 그 밖의 재산가액의 총 합계액 중 의결권 있는 인수법인의 주식 또는 출자지분의 가액이 95% 이상으로서 그 주식 또는 출자지분이 조세특례제한법 시행령으로 정하는 바에 따라 배정되고, 피인수법인 또는 같은 법 시행령으로 정하는 피인수법인의 주주 또는 출자지분이 자산의 포괄적 양도일이 속하는 사업연도의 종료일까지 그 주식 또는 출자지분을 보유할 것

㉢ 인수법인이 자산의 포괄적 양도일이 속하는 사업연도의 종료일까지 피인수법인으로부터 승계받은 사업을 계속할 것

다만, 포괄양도 해당 여부가 불분명한 경우에도 양수자(매입자)가 부가가치세액을 대리납부한 경우 재화·용역의 공급으로 본다. 즉, 사업의 양도(포괄양도 여부가 불분명한 경우 포함)에 따라 그 사업을 양수받는 자가 대가를 지급하는 때에 그 대가를 받은 자로부터 부가가치세를 징수하여 납부한 경우에는 재화의 공급으로 본다.

사례 **사업양도**

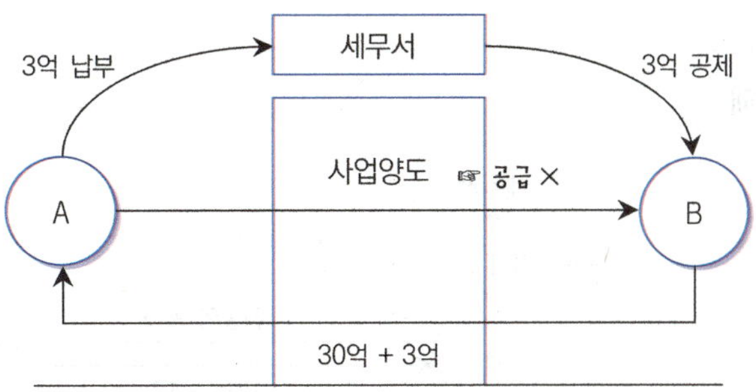

A가 B에게 사업양도시 징수하는 부가가치세 3억이 같은 세무서 안에서 납부되고 공제된다. 따라서 자금부담문제만 발생할 뿐 과세실익이 없으므로 재화의 공급으로 보지 않고 사업양도시 A는 세금계산서도 발급하지 않는다.

사업의 양도에 대하여 재화의 공급으로 보지 아니하는 이유는, 사업의 양도는 특정재화의 개별적 공급을 과세요건으로 하는 부가가치세의 공급에 대한 본질적 성격과 맞지 않고, 사업의 양도는 일반적으로 그 거래금액과 나아가 그에 대한 부가가치세액이 크며 대부분 매입세액으로서 공제받을 것이 예상되는 거래에 대하여 매출세액을 징수하도록 하는 것은 국고에 도움이 되지 않고 사업 양수자에게 불필요한 자금부담을 주기 때문이다.

이 때 다음의 사항에 유의해야 한다.

㉠ 사업양수 후 업종을 변경한 경우에도 재화의 공급으로 보지 않는다.

㉡ 일반과세자와 간이과세자간 발생한 사업양수도의 경우에도 재화의 공급으로 보지 않는다. 다만, 간이과세자가 일반과세자로부터 양수받은 경우 간이과세의 적용을 배제한다.

㉢ 사업양수 후 양수자가 면세사업으로 전용하는 경우 및 개인적 목적으로 사용하는 경우에는 과세한다.

㉣ 사업의 양도는 재화의 공급이 아니므로 사업양도인은 세금계산서를 발급하지 않는다.

③ 조세의 물납 : 사업용자산을 상속세 및 증여세법의 규정 또는 지방세법의 규정 및 종합부동산세법의 규정에 의하여 물납하는 것을 말한다. 국가로부터 부가가치세를 징수하는 것이 현실적으로 불가능함을 고려한 것이다.

④ 법률에 의한 재화의 공매(수의계약의 따라 매각하는 것을 포함함) 및 강제경매(담보권실행을 위한 경매 및 「민법」, 「상법」 등 그 밖의 법률에 의한 경매를 포함함)

㉠ 국세징수법에 따른 공매

㉡ 민사집행법에 따른 경매

㉢ 도시 및 주거환경정비법, 공익사업을 위한 토지 등의 취득 및 보상에 관한 법률에 따른 수용

참고 공매와 경매에 대한 과세

구 분	부가가치세법상 공급의 해당 여부	양도소득세법상 양도의 해당 여부
국세징수법에 의한 공매	×	○
민사집행법에 의한 경매	×	○
공매·경매 이외의 사적 경매	○	○

사례 공매 또는 경매

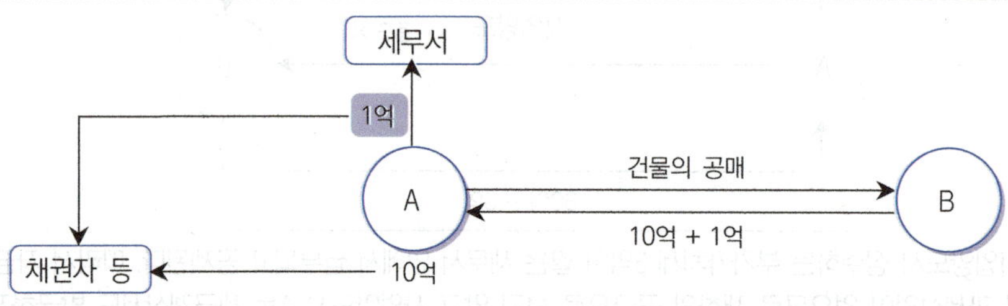

A가 B에게 건물의 공매시 과세되는 1억이 세무서에 납부되지 않고 채권자 등에게 체납된 금액과 같이 지급된다. 반면에 매입자 B는 1억을 매입세액공제 받는 문제가 발생하므로 해당 거래자체를 과세거래로 보지 않고 A가 B에게 건물의 공매시 세금계산서도 발급하지 않는다.

⑤ 법소정 창고증권의 양도 : 본래 창고증권의 양도는 해당 증권의 특성상 증권의 양도와 동시에 재화의 소유권이전을 가져오므로 재화의 공급으로 본다. 다만, 다음에 해당하는 경우에는 재화의 공급으로 보지 않는다.

> ㉠ 보세구역에 있는 조달청 창고에 보관된 물품에 대하여 조달청장이 발행하는 창고증권의 양도로서 임치물의 반환이 수반되지 아니하는 것(창고증권을 가진 사업자가 보세구역의 다른 사업자에게 인도하기 위하여 조달청 창고에서 임치물을 넘겨받는 경우를 포함)
> ㉡ 보세구역에 있는 런던금속거래소의 지정창고에 보관된 물품에 대하여 동 거래소의 지정창고가 발행하는 창고증권의 양도로서 임치물의 반환이 수반되지 아니하는 것(창고증권을 가진 사업자가 보세구역의 다른 사업자에게 인도하기 위하여 조달청 창고에서 임치물을 넘겨받는 경우를 포함)

⑥ 한국석유공사의 소비대차 : 한국석유공사가 비축된 석유를 수입통관하지 아니하고 보세구역에 보관하면서 국내사업장이 없는 비거주자 또는 외국법인과 무위험차익거래 방식으로 소비대차하는 것은 재화의 공급으로 보지 아니한다. 여기서 무위험차익거래 방식이란 거래계약 체결 후 가격변동에 따른 손익위험이 없는 거래를 말한다.

⑦ 출자지분의 과세 : 출자지분의 경우, 출자자가 자기의 출자지분을 타인에게 양도, 상속, 증여하거나 법인 또는 공동사업자가 출자지분을 현금으로 반환하는 것은 재화의 공급에 해당하지 아니하는 것이나, 법인 또는 공동사업자가 출자지분을 현물로 반환하는 것은 재화의 공급에 해당한다. 또한, 공동사업자 구성원이 각각 독립적으로 사업을 영위하기 위하여 공동사업의 사업용 고정자산인 건축물을 분할등기하는 경우 해당 건축물의 이전은 재화의 공급에 해당한다(부기통 9-18-2).

참고 기타재화의 공급으로 보지 않는 경우

① 사업자가 위탁가공을 위하여 국외의 수탁가공사업자에게 무환으로 반출하는 재화(소유권변동이 없으며 대가성이 없는 단순 가공목적 반출이기 때문)
  * 원료의 대가 없이 국외의 수탁가공업자에게 반출하여 가공한 재화를 양도하는 경우 그 원료의 반출은 영세율을 적용함
② 건설업을 영위하는 사업자가 자기의 해외건설공사에 건설용자재로 사용·소비할 목적으로 국외로 반출하는 재화
③ 당초 공급된 재화 중 일부 부품의 불량으로 인하여 대가를 별도로 받지 않고 불량품을 보충하기 위하여 공급하는 재화
④ 공동사업을 영위하는 구성원이 다른 동업예정자에게 양도하는 공동사업의 지분
⑤ 사업폐지시 잔존재화로 과세된 후에 실제로 처분하는 재화
⑥ 사업자가 고정자산 또는 재고자산을 폐품처리하여 장부가액을 소멸시킨 경우의 해당 재화
⑦ 국내사업장이 있는 비거주자 또는 외국법인이 외국에서 자기가 생산·취득한 재화를 국내의 다른 사업자에게 비거주자 또는 외국법인의 국외사업장에서 직접 공급하는 경우(국외거래)

(3) 재화의 공급으로 의제하는 것(재화의 자가공급과 무상공급 중 일부분)

부가가치세법은 재화의 실질공급에 해당하지 않는 일정한 사건들을 재화의 공급으로 의제하고 있는데, 이를 재화의 공급의제 또는 재화의 간주공급이라고 한다. 이와 관련된 내용은 후술하기로 한다.

사례 재화의 공급

내용	사유	공급 여부
사업자가 건물로 차입금을 변제한 경우	대물변제	○
사업자가 아닌 자가 승용차를 대가를 받고 양도하는 경우	비사업자 공급	×
사업자가 대가를 받고 가정용 전기를 공급하는 경우	무체물 공급	○
사업자가 건물로 상속세를 납부한 경우	조세 물납	×
사업자가 특허권을 매매계약에 의하여 양도한 경우	무체물 공급	○
사업자가 판매용 냉장고를 가사용으로 사용한 경우	개인적공급	○
사업자가 주식을 매매계약에 의하여 양도한 경우	주식은 재화로 보지 않음	×
사업자가 판매용 제품을 거래처에 무상으로 증여한 경우	사업상증여	○
사업자가 폐업하는 시점에 재화가 남아 있는 경우	폐업시 잔존재화	○
사업자가 사업을 포괄적으로 양도하는 경우	사업 양도	×

3 용역의 공급

(1) 용역의 개념

용역이란 재화 외에 재산 가치가 있는 모든 역무(役務)와 그 밖의 행위를 말한다. 부가가치세법에서는 건설업, 숙박 및 음식점업, 운수 및 창고업, 정보통신업 (출판업과 영상·오디오 기록물 제작 및 배급업은 제외), 금융 및 보험업, 부동산업(다만, 전·답·과수원·목장용지·임야 또는 염전임대업과 공익사업과 관련해 지역권·지상권을 설정하거나 대여하는 사업 제외), 전문·과학 및 기술 서비스업, 사업시설관리·사업지원 및 임대서비스업, 공공행정·국방 및 사회보장 행정, 교육 서비스업, 보건업 및 사회복지서비스업, 예술·스포츠 및 여가관련 서비스업, 협회 및 단체·수리 및 기타 개인서비스업, 가구내 고용활동 및 달리 분류되지 않은 자가소비 생산활동, 국제 및 외국기관의 사업에 해당하는 모든 역무(役務)와 그 밖의 행위를 용역으로 본다.

재화와 용역을 공급하는 사업의 구분은 시행령에서 특별한 규정이 있는 경우를 제외하고는 통계청장이 고시하는 해당 과세기간 개시일 현재의 한국표준산업분류에 따른다.

(2) 용역의 공급

용역의 공급이라 함은 계약상 또는 법률상의 모든 원인에 의하여 역무를 제공하거나 재화, 시설물 또는 권리를 사용하게 하는 것으로 한다.

구 분	구체적 범위
역무의 제공	건설업·숙박 및 음식점업 등 개인서비스업에 해당하는 인적용역의 공급을 말함
재화·시설물을 사용하게 하는 것	부동산 등을 임대하거나 장비 등 기타시설물을 사용하게 하는 것 등의 물적용역을 공급하는 것을 말함
권리를 사용하게 하는 것	특허권, 상표권, 광물탐사권, 브랜드 등의 무형재산권을 소유한 자가 이를 제3자에게 사용할 수 있는 권한을 부여하고 로얄티 등의 사용료를 받는 것을 말함

다음의 어느 하나에 해당하는 것은 용역의 공급으로 본다.

① 건설업의 경우 건설사업자가 건설자재의 전부 또는 일부를 부담하는 것

② 자기가 주요자재를 전혀 부담하지 아니하고 상대방으로부터 인도받은 재화를 단 순히 가공만 해 주는 것

③ 산업상·상업상 또는 과학상의 지식·경험 또는 숙련에 관한 정보를 제공하는 것

구 분		내 용
음식점업, 건설업		항상 용역의 공급
부동산	매매업	재화의 공급
	임대업	용역의 공급
전·답·과수원·목장용지·임야·염전의 임대업		과세 제외
위탁가공업	단순가공	용역의 공급
	주요자재의 일부 또는 전부를 부담	재화의 공급
재화·시설물·권리	양도	재화의 공급
	임대	용역의 공급

건설업, 부동산업 중 부동산의 매매 또는 중개를 그 사업상의 목적으로 나타내어 부동산을 판매하는 사업 또는 사업상 목적으로 1과세기간 중에 1회 이상 부동산을 취득하고 2회 이상 판매하는 사업은 용역의 공급이 아니라 재화를 공급하는 사업으로 본다. 단, 건설업 및 음식점업은 자재부담의 여부와 상관없이 항상 용역의 공급이다.

대가를 받지 않고 타인에게 용역을 공급하는 것은 용역의 공급으로 보지 않으므로 용역의 무상제공은 과세거래가 아니다.

과세대상 용역의 공급은 납세의무자인 사업자에 의하여 공급되는 것으로서 그 공급되는 장소가 국내인 것을 말하나, 예외적으로 영세율의 적용대상인 국외에서 공급하는 용역은 납세지가 국내인 경우 과세대상인 용역의 공급에 포함된다.

(3) 용역의 자가공급과 무상공급

용역은 그 실체를 파악하는 것이 어렵기 때문에 용역의 자가공급과 무상공급은 부가가치세의 과세대상에서 제외한다.

사업자가 자신의 용역을 자기의 사업을 위하여 대가를 받지 아니하고 공급함으로써 다른 사업자와의 과세형평이 침해되는 경우에는 자기에게 용역을 공급하는 과세대상 자가공급으로 본다. 이 경우 그 용역의 범위는 대통령령으로 정하도록 되어 있으나, 현재로서는 대통령령에 용역의 범위가 정하여져 있지 않으므로 용역의 자가공급에 대해서는 부가가치세가 과세되지 않는다.

다음과 유사한 경우에는 용역의 자가공급이므로 부가가치세를 과세하지 아니한다.

① 사업자가 자기의 사업과 관련하여 사업장 내에서 그 사용인에게 음식용역을 무상으로 제공하는 경우

② 사업자가 사용인의 직무상 부상 또는 질병을 무상으로 치료하는 경우

③ 사업장이 각각 다른 수개의 사업을 겸영하는 사업자가 그 중 한 사업장의 재화 또는 용역의 공급에 필수적으로 부수되는 용역을 자기의 다른 사업장에서 공급하는 경우

사업자가 대가를 받지 아니하고 타인에게 용역을 공급하는 무상공급은 용역의 공급으로 보지 아니한다. 다만, 특수관계인에게 사업용부동산의 임대용역을 무상공급하는 경우에는 과세하지만 다음의 어느 하나에 해당하는 경우에는 특수관계인간 부동산 무상임대용역의 범위에서 제외함으로써 부가가치세를 과세하지 않는다.

① 산학협력단과 대학 간 사업용 부동산의 무상임대용역

② 공공주택사업자(국가, 지자체, LH, SH 등)와 부동산투자회사(리츠)간 사업용 부동산의 무상임대용역

참고 무상공급 및 저가공급의 과세표준

구 분	재 화	용 역
무상공급	시가	과세 × [*1]
특수관계인에 대한 저가공급	시가	시가

*1 단, 특수관계인에 대한 사업용부동산의 무상임대시에는 과세함

(3) 용역의 공급에서 주의할 사항

① 고용관계에 따라 근로를 제공하는 것은 용역의 공급으로 보지 않는다.

② 골프장·테니스장 등의 경영자가 동 장소의 이용자로부터 받는 입회금으로서 일정기간의 거치 후 반환하지 않는 입회금은 과세대상이 되지만, 일정기간의 거치 후 반환하는 입회금은 부채이므로 과세대상이 되지 않는다.

③ 협회 등 단체가 재화의 공급 또는 용역의 제공에 따른 대가관계 없이 회원으로부터 받는 협회비·찬조비 및 특별회비 등은 과세대상이 아니다.

④ 조출료와 체선료

㉠ 선주와 하역회사 간의 관계 : 하역회사가 조기선적을 하고 선주로부터 받는 조출료는 하역용역 제공에 따른 대가이므로 하역용역대가에 포함하나, 지연선적으로 인하여 선주에게 지급하는 체선료는 과세대상이 아니다.

㉡ 선주와 화주와의 관계 : 화주가 조기선적을 하고 선주로부터 받는 조출료는 용역제공에 대한 대가가 아니므로 과세대상이 아니나, 선주가 지연선적으로 인하여 화주로부터 받는 체선료는 항행용역의 제공에 따른 대가이므로 항행용역대가에 포함된다.

사례 **조출료와 체선료**

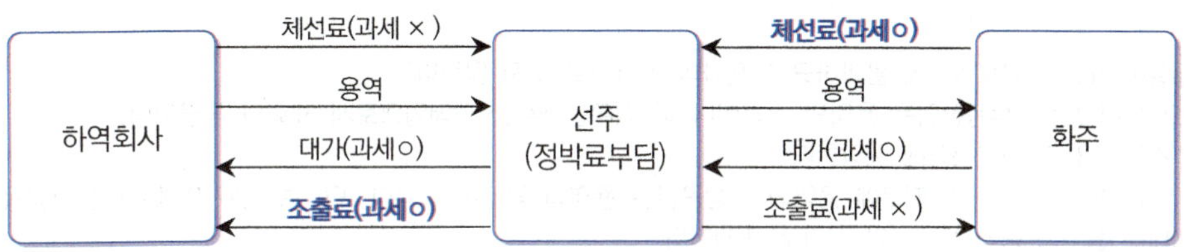

예제 1

사례 **용역의 공급**

내용	사유	공급 여부
부동산임대업자가 특수관계인에게 부동산을 무상으로 임대하는 경우	용역 무상공급 중 과세되는 예외	○
사업자가 인터넷을 통해 정보를 제공하고 정보이용료를 받는 경우	정보 제공	○
음식점을 영위하는 사업자가 사업장 내에서 종업원에게 음식용역을 무상으로 제공하는 경우	자가공급	×
사업자가 저작권에 대한 사용료를 받는 경우	권리 대여	○
변호사가 특수관계인에게 무상으로 법률자문용역을 제공한 경우	무상공급	×
건설업자가 도급계약에 의하여 대가를 받고 교량건설용역을 제공하는 경우	역무 제공	○
부동산임대업자가 임대차계약에 의하여 임대료를 받고 상가를 임대하는 경우	시설물 대여	○
고용관계에 의하여 대가를 받고 근로를 제공하는 경우	독립성 요건 위배	×

예제 2

부가가치세법상 재화 및 용역의 공급에 대한 설명이다. 옳은 것은? [2011년 CPA 기출]

① 자기가 주요 자재의 전부를 부담하고 상대방으로부터 인도받은 재화에 공작을 가하여 새로운 재화를 만드는 가공계약에 의하여 재화를 인도하는 것은 재화의 공급이다.

② 양도담보의 목적으로 부동산을 공급하는 것은 재화의 공급이다.

③ 부동산의 매매 또는 그 중개를 사업목적으로 나타내어 부동산을 판매하는 것은 용역의 공급이다.

④ 사업장별로 신고 및 납부를 하는 2 이상의 사업장이 있는 사업자가 자기사업과 관련하여 취득한 재화를 타인에게 직접 판매할 목적으로 다른 사업장에 반출하는 것은 재화의 공급이 아니다.

⑤ 대가를 받지 아니하고 타인에게 용역을 공급하는 것은 용역의 공급이다.

정답 ①

② 거래 실질이 채권의 담보목적에 불과하므로 재화의 공급으로 보지 않는다.
③ 원칙적으로 건설업과 부동산업은 용역의 공급이나 이 경우는 부동산판매업으로서 재화의 공급이다.
④ 재화의 간주공급 중 자가공급에 해당한다.
⑤ 용역의 실체파악이 곤란하기 때문에 용역의 무상공급은 용역의 공급이 아니다. 단, 특수관계인에 대한 사업용 부동산의 무상 임대는 용역의 공급으로 보아 시가로 과세한다.

예제 3

부가가치세법상 재화의 공급에 해당하는 것은? 단, 다음의 각 경우에 있어서 재화는 당초 부가가치세법상 매입세액이 공제되지 아니한 재화이고, 당해 사업장은 주 사업장총괄납부 또는 사업자단위과세의 승인을 받지 못하였다. [2009년 CPA 기출]

① 사업자가 자기의 사업과 관련하여 취득한 재화를 자기의 개인적인 목적으로 소비한 경우

② 사업자가 자기의 사업과 관련하여 생산한 재화를 자기의 고객에게 증여한 경우

③ 과세사업과 관련하여 취득한 재화를 부가가치세가 면제되는 재화를 공급하는 사업을 위하여 사용한 경우

④ 사업자가 사업을 폐지하는 때에 재화가 잔존하는 경우

⑤ 2 이상의 사업장이 있는 사업자가 자기사업과 관련하여 취득한 재화를 타인에 게 직접 판매할 목적으로 다른 사업장에 반출한 경우

정답 ⑤

⑤를 제외한 다른 문항의 경우 재화의 간주공급에 해당하지만, 매입세액 공제를 받은 부분에 한하여 간주공급에 해당한다. 그러나, 2 이상의 사업장이 있는 사업자가 자기 사업과 관련하여 취득한 재화를 타인에게 직접 판매할 목적으로 다른 사업장에 반출한 경우는 당초 부가가치세법상 매입세액이 공제되지 아니한 경우에도 간주공급으로 재화의 공급에 해당한다. 이 제도의 경우 매입세액이 공제된 재화가 과세사업에 공하지 아니한 경우에 과세형평 문제를 해결하기 위한 것이 아니라 사업자의 납부와 환급의 시기 불일치로 인한 불필요한 자금부담을 완화해주기 위한 제도이기 때문이다.

4 재화의 수입

재화의 수입은 다음의 어느 하나에 해당하는 물품을 국내에 반입하는 것(보세구역 또는 자유무역지역을 거치는 것은 보세구역 또는 자유무역지역에서 반입하는 것을 말함)으로 한다.

① 외국으로부터 국내에 도착한 물품(외국 선박에 의하여 공해(公海)에서 채집되거나 잡힌 수산물을 포함)으로서 수입신고가 수리(受理)되기 전의 것
② 수출신고가 수리된 물품으로서 선적된 물품

수출신고가 수리된 물품으로서 선적된 물품은 영세율이 적용되어 부가가치세 부담이 없으므로 이 물품을 다시 국내에 반입하는 것을 재화의 수입으로 간주하여 부가가치세를 과세한다. 반면에 수출신고가 수리된 물품으로서 선적되지 아니한 물품을 보세구역에서 반입하는 경우는 재화의 수입으로 보지 아니한다. 또한 외국에서 보세구역 또는 자유무역지역으로 재화를 반입하는 것은 재화의 수입으로 보지 아니한다. 부가가치세법상 수출재화의 공급시기는 수출신고가 수리된 날이 아니라 선적일이므로 수출신고 후 선적이 완료되지 않은 재화는 내국물품에 해당한다. 따라서 이를 보세구역으로부터 반입하는 것은 재화의 수입으로 보지 않고 국내공급으로 취급한다.

참고 재화의 범위 차이(재화의 공급 vs 재화의 수입)

① 재화의 공급에서 재화란 재산 가치가 있는 물건 및 권리를 말한다. 물건은 상품·제품·원료·기계·건물 등 모든 유체물과 전기·가스·열 등 관리할 수 있는 자연력을 말하며, 권리는 광업권, 특허권, 저작권 등 물건 외에 재산적 가치가 있는 모든 것을 말한다.
② 재화의 수입에서 재화란 재산 가치가 있는 물건 중 유체물을 말한다.

참고 보세구역을 통한 거래의 과세여부

구 분	과세여부
외국 → 보세구역	× (∵재화의 수입이 아님)
보세구역 → 보세구역	○ (∵재화 또는 용역의 국내공급)
보세구역 외의 국내장소 → 보세구역	
보세구역 → 보세구역 외의 국내장소	① 관세의 과세분 : 재화의 수입 ○ ② 그 이외의 것 : 재화 또는 용역의 국내공급

사례 **재화를 수입하는 경우 부가가치세의 과세표준**

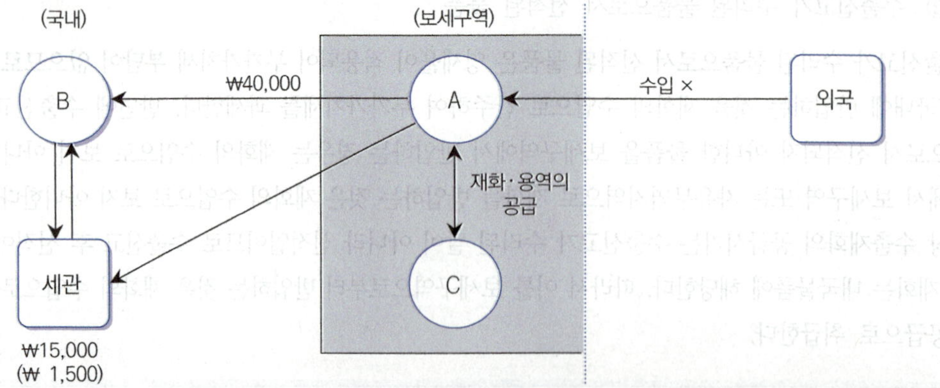

재화수입시의 과세표준 = 관세의 과세가격 + 관세 + 개별소비세 + 주세 + 교통·에너지·환경세 + 교육세 + 농어촌특별세

₩15,000

* 보세구역 내에 있는 A가 보세구역 외의 B에게 ₩40,000에 공급하는 경우

(1) 재화의 수입 : ₩15,000 × 10% = ₩1,500 ☞ 세관장이 거래징수하고 수입세금계산서를 발급함

(2) 재화의 공급 : [₩40,000 − ₩15,000] × 10% = ₩2,500 ☞ A가 거래징수하고 세금계산서를 발급함

예제

부가가치세 과세거래에 관한 설명으로 옳지 않은 것은? (단, 사업자는 계속해서 사업을 영위한다고 가정한다)

[2010년 세무사 1차 기출]

① 사업자가 '상속세 및 증여세법' 제73조에 따라 사업용 자산으로 조세를 물납하는 것은 재화의 공급으로 보지 아니한다.

② 수출신고가 수리된 물품으로서 선적되지 아니한 물품을 보세구역에서 반입하는 경우는 재화의 수입에 해당한다.

③ 사업자가 상품권 등을 현금 또는 외상으로 판매하고 그 후 해당 상품권 등이 현물과 교환되는 경우에는 재화가 실제로 인도되는 때가 공급시기이다.

④ 사업자가 다른 사업자와 상표권 사용계약을 할 때 사용대가 전액을 일시불로 받고 상표권을 둘 이상의 과세기간에 걸쳐 계속적으로 사용하게 하는 경우 해당 용역의 공급시기는 예정신고기간 또는 과세기간의 종료일이다.

⑤ 헬스클럽장 등 스포츠센터를 운영하는 사업자가 연회비를 미리 받고 둘 이상의 과세기간에 걸쳐 계속적으로 회원들에게 시설을 이용하게 하는 경우 해당 용역의 공급시기는 예정신고기간 또는 과세기간의 종료일이다.

정답 ②

수출신고가 수리된 물품을 보세구역으로부터 반입하는 것은 재화의 수입에 해당하지만, 선적되지 아니한 물품을 보세구역으로부터 반입하는 것은 제외한다.

5 부수재화 또는 용역의 공급

(1) 주된 거래에 부수되는 재화 또는 용역

주된 재화 또는 용역의 공급에 부수되어 공급되는 것으로서 다음의 어느 하나에 해당하는 재화 또는 용역의 공급은 주된 재화 또는 용역의 공급에 포함되는 것으로 본다.

① 대가관계 : 해당 대가가 주된 재화 또는 용역의 공급에 대한 대가에 통상적으로 포함되어 공급되는 재화 또는 용역

② 공급관계 : 거래의 관행으로 보아 통상적으로 주된 재화 또는 용역의 공급에 부수하여 공급되는 것으로 인정되는 재화 또는 용역

이 경우 주된 거래인 재화 또는 용역의 공급이 과세이면 부수되어 공급되는 재화 또는 용역의 공급도 함께 과세하며, 반대로 주된 거래인 재화 또는 용역의 공급이 면세이면 부수되어 공급되는 재화 또는 용역의 공급도 함께 면세로 처리한다.

주된 재화·용역	부수 재화·용역	과세·면세 여부	비 고
과세대상	과세대상		세금계산서를 따로 발행하지 않고 과세표준도 별도로 계산하지 않음
	면세대상		
면세대상	과세대상	면세	-
	면세대상	면세	-

실무적으로 독립된 거래로 존재하지 않고 별도로 과세표준의 계산이 가능하지 않은 경우 주된 거래에 부수되는 것으로 판단한다(주된 재화에 흡수). 아래는 공급받는 자가 같은 경우 독립된 거래로 존재하지 않는다고 보는 예이다.

① 공급하는 재화의 포장용기 및 운반용역(예 냉장고의 구입시 배달, 아이스크림의 구입시 포장)

② 조경공사용역을 공급하면서 제공하는 수목·화초

③ 항공기 내 무상으로 제공되는 식사

④ 가전제품의 판매 후 일정기간 제공하는 사후무료서비스용역

⑤ 주된 재화 + 부수재화

책 + CD ☞ 면세

CD + 책 ☞ 과세

예를 들어 어학용 도서(면세재화)에 부수하여 공급되는 설명용 CD(과세재화)는 주된 재화가 면세이므로 함께 면세한다. 반대로 어학용CD(과세재화)에 부수하여 공급되는 설명용 교재(면세재화)는 주된 재화가 과세이므로 함께 과세된다.

(2) 주된 사업에 부수되는 재화 또는 용역

주된 사업에 부수되는 다음의 어느 하나에 해당하는 재화 또는 용역의 공급은 별도의 공급으로 보되, 과세 및 면세 여부 등은 주된 사업의 과세 및 면세 여부 등을 따른다.

① 우발적·일시적 공급 : 주된 사업과 관련하여 우연히 또는 일시적으로 공급되는 재화 또는 용역

② 부산물 : 주된 사업과 관련하여 주된 재화의 생산 과정이나 용역의 제공 과정에서 필연적으로 생기는 재화

1) 주된 사업과 관련하여 우발적 또는 일시적으로 공급되는 재화 또는 용역 (면세우선의 법칙)

예를 들어, 출판사(면세사업자)가 우연히 또는 일시적으로 업무용트럭(과세재화)을 공급하는 경우에는 주된 사업이 면세이므로 업무용트럭의 공급도 함께 면세하는 것이다. 이는 면세사업자가 일시적으로 과세재화를 공급할 때 부가가치세를 거래 징수하기 곤란하다는 점을 고려한 것이다. 그러나 출판사(면세사업자)가 부동산임대업(과세용역)을 별도의 사업으로 겸영하고 있다면 이는 주된 사업에 부수되어 공급되는 것이 아니므로 부동산임대업에 대하여 부가가치세가 과세된다.

주된 사업	부수 재화·용역	과세·면세 여부	비 고
과세대상	과세대상	과세	세금계산서를 따로 발행함(독립된 거래)
	면세대상	면세	–
면세대상	과세대상	면세	–
	면세대상	면세	–

독립된 거래로서 별도로 과세표준의 계산이 가능한 경우 주된 사업에 부수되는 것으로 판단한다. 한편, 부수재화·용역의 예는 다음과 같다.

① 제조업자가 사용하던 기계장치의 매각(과세)
② 금융업자가 면세사업에 사용하던 건축물의 양도(면세)
③ 학원업자가 학원책걸상의 매각(면세)
④ 참치통조림공장 사업자가 토지의 매각(면세)

2) 주된 사업과 관련하여 주된 재화의 생산에 필수적으로 부수하여 생산되는 재화 (부산물)

예를 들어, 부산물의 사례로 복숭아통조림(과세재화)의 생산과정에서 필연적으로 생기는 복숭아씨(면세재화)는 주된 사업이 과세이므로 부가가치세가 과세된다.

주산물	부산물	과세·면세 여부	비 고
과세대상	과세대상		세금계산서를 따로 발행함 (독립된 거래)
	면세대상		
면세대상	과세대상	면세	-
	면세대상	면세	-

위에서 부산물의 과세·면세여부는 주산물과 동일하며, 부산물의 예는 다음과 같다.

① 복숭아통조림을 제조하는 사업자가 판매하는 복숭아씨
② 참치통조림을 제조하는 사업자가 판매하는 참치알
③ 밀가루를 제조하는 사업자가 판매하는 밀기울

참고 **농가부업소득에 대한 부가가치세의 과세 여부**

구 분		과세여부
소득세가 과세되는 농가부업		과세 ○
소득세가 비과세되는 농가부업	축산·어로·양어·고공품의 제조	과세 ×
	민박·음식물판매·특산물제조·전통차의 제조	과세 ○

* 소득세가 비과세되는 일정규모 이하의 축산·어로·양어·고공품의 제조소득은 독립된 사업으로 보지 않고 농업의 일부로 봄. 현재 농업은 면세사업에 해당하므로 농업으로 보는 농가부업도 면세사업으로 보아 부가가치세를 과세하지 않으나 이외의 농가부업은 독립된 사업으로 보아 부가가치세를 과세함

2 재화의 간주공급(공급의제)

1 개요

부가가치세 과세대상인 재화의 공급은 대가를 받고 유상으로 재화를 인도하거나 양도하는 것을 원칙으로 한다. 그러나 사업자가 대가를 받지 아니하고 재화를 사용·소비하는 경우에 부가가치세를 과세하지 않는다면 부가가치세 부담없이 재화를 소비하게 되어 과세형평을 침해하는 결과를 초래하게 된다. 따라서 실질적인 재화의 공급이 아닌 경우에도 일정한 요건을 충족하면 재화를 공급한 것으로 보아 부가가치세를 과세하는데 이를 간주공급이라 한다.

이러한 간주공급은 원칙적으로 "자기생산·취득재화"를 사업자가 대가를 받지 아니하고 재화를 사용·소비하는 경우를 전제로 한다. "자기생산·취득재화"란 자기의 과세사업과 관련하여 생산하거나 취득한 재화로서 다음의 어느 하나에 해당하는 재화를 말한다.

① 매입세액이 공제된 재화

② 사업의 포괄적인 양수도로 인해 취득한 재화로서 사업양도자가 매입세액을 공제받은 재화

③ 내국신용장 또는 구매확인서에 의한 수출에 해당하여 영세율을 적용받는 재화

후술하겠지만 판매목적 타 사업장 반출 유형의 간주공급을 제외하고는 간주공급으로 인정받으려면 위 3가지 중에 하나에 해당해야 한다. 즉 매입세액 공제가 전제되어야 한다.

이러한 간주공급에는 자가공급, 개인적공급, 사업상 증여 및 폐업시 잔존재화의 4가지가 있다.

구 분		매입세액의 불공제분	세금계산서의 발급 여부
자가공급	면세사업에 전용	공급의제 ×	×
	비영업용소형승용차의 유지 및 전용	공급의제 ×	×
	판매목적 타 사업장 반출	공급의제 ○	○
개인적 공급(* 제외대상 있음)		공급의제 ×	×
사업상증여(* 제외대상 있음)		공급의제 ×	×
폐업시 잔존재화		공급의제 ×	×

② 자가공급

(1) 자가공급의 개념

사업자가 자기의 과세사업과 관련하여 생산하거나 취득한 재화를 자기의 과세사업을 위하여 직접 사용하거나 소비하는 것은 원칙적으로 재화의 공급으로 보지 아니한다. 예를 들면 다음과 같은 것들이 있다.

① 자기의 다른 사업장에서 원료·자재 등으로 사용하거나 소비하기 위하여 반출하는 경우
② 자기사업상의 기술개발을 위하여 시험용으로 사용하거나 소비하는 경우
③ 수선비 등에 대체하여 사용하거나 소비하는 경우
④ 사후무료서비스제공을 위하여 사용하거나 소비하는 경우
⑤ 불량품교환 또는 광고선전을 위한 상품진열 등의 목적으로 자기의 다른 사업장으로 반출하는 경우

다만, 자가공급 중 다음의 3가지 거래에 대해서는 이를 간주공급으로 보아 부가가치세를 과세한다.

구 분	내 용
면세사업에 전용	과세사업과 관련하여 생산·취득한 재화를 면세사업을 위하여 사용·소비하는 것은 재화의 공급으로 보아 부가가치세를 과세한다. 단, 매입세액이 공제되지 않는 재화는 제외하고, 사업양도에 의하여 사업양수자가 양수한 자산으로서 사업양도자가 매입세액공제를 받은 재화를 포함한다(택시운송업에 사용하던 정비기계를 시내버스에 전용하여 사용하는 경우).
비영업용소형승용차와 그 유지에 전용	자기사업과 관련하여 생산·취득한 재화를 비영업용소형승용차로 사용하거나 그 유지에 사용·소비하는 것은 재화의 공급으로 본다. 단, 매입세액이 공제되지 아니한 재화를 제외하고, 사업양도에 의하여 사업양수자가 양수한 자산으로서 사업양도자가 매입세액공제를 받은 재화를 포함한다. 예를 들면, 다음과 같다. ① 자동차제조기업이 자기가 생산한 소형승용차를 임직원의 업무용으로 사용하는 경우 ② 자동차부품제조기업이 자기가 생산한 부품을 임직원의 업무용소형승용차의 수선에 사용하는 경우
판매목적 타 사업장 반출	2 이상의 사업장이 있는 사업자가 자기사업과 관련하여 생산 또는 취득한 재화를 타인에게 직접 판매할 목적으로 다른 사업장에 반출하는 것을 말한다(예 공장에서 제조한 제품을 직매장에 판매목적으로 반출하는 경우).

(2) 면세 전용

사업자가 자기생산·취득재화를 자기의 면세사업 및 부가가치세가 과세되지 아니하는 재화 또는 용역을 공급하는 사업(면세사업 등)을 위하여 직접 사용하거나 소비하는 것은 재화의 공급으로 본다. "자기생산·취득재화"란 자기의 과세사업과 관련하여 생산하거나 취득한 재화로서 다음의 어느 하나에 해당하는 재화를 말한다.

① 매입세액이 공제된 재화
② 사업의 포괄적인 양수도로 인해 취득한 재화로서 사업양도자가 매입세액을 공제받은 재화
③ 내국신용장 또는 구매확인서에 의한 수출에 해당하여 영세율을 적용받는 재화

과세사업과 관련하여 생산하거나 취득한 재화는 매입세액을 공제받을 수 있다. 그러나 면세사업은 과세되는 부가가치를 창출하지 못하기 때문에 면세사업과 관련하여 생산하거나 취득한 재화는 매입세액을 공제받을 수 없다. 이미 매입세액공제를 받은 자기생산·취득재화를 용도를 바꾸어 면세사업을 위하여 사용·소비한다면 부당하게 매입세액을 공제받은 것이므로 이미 공제받은 매입세액을 환수하는 조치가 필요하다. 이를 위해 면세전용을 재화의 공급으로 간주하여 사업자로 하여금 부가가치세를 납부하도록 하고 있는 것이다.

예를 들어, 택시운송(과세사업)과 시내버스운송(면세사업)을 함께 경영하는 겸영사업자가 택시 정비를 위하여 정비기계를 취득(취득시점에 매입세액을 공제받음)하여 사용하다가 그 정비기계를 시내버스 정비에 사용하는 것으로 용도를 변경한다면 이를 자가공급으로 보아 부가가치세 과세거래에 포함시키게 된다.

사례 **면세전용** ☞ 개인적 공급, 사업상증여도 같은 취지임

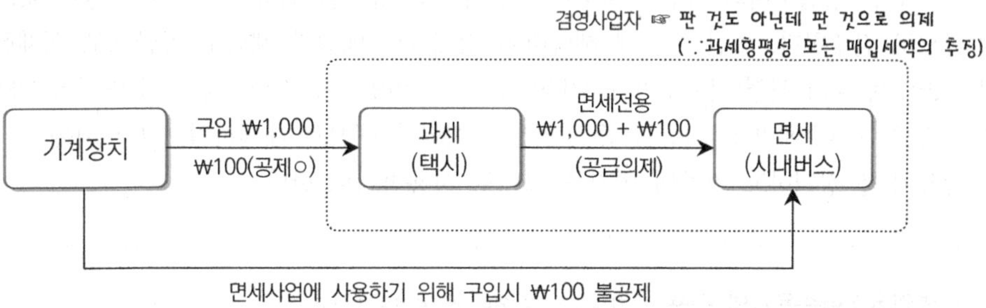

(3) 비영업용 소형승용차로 사용하거나 그 유지를 위해 사용하는 재화

'비영업용 소형승용차'란 개별소비세법 제1조 제2항 제3호에 따른 다음의 자동차로서 운수업, 자동차판매업, 자동차임대업, 운전학원업, 기계경비업(출동차량에 한함) 및 이와 유사한 업종에 직접 영업목적으로 사용되는 것을 제외한 것을 말한다.

① 승용자동차 : 정원 8명 이하의 자동차(배기량이 1000cc 이하인 것으로서 길이가 3.6미터 이하이고 폭이 1.6미터 이하인 것은 제외)

② 이륜자동차 : 내연기관을 원동기로 하는 것은 그 총배기량이 125cc를 초과하는 것에 한정하며, 내연기관 외의 것을 원동기로 하는 것은 그 최고 정격출력이 12킬로와트를 초과하는 것에 한정한다.

③ 캠핑용자동차(캠핑용 트레일러 포함)

④ 전기승용자동차 : 정원 8명 이하의 자동차(길이가 3.6미터 이하이고 폭이 1.6미터 이하인 것은 제외)

다음의 어느 하나에 해당하는 자기생산·취득재화의 사용 또는 소비는 재화의 공급으로 본다.

① 사업자가 자기생산·취득재화를 비영업용 소형승용차로 사용 또는 소비하거나 그 자동차의 유지를 위하여 사용 또는 소비하는 것

② 소형승용차를 영업용으로 사용하는 업종(운수업, 자동차 판매업, 자동차임대업, 운전학원업 등을 말함)의 사업을 경영하는 사업자가 자기생산·취득재화 중 영업용 소형승용차와 그 자동차의 유지를 위한 재화를 해당 업종에 직접 영업으로 사용하지 아니하고 다른 용도로 사용하는 것

소형승용차는 업무용으로 사용되더라도 영업용에 해당하지 아니하면 부가가치의 창출에 기여하지 않는 최종소비로 보기 때문에 매입세액을 공제받을 수 없다. 소형승용차의 특성상 업무용과 비업무용을 구분하기 곤란하므로 직접 영업목적으로 사용되는 (즉, 업무용이 분명한) 영업용 소형승용차(운수업, 자동차 판매업, 자동차임대업, 운전 학원업에 직접 영업목적으로 사용되는 것) 및 그 유지를 위한 재화에 한하여 매입세액을 공제해주고 있다.

예를 들어, 자동차판매업을 경영하는 사업자가 매입세액을 공제받은 판매용 소형승용차(영업용)를 영업부서의 업무용 차량(비영업용)으로 용도를 변경하여 사용하게 되면 매입세액을 부당하게 공제받은 것이므로 해당 매입세액을 환수하는 조치가 필요하다. 이를 위해 해당 거래를 재화의 공급으로 간주하여 부가가치세를 납부하도록 하고 있는 것이다. 또한 자동차부품을 생산·판매하고 있는 회사가 판매용 부품을 영업부서의 업무용 자동차(비영업용)의 유지를 위하여 소비하는 경우에도 이를 재화의 공급으로 간주한다. 또한 수출에 해당하여 영세율로 매입한 재화도 공급으로 의제한다.

참고로 2012년부터 시행되는 부가가치세법 개정 시 '비영업용 소형승용차'의 명칭을 '개별소비세법 제1조 제2항 제3호에 따른 자동차 중 영업용을 제외한 것'으로 대체하였으나 본서에서는 '비영업용 소형승용차'를 정의하고 기존의 명칭을 그대로 사용하기로 한다.

사례 비영업용소형승용차의 전용 ☞ 과세형평성을 위해 매입세액을 추징함

영업용	소형승용차 ×
택시	경차
렌트카	트럭
판매용	봉고

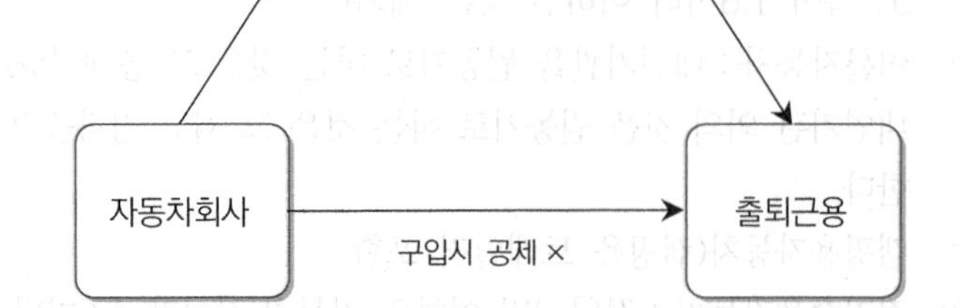

* 비영업용소형승용차의 구입·유지에 대한 매입세액은 불공제됨

(4) 판매목적의 타사업장 반출

사업장이 둘 이상인 사업자가 자기의 사업과 관련하여 생산 또는 취득한 재화를 판매할 목적으로 자기의 다른 사업장에 반출하는 것은 재화의 공급으로 본다. 다만, 다음 각 호의 어느 하나에 해당하는 경우는 재화의 공급으로 보지 아니한다.

① 사업자가 사업자 단위 과세사업자로 적용을 받는 과세기간에 다른 사업장에 반출하는 경우
② 사업자가 주사업장 총괄납부의 적용을 받는 과세기간에 자기의 다른 사업장에 반출하는 경우

다만, 총괄납부사업자의 경우 판매목적 타사업장 반출시 재화의 공급의제를 적용하지 않지만, 총괄납부 사업자가 착오로 세금계산서를 발급하여 예정신고, 또는 확정신고를 한 경우에는 재화의 공급으로 본다.

부가가치세는 사업장별 과세원칙에 따라 사업장별로 납부 환급세액을 신고납부 혹은 환급해야 한다. 따라서 제조장에서는 매출세액이 없어서 항상 환급세액이 발생하고, 직매장에서는 매입세액이 없어서 항상 납부세액이 발생할 것이다. 부가세 납부세액은 예정/확정신고시 바로 납부하는데 반해, 환급세액은 과세기간 별로 확정신고기한 후 30일 이내 환급받도록 되어 있어, 제조장과 직매장을 동일 사업자가 가지고 있는 경우 불필요한 자금부담에 시달리게 된다. 따라서 그 사업장을 마치 다른 사업자가 영위하는 것과 같이 취급하여 이러한 문제를 방지하기 위해 재화의 공급으로 의제하는 것이다.

예를 들어 A사업장(공장)은 환급세액이 200원 발생하고, B사업장(직매장)은 납부세액이 500원 발생하는 경우 B사업장에서 500원을 납부하고, A사업장은 확정신고 기한 경과 후 30일 이내에 200원을 환급받게 된다. 하지만 A사 업장에서 B사업장으로 반출되는 것을 재화의 공급으로 보아 A사업장에서 공급가액을 3,000원으로 하여 세금계산서를 발급하게 되면 A사업장은 매출세액이 300원 발생하 므로 100원(= 300원 - 200원)을 납부하고, B사업장은 매입세액이 300원 발생하므로 200원(= 500원 - 300원)을 납부하면 된다. 즉, 이 규정을 활용하여 환급세액(200원)을 차감한 순액(300원)만을 납부할 수 있게 된다.

사례 판매목적으로 다른 사업장에 반출

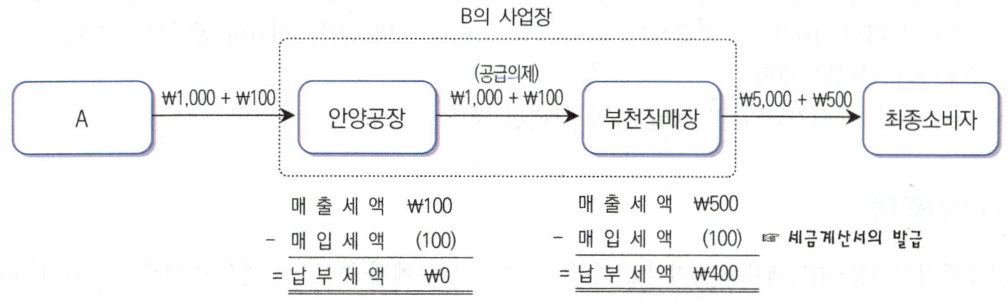

구 분		내 용
총괄납부적용 ○	원칙	재화의 공급의제 × → 세금계산서의 발급 ×
	예외	세금계산서의 발급 ○ → 재화의 공급의제 ○
총괄납부적용 ×		재화의 공급의제 ○ → 세금계산서의 발급 ○

한편, 판매목적으로 다른 사업장에 반출하는 경우 과세 여부는 다음과 같다.

구 분	내 용
총괄납부를 적용 받지 않는 경우	재화의 공급 ○ → 세금계산서의 발급 ○
총괄납부를 적용 받는 경우	① 재화의 공급 × → 세금계산서의 발급 ×
	② 주사업장총괄납부사업자가 세금계산서를 발급하는 경우 → 재화의 공급 ○

2 개인적공급

사업자가 자기생산·취득재화를 사업과 직접적인 관계없이 자기의 개인적인 목적이나 그 밖의 다른 목적을 위하여 사용·소비하거나 그 사용인 또는 그 밖의 자가 사용·소비하는 것으로서 사업자가 그 대가를 받지 아니하거나 시가보다 낮은 대가를 받는 경우는 재화의 공급으로 본다. 예를 들면, 전자제품 도매업을 경영하는 사업자가 판매용 텔레비전 1대(시가 5,000,000원)를 가사용으로 사용·소비한다면 그에 따른 부가가치세 500,000원을 해당 사업자가 부담하여야 한다.

여기에서 "자기의 사업과 관련하여 생산하거나 취득한 재화"라 함은 당해 재화의 생산 또는 취득시 그에 관련하여 발생한 매입세액을 매출세액에서 공제받은 재화를 의미한다. 개인적 공급 등에 대하여 과세하는 취지는 자기의 사업과 관련하여 생산·취득한 재화를 매입세액 공제를 받은 이후 자기나 그 사용인 등이 사용할 경우 해당 재화의 최종 소비자가 되어 사용하거나 소비하게 되는 것인데, 그럼에도 불구하고 전혀 부가가치세를 부담하지 않게 되는 모순을 시정하기 위한 것이다.

다만, 사업자가 실비변상적이거나 복리후생적인 목적으로 그 사용인에게 대가를 받지 아니하거나 시가보다 낮은 대가를 받고 제공하는 것으로서 다음에 해당하는 경우는 재화의 공급으로 보지 아니한다. 이 경우 시가보다 낮은 대가를 받고 제공하는 것은 시가와 받은 대가의 차액에 한정한다.

① 사업을 위해 착용하는 작업복, 작업모 및 작업화를 제공하는 경우
② 직장연예 및 직장문화와 관련된 재화를 제공하는 경우
③ 다음의 어느 하나에 해당하는 재화를 제공하는 경우. 이 경우 '㉠'과 '㉡' 각각 사용인 1명당 연간 10만원을 한도로 하며, 10만원을 초과하는 경우 해당 초과액에 대해서는 재화의 공급으로 본다.
   ㉠ 경조사와 관련된 재화
   ㉡ 설날·추석, 창립기념일 및 생일 등과 관련된 재화

3 사업상증여

사업자가 자기생산·취득재화를 자기의 고객이나 불특정 다수에게 증여하는 경우(증여하는 재화의 대가가 주된 거래인 재화의 공급에 대한 대가에 포함되는 경우는 제외)는 재화의 공급으로 본다. 다만, 사업자가 사업을 위하여 증여하는 것으로서 다음의 어느 하나에 해당하는 것을 증여하는 경우에는 재화의 공급으로 보지 아니한다.

① 사업을 위하여 대가를 받지 아니하고 다른 사업자에게 인도하거나 양도하는 견본품
② 재난 및 안전관리 기본법의 적용을 받아 특별재난지역에 공급하는 물품

③ 자기적립마일리지 등으로만 전부를 결제받고 공급하는 재화
④ 광고선전용으로 불특정다수인에게 배포하는 광고선전물(직매장·대리점을 통하여 배포하는 경우를 포함)

이 때 사업자가 자기의 제품 또는 상품을 구입하는 자에게 구입당시 그 구입액의 비율에 따라 증여하는 기증품 등은 주된 재화의 공급에 포함하므로 과세되는 재화의 공급으로 보지 아니하나, 사업자가 자기의 고객 중 추첨을 통하여 당첨된 자에게 재화를 경품으로 제공하는 경우에는 과세되는 재화의 공급으로 본다.

4 폐업시 잔존재화

사업자가 사업을 폐지하는 때 또는 신규로 사업을 개시하고자 하는 자가 사업개시일 전에 등록한 경우로서 사실상 사업을 개시하지 아니하게 되는 때에 자기생산·취득재화 중 남아 있는 재화는 사업자 자기에게 재화를 공급하는 것으로 본다.

사업을 폐지하는 때의 잔존재화는 개인적 공급의 경우와 마찬가지로 사업자가 자기의 사업과 관련하여 생산하거나 취득한 재화를 사업의 폐지 또는 사업을 개시하지 아니하게 되는 때 이후에 사업과 직접 관계없이 사업자의 개인적인 목적 또는 기타의 목적을 위하여 사용·소비하게 되므로 이를 재화의 공급으로 의제하고 있다. 따라서 폐업시점에 재화를 보유하게 되면 잔존 재화에 대한 부가가치세를 사업자가 부담하여야 하므로, 부가가치세 부담 최소화를 위해서는 재화를 모두 처분한 이후에 폐업을 하는 것이 바람직하다.

참고 폐업시 잔존재화로서 과세하지 아니하는 경우

① 사업자가 사업의 종류를 변경한 경우 변경 전 사업에 대한 잔존재화
② 동일 사업장 내에서 둘 이상의 사업을 겸영하는 사업자가 그 중 일부 사업을 폐지하는 경우 해당 폐지한 사업과 관련된 잔존재화
③ 개인사업자 2명이 공동사업을 영위할 목적으로 한 사업자의 사업장을 다른 사업자의 사업장에 통합하여 공동명의로 사업을 영위하는 경우에 통합으로 인하여 폐지된 사업장의 잔존재화
④ 폐업일 현재 수입신고(통관)되지 않은 미착재화
⑤ 사업자가 직매장을 폐지하고 자기의 다른 사업장으로 이전하는 경우 해당 직매장의 잔존재화

참고 공급의제

구 분	판매목적으로 다른 사업장에 반출	이외의 공급의제
취지	사업자의 자금부담의 완화	과세형평성 또는 매입세액의 추징
세금계산서의 발급	○	×
과세표준의 계산	취득가액	① 재고자산 : 시가 ② 감가상각자산 : 취득가액 × 미상각률

3 공급시기와 공급장소

1 재화의 공급시기

(1) 개요

공급시기란 재화 또는 용역의 공급이 어느 시점에서 이루어진 것으로 할 것인지를 결정하는 시간적 기준으로서 과세시기 및 세금계산서의 발급시기 등을 결정하는 중요한 기준이 된다. 즉 부가가치세의 납세의무는 거래시기(공급시기)에 발생하기 때문에 거래시기를 확정하는 것은 매우 중요하다.

재화의 공급시기 판정기준으로는 다음의 세 가지 원칙이 있다.

① 재화의 이동이 필요한 경우에는 재화가 인도되는 때

② 재화의 이동이 필요하지 아니한 경우에는 재화가 이용가능하게 되는 때

③ 위 '①, ②'를 적용할 수 없는 경우에는 재화의 공급이 확정되는 때

(2) 거래형태별 공급시기

일반적인 현금판매·외상판매의 경우, 재화가 인도되거나 이용가능하게 되는 때를 공급시기로 본다. 이 때 상품권에 의한 판매의 경우 상품권 판매시기가 아니라 재화가 실제로 인도되는 때로 본다.

참고 상품권 관련 부가가치세의 납세의무

구 분	적용방법
상품권의 판매	과세대상거래가 아님
상품권의 판매대리 및 발행대행	대행수수료의 과세(사업서비스업)
상품권의 판매 관련 공급시기	상품권에 의하여 재화를 공급하는 때
상품권의 판매시 세금계산서 등 교부	세금계산서·계산서의 교부의무 없음

일반적인 현금판매·외상판매 외에도 다양한 거래조건으로 재화가 공급될 수 있다. 대표적인 거래조건이 장기할부판매, 완성도기준 지급조건부 공급, 중간지급조건부 공급이다.

부가가치세법 상 장기할부판매는 재화를 공급하고 그 대가를 월부·연부 그밖의 부불방법에 따라 받는 것 중 다음의 요건을 모두 갖춘 것을 의미한다.

① 2회 이상 분할하여 대가를 받는 것

② 해당 재화의 인도일의 다음날부터 최종의 부불금의 지급기일까지의 기간이 1년 이상인 것

부가가치세법 상 완성도기준 지급조건부 공급은 재화의 공급에 상당기간이 소요되는 경우 그 재화제작의 완성비율에 따라 대가를 지급받는 조건으로 공급하는 것을 의미한다.

부가가치세법 상 중간지급조건부 공급은 재화가 인도되기 전 또는 재화가 이용가능하게 되기 전이거나 용역의 제공이 완료되기 전에 계약금 이외의 대가를 분할하여 지급하는 경우로서 계약금을 지급하기로 한 날부터 잔금을 지급하기로 한 날까지의 기간이 6월 이상인 경우를 의미한다.

위와 같은 장기할부판매, 완성도기준 지급조건부 공급, 중간지급조건부 공급의 경우에는 대가의 각 부분을 받기로 한 때를 공급시기로 본다.

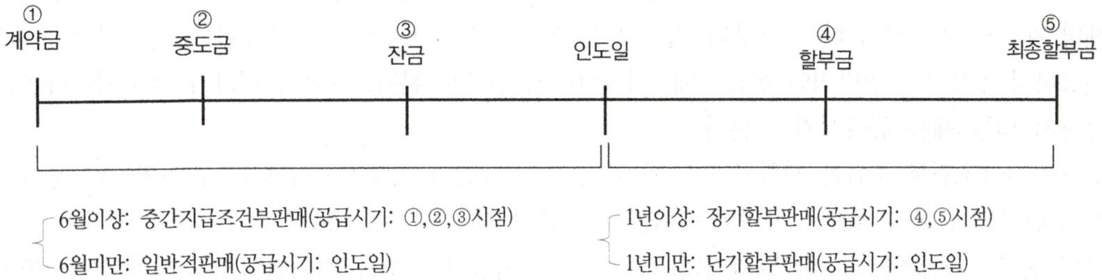

구체적인 재화의 거래형태별 공급시기는 다음과 같다.

구 분	공급시기
현금·외상·할부판매의 경우	재화가 인도되거나 이용가능하게 되는 때
장기할부판매·완성도기준지급조건부판매·중간지급조건부판매·전력 기타 공급단위를 구획할 수 없는 재화를 계속적으로 공급하는 경우(전기, 도시가스 등)	대가의 각 부분을 받기로 한 때 다만, 중간지급조건부공급과 완성도기준지급조건부 공급의 경우 재화가 인도되거나 이용가능하게 되는 날 이후에 받기로 한 대가의 각 부분에 대해서는 재화가 인도되거나 이용가능하게 되는 날을 그 재화의 공급시기로 봄
반환조건부판매·동의조건부판매·기타 조건부 및 기한부판매의 경우	그 조건이 성취되거나 기한이 경과되어 판매가 확정되는 때
공급의제의 경우	재화를 사용 또는 소비하는 때(폐업시 잔존재화의 경우 폐업하는 때)
상품권 등을 현금 또는 외상으로 판매하고 그 후 해당 상품권 등에 의하여 현물과 교환하는 경우	재화가 실제로 인도되는 때
재화의 공급으로 보는 가공	가공한 재화를 인도하는 때
무인자동판매기에 의한 공급	무인자동판매기에서 현금을 인취하는 때
보세구역 내에서 보세구역 이외의 국내로 수입재화를 공급하는 경우	수입신고 수리일
수출재화: 내국물품의 외국반출, 중계무역방식의 수출, 수입신고 수리전의 물품 외국 반출	수출재화의 선(기)적일
수출재화: 원양어업, 위탁판매수출	수출재화의 공급가액이 확정되는 때
수출재화: 위탁가공무역방식의 수출, 외국인도수출	외국에서 수출재화가 인도되는 때
기타의 경우	재화가 인도되거나 인도가능한 때

할부판매는 재화를 공급하고 그 대가를 월부, 연부, 그 밖의 부불방법에 따라 받는 것을 의미하는데 이 중 ① 2회 이상으로 분할하여 대가를 받고 ② 해당 재화의 인도일의 다음 날부터 최종 부불금

지급기일까지의 기간이 1년 이상인 것을 장기할부판매라 한다. 위 사례에서 해당 재화의 인도일의 다음 날부터 최종 부불금 지급기일까지의 기간이 1년 이상이면 장기할부에 해당하므로 공급시기는 대가의 각 부분을 받기로 한 때이며, 공급시기가 인도일 이후의 할부금을 받기로 한 때이다. 만일 해당 재화의 인도일의 다음 날부터 최종 부불금 지급기일까지의 기간이 1년 미만이면 장기할부에 해당하지 않으므로 일반적인 현금판매·외상판매의 경우로 본다. 따라서 재화가 인도되거나 이용가능하게 되는 때를 공급시기로 본다.

중간지급조건부 공급은 재화가 인도되기 전 또는 재화가 이용가능하게 되기 전이거나 용역의 제공이 완료되기 전에 계약금 이외의 대가를 분할하여 지급하는 경우로서 계약금을 지급하기로 한 날부터 잔금을 지급하기로 한 날까지의 기간이 6월 이상인 경우를 의미한다. 위 사례에서 계약금을 지급하기로 한 날부터 잔금을 지급하기로 한 날까지의 기간이 6월 이상인 경우 중간지급조건부 공급에 해당하므로 공급시기는 대가의 각 부분을 받기로 한 때이다. 만일 계약금을 지급하기로 한 날부터 잔금을 지급하기로 한 날까지의 기간이 6월 미만인 경우 중간지급조건부 공급에 해당하지 않으므로 일반적인 현금판매·외상판매의 경우로 본다. 따라서 재화가 인도되거나 이용가능하게 되는 때를 공급시기로 본다.

또한 완성도기준 지급조건부 판매는 재화의 완성비율(작업진행률)에 따라 대가를 지급받기로 약정한 거래를 말한다. 예를 들어, 도급계약을 ₩100에 체결, 계약시(3/6) 10%, 50% 기성고시 40%, 완성시 50%를 수령하기로 약정한 경우, 제1기 확정신고기간(4/1~6/30)의 과세표준(6/30 현재기성고는 60%)은 ₩40(= ₩100 × 40%)이며, 계약시 수령한 10%는 예정신고기간의 과세표준이다.

참고로 수출재화는 선적일 등이 공급시기이다. 즉 수출재화가 장기할부판매, 완성도기준 지급조건부 공급, 중간지급조건부 공급 등의 조건으로 판매한다 하더라도 수출재화의 공급시기는 대가의 각 부분을 받기로 한 때가 아니라 선적일 등이 공급시기이다.

참고 기타 특수한 거래의 공급시기

구 분	공급시기
위탁매매 (대리인매매)	수탁자 또는 대리인의 공급시기를 기준으로 공급시기를 판정함 ① 위탁매매 또는 대리인매매의 경우 : 위탁자 또는 본인이 직접 재화를 공급하거나 공급받은 것으로 봄 ② 위탁자 또는 본인을 알 수 없는 경우 : 위탁자와 수탁자 또는 본인과 대리인 사이에도 공급이 이루어진 것으로 보아 각각 공급시기를 판정함
리스거래	과세사업자가 등록된 시설대여업자로부터 리스자산을 임차하고, 해당 리스자산을 공급자 또는 세관장으로부터 직접 인도받는 경우 해당 사업자가 재화를 공급자로부터 직접 공급받거나 외국으로부터 직접 수입한 것으로 보아 공급시기를 판정함
합병	합병에 따라 소멸하는 법인이 합병계약서에 기재된 합병을 할 날부터 합병등기일까지의 기간에 재화 또는 용역을 공급하거나 공급받는 경우 합병 이후 존속하는 법인 또는 합병으로 신설되는 법인이 세금계산서를 발급하거나 발급받을 수 있음

구 분	공급시기
런던금속거래소 창고증권의 양도	① 창고증권을 소지한 사업자가 지정창고에서 실물을 인취하여 보세구역 안의 다른 사업자에게 인도하는 때 ② 실물인취에 따른 해당 재화가 수입재화에 해당하는 경우 그 수입신고수리일 ③ 국내로부터 런던금속거래소의 지정창고에 임치된 임치물이 국내로 반입되는 경우 그 반입신고수리일
재화의 인도시 공급가액의 미확정	해당 재화를 인도하는 때를 공급시기로 보아 잠정가액으로 세금계산서를 교부하고, 그 후 대가가 확정되는 때에 수정세금계산서를 교부함
내국신용장에 의한 재화의 공급	재화를 인도하는 때
현물출자한 재화	현물출자의 목적물인 재화를 인도하는 때이나, 등기·등록 기타권리의 설정 또는 이전이 필요한 경우에는 이에 관한 서류를 완비하여 교부하는 때
당초 계약변경시 중간지급조건부 판매의 공급시기	① 당초 계약의 지급일자의 변경 : 계약의 변경내용에 따라 대가의 각 부분을 받기로 한 때 ② 계약금 이외의 대가를 일시에 지급하는 경우 : 재화의 인도 또는 용역의 제공이 완료된 때

사례 위탁매매

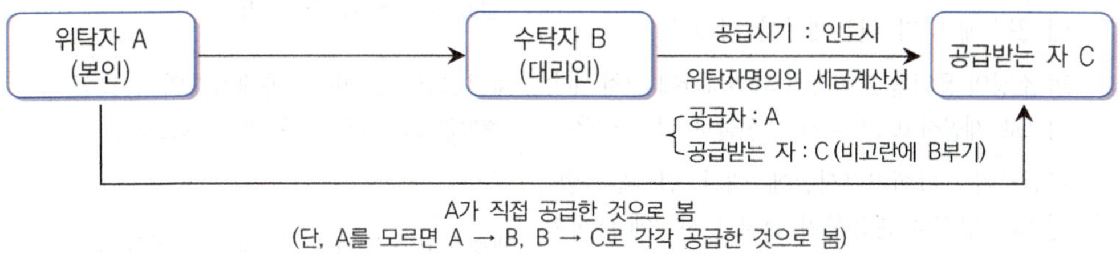

사례 리스거래

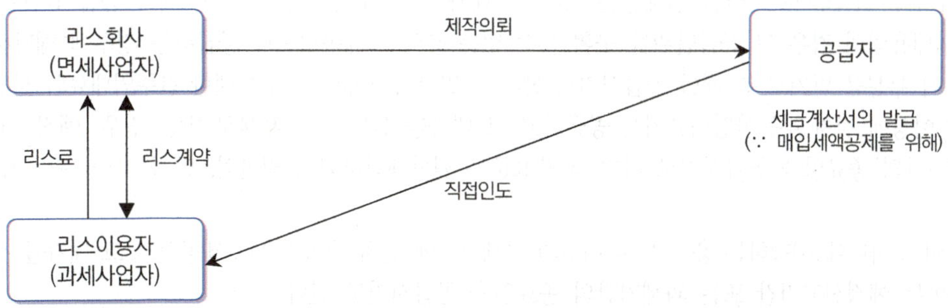

* 면세사업자로부터 받는 세금계산서는 매입세액공제 ×

② 용역의 공급시기

역무가 제공이 완료되는 때 또는 시설물·권리 등 재화가 사용되는 때를 용역의 공급시기로 하며, 거래형태별 공급시기는 다음과 같다.

구 분		공급시기
원칙		역무가 제공되거나 재화·시설물 또는 권리가 사용되는 때
거래형태별	① 통상적인 공급의 경우	역무의 제공이 완료되는 때
	② 장기할부·중간지급조건부·완성도기준지급 또는 기타조건부로 용역을 공급하거나 그 공급단위를 구획할 수 없는 용역을 계속적으로 공급하는 경우(부동산임대, 유지보수용역)	그 대가의 각 부분을 받기로 한 때 * 단기할부조건의 경우 역무의 제공이 완 료되는 때 ** 완성도기준지급 및 중간지급의 경우 역무의 제공이 완료되는 날 이후 받기로 한 대가의 부분에 대해서는 역무의 제공이 완료되는 때
	③ 위 ①, ②의 기준을 적용할 수 없는 경우	역무의 제공이 완료되고 그 공급가액이 확정되는 때
	④ 부동산임대용역을 공급하는 경우에 전세금 또는 임대보증금에 대한 간주임대료	예정신고기간 또는 과세기간의 종료일 * 임대보증금 등 적수 × 일수 × $\frac{1}{365}$ × 정기예금이자율
	⑤ 2 과세기간 이상에 걸쳐 부동산임대용역을 공급하고 그 대가를 선불 또는 후불로 받는 경우에 월수에 따라 안분계산한 임대료	예정신고기간 또는 과세기간의 종료일 * 월할계산 : 초월산입, 말월불산입
	⑥ 법 소정의 용역을 2 이상의 과세기간에 걸쳐 계속적으로 제공하고 그 대가를 선불로 받는 경우	예정신고기간 또는 과세기간의 종료일 * 후불인 경우 : 원칙대로 역무제공완료일
	⑦ 사업자가 「사회기반시설에 대한 민간투자법」의 BOT방식을 준용하여 설치한 시설에 대하여 2 이상의 과세기간에 걸쳐 계속적으로 그 시설물을 이용하게 하는 경우	예정신고기간 또는 과세기간 종료일

통상적인 공급의 경우 역무의 제공이 완료되는 때를 공급시기로 하되, 장기할부·중간지급조건부·완성도기준지급과 같은 조건으로 대금을 결제받는 경우 그 대가의 각 부분을 받기로 한 때를 공급시기로 한다.

부동산임대용역의 경우 그 공급단위를 구획할 수 없는 용역을 계속적으로 공급하는 경우에 해당하므로 그 대가의 각 부분을 받기로 한 때를 공급시기로 한다. 다만 부동산임대용역에 대한 간주임대료와 사업자가 2과세기간 이상에 걸쳐 부동산임대용역을 공급하고 그 대가를 선불 또는 후불로 받는 경우, 예정신고기간 또는 과세기간의 종료일을 공급시기로 하며, 과세표준은 월할계산하되 초월산입, 말월불산입 원칙에 따라 계산한다.

다음의 어느 하나에 해당하는 용역을 둘 이상의 과세기간에 걸쳐 계속적으로 제공하고 그 대가를 선불로 받는 경우에는 예정신고기간 또는 과세기간의 종료일을 공급시기로 한다.

① 헬스클럽장 등 스포츠센터를 운영하는 사업자가 연회비를 미리 받고 회원들에게 시설을 이용하게 하는 것

② 사업자가 다른 사업자와 상표권 사용계약을 할 때 사용대가 전액을 일시불로 받고 상표권을 사용하게 하는 것

③ 노인복지시설(유료인 경우에만 해당)을 설치·운영하는 사업자가 그 시설을 분양받은 자로 부터 입주 후 수영장·헬스클럽장 등을 이용하는 대가를 입주 전에 미리 받고 시설 내 수 영장·헬스클럽장 등을 이용하게 하는 것

다만 위 법 소정의 용역 제공 후 대금을 후불로 결제받는 경우에는 원칙대로 역무의 제공이 완료되는 때를 공급시기로 한다.

예제 1

거래	공급시기
20×3년 6월 20일에 재화를 인도하고 그 대금 200을 20×3년 7월 20일에 받은 경우(외상판매)	20×3년 6월 20일 : 200 공급 (인도일)
20×3년 6월 20일에 상품권을 200에 판매하고 20×3년 7월 20일에 상품권과 교환으로 재화를 인도한 경우(상품권에 의한 판매)	20×3년 7월 20일 : 200 공급 (인도일)
20×3년 6월 20일에 재화를 인도하고 인도 후 매 6개월마다 100씩 총 3번을 받기로 한 경우(장기할부판매)	20×3년 12월 20일 : 100 공급 20×3년 6월 20일 : 100 공급 20×3년 12월 20일 : 100 공급
20×3년 6월 20일에 용역제공을 시작하여 그 해 9월 20일에 완료하고 그 대금 200을 그 해 10월 20일에 받은 경우(통상적인 용역공급)	20×3년 9월 20일 : 200 공급 (역무제공 완료일)
20×3년 6월 1일부터 1년간 상가를 임대하고, 매월 말일에 임대료 100을 받기로 한 경우	20×3년 6월 30일 : 100 공급 이후 매월 말일 : 각각 100 공급

예제 2

다음의 독립적 상황별로 과세표준을 산출하시오.

(1) 4월 15일 인도한 기계장치C의 경우 고객이 인도후 150일간 사용해보고 만족하면 인도하고 대금을 천만원 수령하기로 한 시용매출계약을 체결하였다. 고객은 8월 15일에 매입 의사를 보여서 해당 날짜에 인도하였다.

(2) 3월 15일 도급금액 100억원의 선박건조 및 공급계약을 체결하고, 선박건조대금은 계약 체결일에 20억원, 50% 기성시점에 40억원, 70% 기성시점에 30억원, 준공일에 10억원의 대금을 받기로 하였다. 6월 30일 현재 기성은 73%인 것으로 확인되었다.

(3) 2월 15일 지점건물 유휴공간에 대한 임대계약을 체결하여, 임차인으로부터 매월말 2백만원의 임대료를 수령하기로 하였다. 그러나 5월과 6월 임대료가 7월 15일에 입금되었다.

(4) 기계장치 B를 8월 15일에 공급하기로 하였으나 대금 2억원은 5월 15일 전액을 받았고, 세금계산서도 5월 15일자로 발급하였다.

(5) 1월 5일 기계장치A를 천만원에 할부판매하기로 하고, 매월말 백만원씩 회수하기로 약정하였다. 1월부터 4월까지 판매대금은 예정대로 회수되었다. 5월분과 6월분은 7월 5일에 회수하였다.

정답

(1) 시용매출의 경우 고객이 매입의사를 표명한 날이 공급일에 해당하므로 8월 15일이 공급일이다. 따라서 2과세기간의 과세표준이 천만원에 해당한다.

(2) 완성도지급조건부 공급의 경우 역시 대가의 각부분을 받기로 한 때이므로 20억원 + 40억 원+ 30억 원 = 90억원이 1과세기간에 수령하기로 한 대가이다.

(3) 일반적인 임대용역은 그 공급단위를 구획할 수 없는 용역을 계속적으로 공급하는 경우에 포함되므로 공급시기는 각 대가를 받기로 한 때이다. 매월말 2백만원 × 6개월이므로 12백만원이 과세표준이다.

(4) 공급가액의 특례규정에 따라 사업자가 공급시기가 되기 전에 재화에 대한 대가의 전부 또는 일부를 받고 이와 동시에 그 받은 대가에 대하여 세금계산서를 발급하는 경우 그 발급하는 때를 각각 그 재화의 공급시기로 보므로 2억원은 1과세기간의 과세표준에 포함된다.

(5) 장기할부매출의 경우 ① 2회 이상으로 분할하여 대가를 받고 ② 해당 재화의 인도일의 다음 날부터 최종 부불금 지급기일까지의 기간이 1년 이상인 것을 말하며, 기계장치 A의 경우 1억원을 20개월에 걸쳐 5백만원씩 대금이 회수되므로 장기할부매출에 해당한다. 대가의 각부분을 받기로 한때가 공급시기가 되므로 1월부터 6월말까지 6회에 걸쳐 매월 백만원을 받기로 하였으므로 공급가액은 6백만원이다.

예제 3

부가가치세법령상 용역의 공급시기에 대한 설명으로 옳은 것은? (단, 폐업은 고려하지 않는다)

[2022년 국가직 9급]

① 역무의 제공이 완료되는 때 또는 대가를 받기로 한 때를 공급시기로 볼 수 없는 경우에는 예정신고기간 또는 과세기간의 종료일을 공급시기로 본다.

② 사업자가 용역의 공급시기가 되기 전에 세금계산서를 발급하고 그 세금계산서 발급일부터 7일 이내에 대가를 받으면 그 대가를 받은 때를 용역의 공급시기로 본다.

③ 사업자가 다른 사업자와 상표권 사용계약을 할 때 사용대가 전액을 일시불로 받고 상표권을 사용하게 하는 용역을 둘 이상의 과세기간에 걸쳐 계속적으로 제공하고 그 대가를 선불로 받는 경우에는 예정신고기간 또는 과세기간의 종료일을 공급시기로 본다.

④ 완성도기준지급조건부로 용역을 공급하는 경우 역무의 제공이 완료되는 날 이후 받기로 한 대가의 부분에 대해서는 대가의 각 부분을 받기로 한 때를 용역의 공급 시기로 본다.

정답

① 역무의 제공이 완료되고 그 공급가액이 확정되는 때를 공급시기로 본다(부가령 29 ② (1)). ② 해당 세금계산서를 발급한 때를 용역의 공급시기로 본다(부가법 17 ②).
④ 역무의 제공이 완료되는 날을 용역의 공급시기로 본다(부가령 29 ① (2)).

---

❸ 공급시기의 특례

(1) 폐업전에 공급한 재화 또는 용역의 공급시기가 폐업일 이후에 도래하는 경우 폐업 전에 공급한 재화 또는 용역의 공급시기가 폐업일 이후에 도래하는 경우에는 그 폐업일을 공급시기로 본다.

(2) 공급시기가 되기 전에 세금계산서를 발급하는 경우(부가법 17)

구 분	내 용
선발급 세금 계산서	① 공급시기의 도래 전에 대가의 전부 또는 일부를 받고 세금계산서 또는 영수증을 발급하는 경우 또는 공급시기 도래 전에 세금계산서를 발급한 후 7일 내에 대가를 지급받는 경우에는 그 발급하는 때를 해당 재화 또는 용역의 공급시기로 함 ② 사업자가 다음의 공급시기가 도래하기 전에 세금계산서 또는 영수증을 발급하는 경우에는 그 발급하는 때를 해당 재화 또는 용역의 공급시기로 봄(대가의 수령 여부를 불문함) ㉠ 장기할부판매의 공급시기 ㉡ 전력 등 기타공급단위를 구획할 수 없는 재화 또는 용역을 계속적으로 공급하는 경우 공급시기 * 위 ①, ②의 경우를 제외한 경우에 대가를 받지 않은 경우 당초의 공급시기를 공급시기로 하며, 사실과 다른 세금계산서의 발급으로 보아 공급자는 가산세를 부과당하고 공급받는 자는 매입세액을 공제받지 못함
폐업하는 경우	폐업전에 공급한 재화의 공급시기가 폐업일 이후에 도래하는 경우에는 그 폐업일을 공급시기로 함

① 사업자가 공급시기가 되기 전에 재화 또는 용역에 대한 대가의 전부 또는 일부를 받고, 그 받은 대가에 대하여 세금계산서 또는 영수증을 발급하는 경우에는 그 발급하는 때를 각각 그 재화 또는 용역의 공급 시기로 본다.

② 다음의 경우에는 대가의 수령 여부와 관계없이 공급시기가 도래하기 전에 세금계산서 또는 영수증을 발급하는 때를 그 재화 또는 용역의 공급시기로 본다(부 가령 30).

㉠ 장기할부판매
㉡ 전력 기타 공급단위를 구획할 수 없는 재화를 계속적으로 공급하는 경우
㉢ 장기할부 또는 통신 등 그 공급단위를 구획할 수 없는 용역을 계속적으로 공급하는 경우
㉣ 외국항행용역의 공급으로서 상법에 따라 발행된 선하증권에 따라 거래사실이 확인되는 경우의 공급시기(용역의 공급시기가 선하증권 발행일로부터 90일 이내인 경우로 한정한다)

③ 사업자가 재화 또는 용역의 공급시기가 도래하기 전에 세금계산서를 발급하고 그 세금계산서 발급일부터 7일 이내에 대가를 지급받는 경우에는 적법하게 세금계산서를 발급한 것으로 본다. 한편 대가를 지급하는 사업자가 다음 중 하나를 충족하는 경우에는 재화 또는 용역을 공급하는 사업자가 그 재화 또는 용역의 공급시기가 되기 전에 세금계산서를 발급하고 그 세금계산서 발급일부터 7일이 지난 후 대가를 받더라도 해당 세금계산서를 발급한 때를 재화 또는 용역의 공급시기로 본다.

㉠ 거래 당사자 간의 계약서·약정서 등에 대금 청구시기(세금계산서 발급일)와 지급시기를 따로 적고, 대금 청구시기와 지급시기 사이의 기간이 30일 이내인 경우
㉡ 재화 또는 용역의 공급시기가 세금계산서 발급일이 속하는 과세기간 내(공급받는 자가 조기환급을 받은 경우에는 세금계산서 발급일부터 30일 이내)에 도래하는 경우

[Case 1] 선수금의 수령

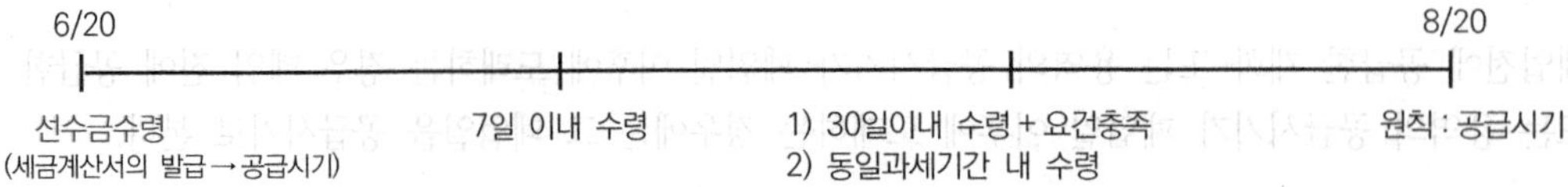

[Case 2] 선수금의 수령불문

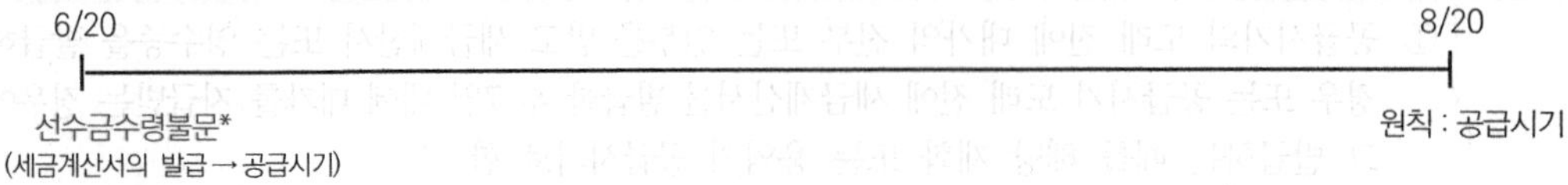

* ① 장기할부판매
② 공급단위를 구획할 수 없는 재화 · 용역의 계속적 공급

[Case 3] 장기할부판매 ☞ 관행상 인정

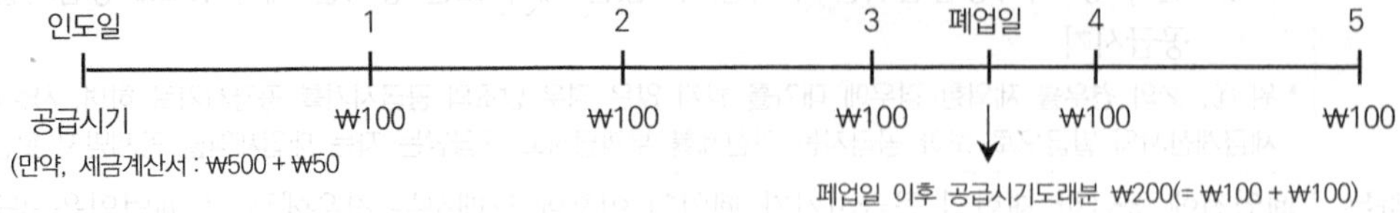

⑶ 공급시기 이후에 세금계산서를 발급하는 경우

① 공급자 : 사업자가 세금계산서의 발급시기를 경과한 후 공급시기가 속하는 과세 기간에 대한 확정신고기한까지 세금계산서를 발급한 경우에는 그 공급가액의 1%(공급시기가 속하는 과세기간에 대한 확정신고기한 경과후 발급하는 경우는 2%)에 해당하는 가산세를 납부세액에 더하거나 환급세액에서 뺀다.

② 공급받는 자 : 재화 또는 용역의 공급시기 후에 세금계산서를 발급받은 경우로서 해당 공급시기가 속하는 과세기간에 대한 확정신고기한까지 발급받은 경우는 매입세액공제를 받을 수 있지만 매입처별 세금계산서합계표 제출불성실가산세(공급가액의 0.5%)를 적용받는다. 한편 해당 공급시기가 속하는 과세기간에 대한 확정신고기한이 지난 후 세금계산서를 발급받은 경우에는 원칙적으로 매입세액 공제를 받을 수 없으며, 가산세도 적용되지 않는다. 다만, 해당 공급시기가 속하는 과세기간에 대한 확정신고기한이 지난 후 세금계산서를 발급받았더라도 그 세금계산서의 발급일이 확정신고기한 다음 날부터 6개월 이내이고 다음의 어느 하나에 해당하는 경우에는 매입세액을 공제받을 수 있다. 이 경우 매입처별 세금계산서합계표 제출불성실가산세(공급가액의 0.5%)를 적용받는다.

㉠ 과세표준수정신고서와 경정청구서를 세금계산서와 함께 제출하는 경우

㉡ 해당 거래사실이 확인되어 납세지 관할세무서장등이 결정 또는 경정하는 경우

사례 **공급시기(5.10) 이후에 세금계산서를 발급하는 경우 세무상 처리**

발급시기		공급자	공급받는 자	
			매입세액공제	가산세
공급시기(5.10)에 발급		가산세 없음	공제	없음
확정신고기한 내(7.20) 발급		세금계산서불성실가산세 (지연발급) : 공급가액의 1%	공제	매입처별 세금계산서 합계표불성실 가산세 : 공급가액의 0.5%
확정신고기한 경과 후(9.20) 발급	원칙	세금계산서불성실가산세 (미발급) : 공급가액의 2%	불공제	없음
	수정신고 경정청구 결정·경정 등의 경우	세금계산서불성실가산세 (미발급) : 공급가액의 2%	공제	매입처별 세금계산서 합계표불성실 가산세 : 공급가액의 0.5%

4 공급장소

(1) 일반적인 원칙

부가가치세의 납세의무는 국내에서 거래된 재화나 용역의 공급에 대해서 성립하므로 거래장소의 확정은 중요한 의미를 지닌다. 공급장소가 국내거래인 경우 부가가치세를 과세하고 공급장소가 국외거래인 경우 부가가치세를 과세하지 않는다. 즉 재화 또는 용역의 공급장소는 우리나라의 과세권이 미치는 거래인지를 판단하는 기준으로 다음과 같다.

재화의 거래장소는 공급시 재화의 이동이 필요한가에 따라 각각 다르다. 즉, 재화의 이동이 필요한 경우에는 재화의 이동이 시작되는 장소가 공급장소가 된다. 반면에 재화의 이동이 필요하지 않는 경우에는 재화가 공급되는 시기에 재화가 있는 장소가 공급장소가 된다.

용역이 공급되는 장소는 다음의 어느 하나에 해당하는 곳으로 한다.

① 역무가 제공되거나 시설물, 권리 등 재화가 사용되는 장소
② 국내 및 국외에 걸쳐 용역이 제공되는 국제운송의 경우 사업자가 비거주자 또는 외국법인이면 여객이 탑승하거나 화물이 적재되는 장소
③ 정보통신망을 통하여 국내에 제공되는 게임 등 전자적 용역의 경우 용역을 공급받는 자의 사업장 소재지, 주소지 또는 거소지

구 분		공급장소
재화	재화의 이동이 필요한 경우(예 제품 등)	재화의 이동이 개시되는 장소
	재화의 이동이 필요하지 않은 경우(예 부동산 등)	재화의 공급시기에 재화가 소재하는 장소

구 분		공급장소
용역	일반적인 경우(예 부동산 임대 등)	역무가 제공되거나 재화·시설물 또는 권리가 사용되는 장소
	국내외에 걸쳐 용역이 제공되는 국제운송이며 사업자가 비거주자 또는 외국법인인 경우	여객이 탑승하거나 화물이 적재되는 장소
	국외사업자가 국내에 전자적 용역을 공급하는 경우	용역을 공급받는 자의 사업장 소재지, 주소지 또는 거소지

(2) 국제운송용역의 거래장소

국제운송의 경우에 사업자가 거주자 또는 내국법인인 경우, 용역이 제공되는 장소에 관계없이 우리나라의 과세권이 미치는 국내거래로 보며, 영세율이 적용된다. 사업자가 거주자 또는 내국법인인 경우에는 물리적으로 항공기나 선박이 외국에 있더라도 우리나라가 과세권을 행사한다.

국제운송이며 사업자가 비거주자 또는 외국법인인 경우, 여객이 탑승하거나 화물이 적재되는 장소가 국외인 경우에는 부가가치세를 과세할 수 없지만 국내에서 탑승·적재하는 것은 과세대상이다. 이 경우 상호면세국의 비거주자와 외국법인은 영세율을 적용하고, 그 이외에는 10% 세율을 적용한다.

▌국제운송의 경우 : 사업자가 거주자 또는 내국법인

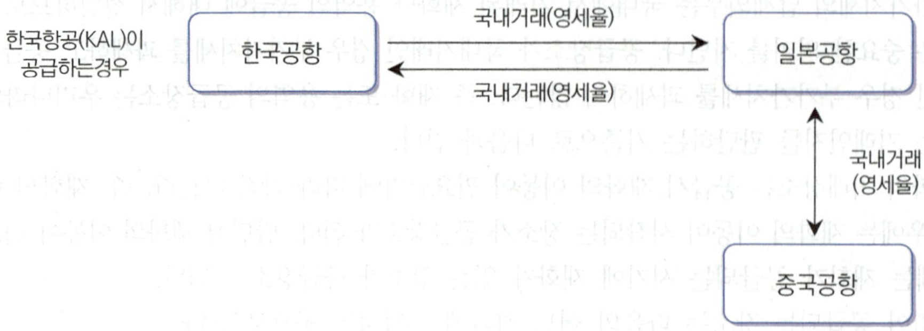

▌국제운송의 경우 : 사업자가 비거주자 또는 외국법인

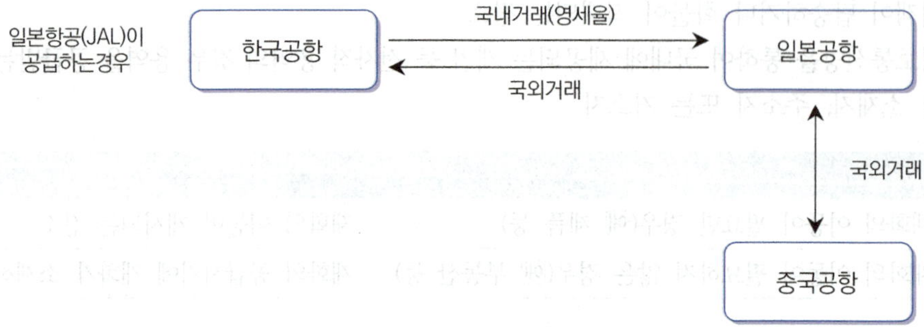

Chapter 03

V a l u e A d d e d T a x

영세율과 면세

3 영세율과 면세

1 개요

1 개 요

(1) 의 의

부가가치세의 세율구조는 ① 기본세율, ② 영세율(zero rate), ③ 면세(exemptions) 및 ④ 간이과세가 있다. 현행 부가가치세의 기본세율은 10%이며, 특정한 재화 또는 용역의 공급에 대해서는 기본세율 대신에 영세율을 적용하고 있다. 기본세율과 영세율 외에 부가가치세의 납세의무가 없는 면세제도와 일반과세를 간소화한 형태로 소규모 특정 사업자에게는 간이과세제도가 있다.

(2) 과세·영세율 및 면세의 부가가치세 산출구조

기본세율을 적용받는 사업자를 일반과세사업자, 영세율을 적용받는 사업자를 영세율사업자, 부가가치세 납세의무가 없는 사업자를 면세사업자라 한다. 각각의 경우 부가가치세 산출구조를 비교하면 다음과 같다.

구분	일반과세	영세율	면세
매출세액	공급가액 × 10%	공급가액 × 0%	공급가액 × 0%
매입세액	(-)공급받는 가액 × 10%	(-)공급받는 가액 × 10%	매입세액불공제
	= 납부(환급)세액	= 환급세액	= 부가가치세신고·납부 의무 없음

일반과세를 간소화한 형태로 소규모 특정 사업자에게 적용되는 간이과세제도는 후술하도록 한다.

사례 면세와 영세율의 면세효과

사업자가 1,000(부가가치세 불포함)에 공급받은 재화에 그 거래단계에서 창출한 부가가치 500(부가가치세 불포함)을 더하여 공급하는 경우

① 과세 : 사업자는 공급가액 1,500(부가가치의 총합)에 매출세액 150을 더한 1,650을 거래상대방으로부터 받아 매출세액 150에서 매입세액 100을 차감한 50을 납부한다.

② 영세율 : 매출세액은 0이므로 사업자는 공급가액 1,500(부가가치의 총합)을 거래상대방으로부터 받아 매출세액 0에서 매입세액 100을 차감한 △100을 환급받는다.

③ 면세 : 매출세액은 없으나 매입세액 100을 환급받을 수 없으므로 사업자는 1,500(부가가치의 총합)에 매입세액불공제액 100을 더한 1,600을 거래상대방으로부터 받는다.

구분	공급가액	매출세액	공급대가	면세정도	면세금액
과세	1,500	150	1,650	없음	0
영세율	1,500	0	1,500	완전면세	150
면세	1,600	0	1,600	부분면세	50[*1]

*1 일반적으로 부가가치세 면세제도를 완전면세제도로 오해하는 경우가 많다. 기존의 과세재화를 면세재화로 새로 포함시켰다고 해서 그 재화의 가격이 10%(부가가치세) 감소될 것이라고 생각하는 것은 착각이다. 면세재화는 면세적용단계에서 창출된 부가가치에 대해서만 부가가치세부담이 경감되는 효과가 있기 때문이다.

(3) 영세율 vs 면세 비교 요약

면세대상인 재화 또는 용역을 공급하는 자는 거래상대방으로부터 재화 또는 용역의 공급에 대한 부가가치세를 거래징수하지 아니한다. 그러나 재화나 용역을 공급받을 때 거래징수당한 부가가치세 매입세액은 매출세액에서 공제받지 못한다. 이러한 점에서 면세는 영세율과 다르다.

면세의 경우 매입세액이 공제되지 아니하기 때문에 매입세액은 원가에 가산될 것이 고 궁극적으로는 최종소비자에게 전가된다. 따라서 부가가치세의 면세는 면세되는 재화 또는 용역을 공급하는 자가 그 단계에서 창출한 부가가치에 대해서만 부가가치세가 면제되는 것으로 일종의 부분면제인 것이다.

영세율을 적용받는 자는 부가가치세법상의 사업자인데 비해, 면세대상 재화 또는 용역을 공급하는 자는 부가가치세법상 납세의무가 있는 사업자에 해당되지 아니한다.

따라서 면세사업자의 매출액은 부가가치세 과세표준에 포함되지 않지만 영세율 적용사업자는 세율이 0%일 뿐 매출액은 부가가치세 과세표준에 포함된다. 만약, 영세율 적용사업자가 매출액을 과세표준에 포함시키지 않으면 영세율과세표준 신고불성실가산세를 부과받게 된다. 영세율과 면세를 비교하면 다음과 같다.

구분	영세율	면세
대상	수출 등 외화 획득 재화, 용역	기초 생활 필수품 등
적용취지	• 수출 촉진 • 소비지국 과세원칙에 의한 이중과세 방지	• 부가세의 역진성 해소 • 부가가치 구성요소에 대한 이중과세 방지
면세정도	완전 면세 (전단계 매입세액이 영세율 사업자 단계에서 환급되고 소비자에게 전가 안됨)	불완전 면세 (전단계 매입세액이 면세사업자 단계에서 환급되지 않고 소비자에게 전가)
과세대상여부	과세 대상	과세 대상 제외
사업자여부	부가세법상 사업자	부가세법상 사업자 아님
의무이행여부	부가가치세법상 의무 이행해야 함. (대리납부의무 제외)	부가가치세법상 사업자로서의 의무는 없으며 협력 의무가 있음 ① 매입처별 세금계산서 합계표 제출 ② 대리 납부의무
부가가치세	매출세액 : 0 매입세액 : 매출세액에서 공제 - 전액환급임	매출세액 : 면세(과세대상 거래아님) 매입세액 : 손금(필요경비) 및 자산의 취득가액

2 영세율

❶ 개 요

(1) 의 의

영세율이란 특정한 재화 또는 용역의 공급에 대하여 영의 세율을 적용하고 그 전단계에서 부담한 부가가치세를 공제 또는 환급함으로써 부가가치세의 부담을 완전히 면제하는 제도이다. 영세율제도는 원래 재화의 국제간 거래에 있어서 수출국에서 부가가치세를 부과하고 수입국에서도 이를 또 부과할 경우, 이중과세가 되는 문제점을 해소하기 위하여 소비지국과세원칙에 따라 생산수출국에서는 부가가치세를 완전히 면제하는 방식으로 도입되었다. 이러한 영세율제도는 소비지국과세원칙을 구현하기 위해 주로 수출하는 재화나 용역에 적용되지만 일정한 국내소비에 대해서도 부가가치세의 부담을 완전히 제거하기 위한 조세정책적 목적에서 영세율을 적용하는 경우가 있다.

(2) 적용대상

① 영세율은 과세사업자에게만 적용된다. 즉, 사업자가 아닌 자와 면세사업자가 재화를 국외로 반출하거나 수출하는 경우에는 영세율을 적용받을 수 없다. 따라서 간이과세자는 과세사업자이므로 영세율을 적용받을 수 있으나, 매입세액을 환급받을 수는 없다.

② 영세율은 거주자 또는 내국법인에 대하여 적용함을 원칙으로 하며, 비거주자나 외국법인에 대해서는 '상호면세주의' 에 따른다. 즉 사업자가 비거주자 또는 외국법인인 경우에는 그 해당 국가에서 대한민국의 거주자 또는 내국법인에게 동일하게 면세하는 경우에만 영세율을 적용한다.

❷ 영세율 적용대상 거래

(1) 수출하는 재화

1) 내국물품의 외국반출

내국물품(대한민국 선박에 의하여 채집되거나 잡힌 수산물을 포함)을 외국으로 반출하는 것 : 직수출 및 대행위탁수출을 포함한다. 재화를 외국으로 반출하는 경우에는 유상이든 무상이든 영세율이 적용된다. 다만, 대가를 받지 아니하고 견본품을 국외사업자에게 증정하는 것은 재화의 공급(사업상 증여)이 아니므로 영세율이 적용되지 않는다.

구 분	거래형태
직수출	자기명의와 계산으로 내국물품(우리나라의 선박에 의하여 채취되거나 잡힌 수산물을 포함함)을 외국으로 반출하는 것
대행위탁수출*1	수출품생산업자가 수출업자와 수출대행계약에 따라 수출품생산업자의 내국물품을 수출업자의 명의로 외국으로 반출하는 것
전자적 형태의 무체물	소프트웨어, 영상물 등 전자적 형태의 무체물을 전송하거나 정보처리장치에 저장하여 외국으로 반출하는 것

구 분	거래형태
임대수출	임대계약에 의하여 물품 등을 수출하여 임대기간 후 다시 수입하거나 그 기간의 만료 전 또는 만료 후 해당 물품 등의 소유권을 이전하는 것
무상수출[*2]	물품에 대한 외환결제가 이루어지지 않고 외국으로 반출하는 것

*1 수출품생산업자 수출에 대해서는 영세율을 적용하나 수출업자의 수출대행수수료에 대해서는 10%를 과세함

*2 사업자가 재화를 국외로 무상으로 반출하는 경우에도 영세율을 적용함. 단, 자기사업을 위하여 대가를 받지 않고 국외의 사업자에게 견본품을 반출하는 경우에는 재화의 공급으로 보지 않음

2) 「대외무역법」에 따른 수출

국내 사업장에서 계약과 대가 수령 등 거래가 이루어지는 것으로서 다음의 어느 하나에 해당하는 것은 영세율을 적용한다.

㉠ 중계무역 방식의 수출 : 수출할 것을 목적으로 물품 등을 수입하여 보세구역 및 보세구역 외 장치의 허가를 받은 장소 또는 자유무역지역 외의 국내에 반입하지 아니하는 방식의 수출을 말한다.

㉡ 위탁판매수출 : 물품 등을 무환(無換)으로 수출하여 해당 물품이 판매된 범위에서 대금을 결제하는 계약에 의한 수출을 말한다.

㉢ 외국인도수출 : 수출대금은 국내에서 영수(領收)하지만 국내에서 통관되지 아니한 수출물품 등을 외국으로 인도하거나 제공하는 수출을 말한다.

㉣ 위탁가공무역 방식의 수출 : 가공임(加工賃)을 지급하는 조건으로 외국에서 가공(제조, 조립, 재성, 개조를 포함)할 원료의 전부 또는 일부를 거래 상대방에게 수출하거나 외국에서 조달하여 가공한 후 가공물품 등을 외국으로 인도하는 방식의 수출을 말한다.

㉤ 원료의 반출 : 원료를 대가 없이 국외의 수탁가공 사업자에게 반출하여 가공한 재화를 양도하는 경우에 그 원료의 반출을 말한다.

㉥ 관세법에 따른 수입신고 수리 전의 물품으로서 보세구역에 보관하는 물품의 외국으로의 반출

구 분	거래형태
중계무역방식수출	수출할 목적으로 수입한 물품을 보세구역 등외의 국내에 반입하지 않고 원상태로 외국으로 반출하는 것(수입대금과 수출대금의 차액을 취함) * 중개무역 : 수출·수입의 주체가 되지 않고 단순히 중개수수료만 취함
위탁판매수출	물품 등을 외국의 수탁자에게 무환으로 수출한 후 판매된 범위 안에서 대금을 수령하는 것
외국인도수출	수출대금은 국내에서 영수하지만 국내에 통관되지 않는 물품을 외국에서 외국으로 인도하는 것
위탁가공무역방식수출	가공임을 지급하는 조건으로 외국에서 가공할 원료를 거래상대방에게 수출하거나 외국에서 원료 등을 조달하여 가공한 물품을 외국으로 인도하는 것
위탁가공을 위한 원료의 국외무상반출	원료를 대가없이 국외의 수탁가공사업자에게 반출하여 가공한 재화를 양도하는 경우에 그 원료를 반출하는 것(주의 : 세금계산서 발급대상임)

3) 수출에 포함되는 국내거래

① 내국신용장(구매확인서)에 의한 수출

국내에서 내국신용장 및 구매확인서에 의해 공급하는 재화(금지금은 제외함)는 영세율을 적용한다.

또한 내국신용장 또는 대외무역법에서 정하는 구매확인서에 의하여 공급하는 재화는 공급된 이후 해당 재화를 수출용도에 사용하였는지의 여부에 불구하고 영세율을 적용한다.

단, 외국으로 반출되지 않는 재화의 공급과 관련하여 개설된 내국신용장(주한미국군의 군납계약서 등)에 의한 재화 또는 용역의 공급은 영세율이 적용되지 않는다.

사례 내국신용장을 통한 국내공급

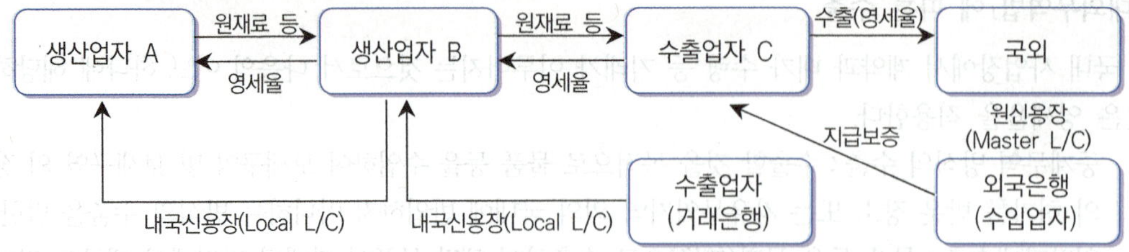

참고 내국신용장과 구매확인서

1. 내국신용장

"내국신용장"이란 사업자가 국내에서 수출용 원자재, 수출용 완제품 또는 수출재화임가공용역을 공급받으려는 경우에 해당 사업자의 신청에 따라 외국환은행의 장이 재화나 용역의 공급시기가 속하는 과세기간이 끝난 후 25일(그 날이 토요일 및 일요일, 공휴일 및 대체공휴일 또는 근로자의 날인 경우에는 바로 다음 영업일을 말함) 이내에 개설하는 신용장을 말한다(부가칙 21). 한국은행의 총재가 정하는 바에 따라 외국환은행의 장이 발급하여 국내에서 통용되는 신용장으로 수출이행에 필요한 완제품 또는 원자재를 국내에서 조달하기 위하여 수입상으로부터 받은 원신용장을 담보로 원신용장의 개설통지은행이 국내의 공급자를 수혜자로 하여 개설하는 제2의 신용장을 말한다.

2. 구매확인서

"구매확인서"란 대외무역법 시행령에 따라 외국환은행의 장이나 전자무역기반사업자가 내국신용장에 준하여 재화나 용역의 공급시기가 속하는 과세기간이 끝난 후 25일(그 날이 공휴일 또는 토요일인 경우에는 바로 다음 영업일을 말함) 이내에 발급하는 확인서를 말한다(부가칙 21). 물품 등을 외화획득용 원료, 외화획득용 용역, 외화획득용 전자적 형태의 무체물 또는 물품으로 사용하기 위하여 국내에서 구매하려는 경우 외국환은행의 장이 내국신용장에 준하여 발급하는 증서를 말한다.

즉, 재화의 공급시기가 속하는 과세기간의 종료 후 25일(그 날이 공휴일·토요일인 경우 바로 다음 영업일) 이내 개설·발급된 내국신용장(구매확인서)에 대해서도 영세율을 적용한다(기간경과 이후 개설시 : 10%).

② 한국국제협력단 등에 공급하는 재화

사업자가 한국국제협력단 및 한국국제보건의료재단에 공급하는 재화(한국국제협력단 등이 사업을 위하여 외국에 무상으로 반출하는 경우에 한함)는 수출로 간주하여 영세율을 적용한다.

③ 수탁가공무역

사업자가 ㉠ 비거주자 또는 외국법인과의 직접계약에 의하여 수탁가공한 물품을 ㉡ 외국법인 등이 지정하는 국내의 다른 사업자에게 인도하고 ㉢ 그 대가를 외국환은행에서 원화로 받은 경우로서 ㉣ 국내의 다른 사업자가 인도받은 재화를 그대로 반출하거나 제조·가공한 후 반출하는 경우 영세율을 적용한다.

사례 **수탁가공무역**

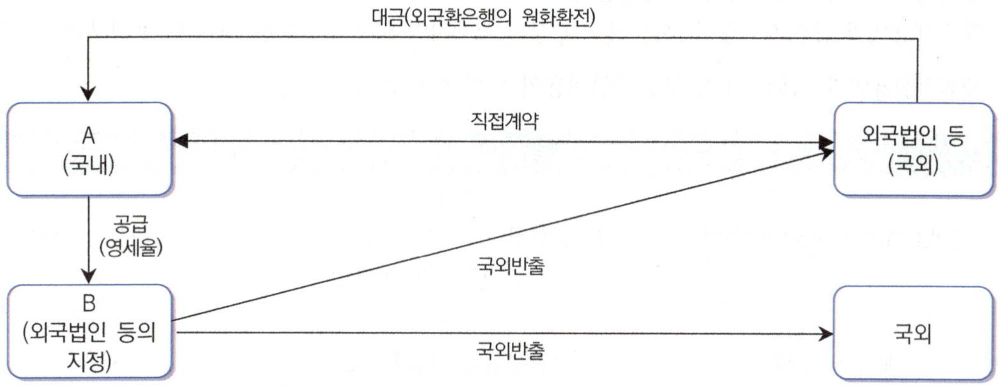

참고 **무상수출**

재화의 외국반출에 따른 외환결제가 이루어지지 않는 무상수출도 재화의 수출에 해당되어 영세율이 적용되나, 다음의 경우에는 재화의 공급에 해당하지 않는다.

① 국외사업자에게 견본품을 반출하는 경우
② 위탁가공무역방식으로 원자재 등을 무환으로 외국에 반출하는 경우
③ 당초 반출한 재화의 하자로 인하여 반품된 재화를 수리하여 재수출하거나 동일제품으로 교환하여 재수출하는 경우
④ 수입업자가 수입 또는 판매된 재화의 하자로 인하여 수리할 목적으로 외국에 반출하는 경우
⑤ 외국사업자소유의 전시물을 무환으로 수입하여 전시한 후 반환하기 위하여 외국에 반출하는 경우
⑥ 수입업자가 재화의 수입과 관련된 반환조건의 수입재화용기를 반환하기 위하여 외국에 반출하는 경우

(2) 국외에서 제공하는 용역

국외에서 공급하는 용역에 대하여는 영세율을 적용한다(부가법 22). 사업자가 공급하는 용역은 해당 용역의 제공장소가 국외이면 그 대가의 수취방법이나 거래상대방에 관계없이 영세율을 적용한다. 즉 국내에 사업장을 가지고 있는 사업자가 국외에서 용역을 제공하는 경우에는 해당 용역을 제공받는 자, 대금결제수단에 관계없이 영세율이 적용된다.

한편, 업종별 사업장 관련해서 건설업과 부동산매매업의 경우 사업장이 법인의 등기부상 소재지인 반면에 부동산임대업의 경우 부동산등기부상의 소재지가 사업장이다. 납세지는 사업자가 부가가치세법에 따른 납세의무 및 협력의무를 이행하고 과세관청이 부과권, 징수권을 행사하는 기준이 되는

장소를 의미하는데, 부가가치세법 상 납세지는 사업장소재지를 기준으로 한다.

건설업의 경우 건설 현장은 고정된 장소가 아니므로 사업장이 아니며, 법인등기부상의 소재지 즉 본점이 사업장이되 등기부상의 지점소재지를 포함한다. 부동산 매매업의 경우 매매대상 부동산 소재지는 고정된 장소가 아니므로 사업장이 아니며, 법인등기부상의 소재지 즉 본점이 사업장이되 등기부상의 지점소재지를 포함한다. 따라서 해외건설용역의 경우 사업장이 본점 혹은 국내지점이므로, 국내에 사업장을 가지고 있는 사업자가 국외에서 용역을 제공하는 경우에는 해당 용역을 제공받는 자, 대금결제수단에 관계없이 영세율이 적용된다는 규정에 의거하여 영세율이 적용된다.

반면에 부동산임대업의 경우 부동산등기부상의 소재지가 사업장이다. 따라서 국외에 소재하는 부동산의 임대용역의 경우 사업장이 부동산등기부상의 소재지인 외국이므로 부가가치세의 납세의무가 없다.

해외건설용역과 국외소재의 부동산임대용역은 다음과 같이 처리한다.

구 분	사업장소재지	부가가치세법상 처리
국외소재의 부동산임대용역	국외 (부동산임대용역의 사업장 : 부동산등기부상의 소재지)	과세대상이 아님
해외건설용역	국내 (건설업의 사업장 : 법인의 등기부상 소재지)	영세율

예를 들어, 사업자가 국외에서 건설공사를 도급받은 사업자(내국법인)로부터 해당 건설공사를 재도급 받아 국외에서 건설용역을 제공하고 그 대가를 원도급자인 국내사업자로부터 원화로 받는 경우에도 영세율을 적용한다.

사례

용역의 국외공급에 해당되는 것	용역의 국외공급에 해당되지 아니하는 것
• 국외에서 건설공사를 도급받은 사업자로부터 건설공사를 하도급받아 국외에서 건설용역을 제공하는 경우	• 국내에서 외국법인에게 용역을 제공하고 그 대가를 외화로 받는 경우
• 광고물의 제작설치 및 유지보수용역을 제공하는 사업자가 광고대행업자의 주선으로 국내 광고주와 해외광고계약을 체결하고 국외에서 광고물을 제작, 설치한 후 해당 광고물의 유지보수용역을 공급하는 경우	• 국외에 소재하는 건설공사에 사용되는 건설장비 임대용역 • 국외 건설공사를 수주한 국내 건설업자에게 국내에서 제공하는 설계용역
• 사업자가 외국기업과 국외에 설립한 합작법인에 해당 사업자의 기술을 이전하여 주고 합작법인으로부터 출자지분을 취득하는 경우	• 세관의 보세구역에서 외국인이 입국시 예치품을 일시보관하였다가 출국시 인출하여 주고 외국인으로부터 경비료를 받는 경우

(3) 선박 또는 항공기의 외국항행용역

외국항행용역이란 선박 또는 항공기에 의하여 여객이나 화물을 국내에서 국외로, 국외에서 국내로, 국외에서 국외로 수송하는 것으로 대금결제수단에 관계없이 영세율이 적용된다. 다만, 국내에서 국내인 경우 10%로 과세한다. 선박 또는 항공기에 의한 외국항행용역의 공급에 대하여는 영세율을 적용한다(부가 법 23). 이 경우 외국항행용역은 외국항행사업자가 자기의 사업에 부수하여 공급하는 재화 또는 용역으로서 다음의 것을 포함한다.

① 다른 외국항행사업자가 운용하는 선박 또는 항공기의 탑승권을 판매하거나 화물 운송계약을 체결하는 것
② 외국을 항행하는 선박 또는 항공기 내에서 승객에게 공급하는 것
③ 자기의 승객만이 전용(專用)하는 버스를 탑승하게 하는 것
④ 자기의 승객만이 전용하는 호텔에 투숙하게 하는 것

한편 다음의 어느 하나에 해당하는 용역은 외국항행용역의 범위에 포함된다.

① 운송주선업자가 국제복합운송계약에 의하여 화주(貨主)로부터 화물을 인수하고 자기 책임과 계산으로 타인의 선박 또는 항공기 등의 운송수단을 이용하여 화물 을 운송하고 화주로부터 운임을 받는 국제운송용역
② 항공사업법에 따른 상업서류 송달용역

참고로 외국을 항행하는 선박 및 항공기 또는 원양어선에 공급하는 재화 또는 용역 역시 영세율을 적용받는다. 다만, 사업자가 부가가치세를 별도로 적은 세금계산서를 발급한 경우는 제외한다.

(4) 기타의 외화획득재화 또는 용역

다음의 거래는 모두 국내거래이지만 수출산업을 지원하고 외화획득지원의 목적을 위해 일정한 요건에 해당하는 경우 영세율을 적용한다.

구 분	적용대상거래
국내에서 비거주자 또는 외국법인에게 제공하는 재화 또는 용역	① 국내에 국내사업장이 없는 비거주자 또는 외국법인에게 공급되는 다음의 재화·용역으로서 그 대금을 외국환은행에서 원화로 받는 것 ㉠ 비거주자 또는 외국법인이 지정하는 국내사업자에게 인도되는 재화로서 해당 사업자의 과세사업에 사용되는 재화 ㉡ 전문, 과학 및 기술서비스업(수의업, 제조업의 회사본부 및 기타산업회사의 본부는 제외함) ㉢ 출판, 영상, 방송통신 및 정보서비스업 중 소프트웨어개발업, 컴퓨터프로그래밍, 시스템통합관리업 등 ㉣ 임대업 중 무형재산권임대업 ㉤ 통신업 ㉥ 컨테이너수리업, 보세구역내의 보관 및 창고업, 「해운업법」에 따른 해운대리업점 및 해운중개업 ㉦ 상품중개업 및 전자상거래 소매 중개업

구 분	적용대상거래
	ⓞ 관세법에 의한 보세운송업자가 제공하는 보세운송용역 ⓩ 사업시설관리 및 사업지원서비스업(조경관리 및 유지서비스업, 여행사 및 기타여행보조서비스업은 제외함) 및 금융지원 서비스업 중 투자자문업 ⓧ 교육서비스업(교육지원서비스업으로 한정함), 보건업(임상시험용역을 공급하는 경우로 한정함) * ⓛ과 ⓧ의 경우 상호주의를 적용함(해당 국가에서 우리나라의 거주자 또는 내국법인에게 부가가치세 또는 이와 유사한 조세를 부과하지 않는 경우에 한함) ② 국내에 국내사업장이 있는 비거주자 또는 외국법인에게 공급되는 위 ①에 해당하는 재화·용역으로서 국외의 비거주자 등과 직접계약에 의하여 공급되고 그 대금을 국외의 비거주자 등으로부터 외국환은행을 통하여 받는 것
수출재화임가공용역 (수출재화염색임가공용역을 포함함)	① 수출업자와 직접도급계약에 의하여 공급하는 수출재화임가공용역 ㉠ 내국신용장에 의하여 수출재화를 수출업자에게 공급하는 사업자와 계약한 경우 : 영세율을 적용하지 않음 ㉡ 수출업자에게 부가가치세를 별도로 기재한 세금계산서를 발급한 경우 : 영세율을 적용하지 않음 ② 내국신용장 또는 구매확인서에 의하여 공급하는 수출재화임가공용역
기타의 재화 또는 용역	① 외국을 항행하는 선박 및 항공기 또는 원양어선에 공급하는 재화 또는 용역 * 사업자가 부가가치세를 별도로 기재한 세금계산서를 발급한 경우에는 영세율을 적용하지 않음 ② 국내에 주재하는 외국정부기관·국제기구·국제연합군 또는 미국군에 공급하는 재화 또는 용역 ③ 일반여행업자가 외국인관광객에게 공급하는 관광알선용역으로서 그 대가를 외국환은행에서 원화로 받거나 외화 현금으로 받아 외국인관광객과의 거래임이 확인된것 ④ 외국인전용판매장(주한외국군인 및 외국인선원전용 유흥음식점업을 포함함)을 영위하는 자가 국내에서 공급하는 재화 또는 용역으로서 그 대가를 외화로 받고 그 외화를 외국환은행에서 원화로 환전하는 것 ⑤ 우리나라에 주재하거나 파견된 외교관·외교사절 또는 주한외국공관에 근무하는 외국인으로서 해당 국가의 공무원신분을 가진 자가 관할세무서장의 지정을 받은 사업장에서 외교관면세카드를 제시하여 공급받는 법 소정 재화·용역으로서 외교관면세판매기록표에 의하여 외교관 등과의 거래임이 표시되는 것. 다만, 해당 국가에서 우리나라의 외교관 등에게 동일한 면세를 하는 경우에 한함

국내에서 비거주자 또는 외국법인에게 제공하는 재화 또는 용역에 대해서는 직접계약요건과 대금결제요건 충족 여부에 따라 영세율 적용 여부가 결정된다.

구분	요건
적용요건	㉠ 국내사업장이 없는 경우 : 대금결제요건만 충족 ㉡ 국내사업장이 있는 경우 : 직접계약요건과 대금결제요건을 모두 충족
직접계약요건	국외의 비거주자 또는 외국법인과 직접 계약에 의해 공급
대금결제요건	다음 중 어느 하나의 방법으로 대금을 결제받은 경우 ㉠ 그 대금을 외국환은행에서 원화로 받는 방법 ㉡ 국외의 비거주자 또는 외국법인으로부터 외화를 직접 송금 받아 외국환은행에 매각하는 방법 ㉢ 국내사업장이 없는 비거주자 또는 외국법인에게 재화를 공급하거나 용역을 제공하고 그 대가를 해당 비거주자 또는 외국법인에게 지급할 금액에서 빼는 방법

전문서비스업(변호사, 변리사, 법무사, 회계사, 세무사, 광고업, 시장조사업, 경영컨설팅업), 사업시설관리 및 사업지원서비스업(인력공급·고용알선업, 사무지원서비스업 등)과 투자자문업에 해당하는 용역의 경우에는 해당 국가에서 우리나라의 거주자 또는 내국법인에 대하여 동일하게 면세하는 경우(우리나라의 부가가치세 또는 이와 유사한 성질의 조세가 없거나 면세하는 경우를 말한다)에 한하여 영세율을 적용한다.

수출업자와 직접 도급계약에 의하여 수출재화를 임가공하는 수출재화임가공용역(수출재화염색임가공을 포함)의 경우, 영세율을 적용한다. 다만, 사업자가 부가가치세를 별도로 적은 세금계산서를 발급한 경우는 영세율 적용에서 제외한다.

사례 **수출재화임가공용역**

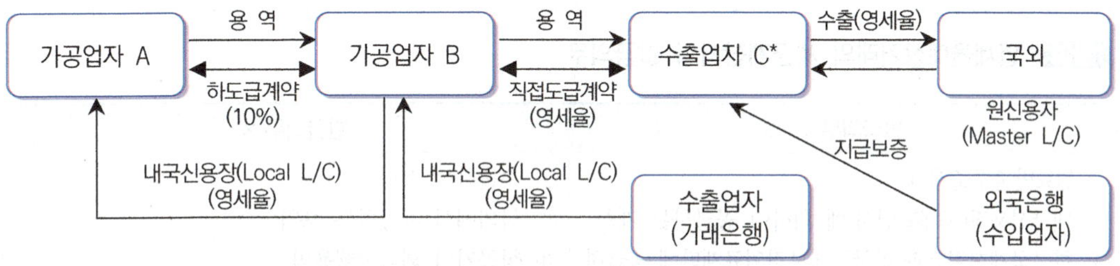

* ① 가공업자가 직접임가공하지 않더라도 영세율을 적용함
② VAT를 별도로 기재한 세금계산서의 발급시에는 10%를 과세함

외국을 항행하는 선박 및 항공기 또는 원양어선에 공급하는 재화 또는 용역의 경우, 영세율을 적용한다. 다만, 사업자가 부가가치세를 별도로 적은 세금계산서를 발급한 경우는 영세율 적용에서 제외한다.

(5) 조세특례제한법상 영세율의 적용대상거래

① 방위산업체가 공급하는 방위산업물자
② 국군부대 또는 기관에 공급하는 석유류
③ 국가 등에 직접공급하는 도시철도건설용역

④ 국가 또는 지방자치단체에 공급하는 사회기반시설 및 건설용역
⑤ 휠체어 등 장애인용 보장구와 장애인용 특수정보통신기기 및 소프트웨어 등
⑥ 농민 등에게 공급하는 농·축산·임업용 기자재
⑦ 법소정의 어민에게 공급하는 어업용 기자재

참고 영세율의 적용시 첨부서류

영세율이 적용되는 경우에는 예정신고 또는 확정신고시 영세율대상거래임을 증명하는 첨부서류를 제출해야 한다. 만약, 영세율의 첨부서류를 제출하지 않는 경우에도 영세율대상임이 확인되는 경우에는 영세율을 적용하지만 무신고가산세 또는 과소신고·초과환급신고가산세가 부과된다.

(6) 영세율대상거래의 세금계산서의 발급의무

영세율대상거래 중 다음과 같은 국내거래에 대해서는 세금계산서 발급 의무가 부과된다. 국내에 부가가치세 납세의무가 없는 비거주자나 외국법인과의 계약에 근거한 거래는 국내 사업장이 있는 경우를 제외하고는 세금계산서 발급대상이 아니다.

① 원료반출수출재화
② 내국신용장(구매확인서)에 의하여 공급하는 재화
③ 한국국제협력단과 한국국제보건의료재단에 공급하는 재화
④ 수출재화임가공용역
⑤ 외국항행선박 등에 제공하는 재화·용역
⑥ 선박의 외국항행용역 중 공급받는 자가 국내사업장이 있는 비거주자 또는 외국법인인 경우

참고 영세율대상거래의 세금계산서의 발급의무

발급의무 ○	발급의무 ×
① 원료반출수출재화 ② 내국신용장(구매확인서)에 의하여 공급하는 재화 ③ 한국국제협력단과 한국국제보건의료재단에 공급하는 재화 ④ 수출재화임가공용역 ⑤ 외국항행선박 등에 제공하는 재화·용역 ⑥ 선박의 외국항행용역 중 공급받는 자가 국내사업장이 있는 비거주자 또는 외국법인인 경우	① 수출하는 재화 ② 국외에서 제공하는 용역 ③ 항공기의 외국항행용역 ④ 국내주재의 외국정부기관, 미국군 등에 공급하는 재화·용역 ⑤ 국내사업장이 없는 비거주자, 외국법인과의 거래

예제

다음의 독립적 상황별로 영세율 적용 여부를 판정하시오.

(1) 수출업자와 직접도급계약에 의하여 수출재화를 임가공하는 수출재화임가공용역을 공급하고 부가가치세를 별도로 적은 세금계산서를 발급한 경우

(2) 한국 공항에서 일본 공항까지 수송하는 항공기 여객수송용역을 공급하는 경우

(3) 내국신용장에 의하여 부품을 수출업자에게 공급하는 경우

(4) 주한 미국대사관에 제품을 공급하고 그 대가를 원화로 받는 경우

(5) 도급계약에 의하여 국외에서 건설용역을 제공하는 경우

정답

(1) 부가가치세를 별도로 적은 세금계산서를 발급한 수출재화임가공용역의 경우에는 과세거래로 본다.
(2) 국제선 항공기 여객 수송은 영세율 적용대상인 외국항행용역에 해당한다.
(3) 내국신용장에 의한 공급은 영세율 적용대상인 수출재화에 해당한다.
(4) 주한 외교공관에 공급하는 경우 원화로 대가를 받는 경우에도 영세율을 적용한다.
(5) 도급계약에 의한 국외건설용역은 영세율 적용대상인 국외제공용역에 해당한다.

3 면세

1 개요

면세란 특정한 재화 또는 용역의 공급 및 재화의 수입에 대하여 해당 공급자나 수입자에게 부가가치세의 납세의무 자체가 면제되는 것을 말한다. 면세대상인 재화 또는 용역을 공급하는 자는 거래상대방으로부터 재화 또는 용역의 공급에 대한 부가가치세를 거래징수하지 아니한다. 그러나 재화나 용역을 공급받을 때 거래징수당한 부가가치세 매입세액은 매출세액에서 공제받지 못한다. 이러한 점에서 면세는 영세율과 다르다.

면세의 경우 매입세액이 공제되지 아니하기 때문에 매입세액은 원가에 가산될 것이고 궁극적으로는 최종 소비자에게 전가된다. 따라서 부가가치세의 면세는 면세되는 재화 또는 용역을 공급하는 자가 그 단계에서 창출한 부가가치에 대해서만 부가가치세가 면제되는 것으로 일종의 부분면제인 것이다.

영세율을 적용받는 자는 부가가치세법상의 사업자인데 비해, 면세대상 재화 또는 용역을 공급하는 자는 부가가치세법상 납세의무가 있는 사업자에 해당되지 아니한다.

따라서 면세사업자의 매출액은 부가가치세 과세표준에 포함되지 않지만 영세율 적용사업자는 세율이 0%일 뿐 매출액은 부가가치세 과세표준에 포함된다. 만약, 영세율 적용사업자가 매출액을 과세표준에 포함시키지 않으면 영세율과세표준 신고불성실가산세를 부과받게 된다. 영세율과 면세를 비교하면 다음과 같다.

참고 영세율과 면세

구 분	영세율	면 세
취지	소비지국과세원칙을 구현함 (수출재화 : 0%, 수입재화 : 10% 과세)	세부담의 역진성을 완화함
과세체계	① 공급가액 : '0'의 세율로 과세함 → 과세표준에 포함하여 신고함 ② 매입세액 : 공제함	① 공급가액 : 과세하지 않음 → 신고대상이 아님 ② 매입세액 : 불공제함
면세정도	완전면세제도 * 영세율적용단계 및 그 이전단계에서 창출된 모든 부가가치에 대해 면제효과	부분면세제도 * 면세적용단계에서 창출된 부가가치만 면제효과
대상거래	수출재화 등	생활필수품 등
부가가치세법상 의무	부가가치세법상 사업자로서 제반의무를 수행해야 함	부가가치세법상 사업자가 아니므로 제반의무를 수행하지 않음 * 면세사업자라고 하더라도 매입처별세금계산서 합계표의 제출 및 대리납부의무는 있음

2 재화 또는 용역의 공급

(1) 개요

부가가치세가 면세되는 재화 또는 용역은 부가가치세법과 조세특례제한법이 각각 규정하고 있다. 면세제도는 부가가치세 세부담의 역진성을 완화하는 방안으로 이용되고 있다. 부가가치세법이 규정하고 있는 면세대상 재화 또는 용역을 살펴보면 다음과 같다(부가법 26 ①).

(2) 기초생활필수품

① 미가공식료품

㉠ 식용으로 제공되는 농·축·수·임산물과 소금(천일염과 제조염은 면세하나 맛소금·공업용 천일염은 과세함)으로서 가공되지 않거나 원생산물의 본래성질이 변하지 않는 정도의 1차 가공(예 탈곡·정미·정맥·제분·정육·건조·냉동·염장·포장 등)을 거친 것

㉡ 데친 채소류, 김치, 젓갈류, 두부, 간장 또는 된장 등 단순가공식료품에 대하여는 면세하나, 단순가공식료품을 거래단위로서 포장하여 최종소비자에게 그 포장의 상태로 직접 공급하는 경우에는 과세함

㉢ 본래의 성질이 변한 정도의 가공을 거친 식료품(전분, 면류, 팥·콩 등의 앙금, 떡, 한천, 묵, 인삼차, 엿기름 등)은 과세함

㉣ 조미료·향신료(예 고추·후추 등) 등을 가미하여 가공처리한 식료품(예 맛김, 볶거나 조미한 멸치, 조미하며 건조한 쥐치포 등의 어포류, 생크림·유당·카제인·우유향 등을 배합하여 제조한 분유 등 제품)에 대하여는 과세함. 다만, 어류 등의 신선도 유지·저장·운반 등을 위하여 화학물질 등을 첨가하는 때에는 면세함

② 국내산 미가공 비식용 농·축·수·임산물
③ 수돗물(생수 제외)
④ 연탄과 무연탄(유연탄·갈탄 및 착화탄은 과세)
⑤ 여객운송용역. 다만, 고급운송수단(항공기·시외우등고속버스 및 시외고급고속버스·전세버스·택시·특수자동차·특종선박 또는 고속철도)에 의한 여객운송 용역과 삭도·유람선 등 관광 또는 유흥 목적의 운송수단)에 의한 여객운송용역 및 자동차대여사업은 과세된다.
⑥ 여성용 생리처리위생용품
⑦ 주택과 주택부수토지의 임대용역

미가공식료품의 경우 국내산·외국산을 불문하고 면세를 적용한다.
이와 관련하여 판단에 도움이 될 만한 사례는 다음과 같다.

① 조미료·향신료(고추·후추 등) 등을 가미하여 가공처리한 다음의 식료품에 대하여는 과세한다. 다만, 어류 등의 신선도 유지·저장·운반 등을 위하여 화학물질 등을 첨가하는 때에는 면세한다.
   ㉠ 맛김, 볶거나 조미한 멸치 및 조미하여 건조한 쥐치포 등의 어포류
   ㉡ 생크림·유당·카제인·우유향 등을 배합하여 제조한 가공 우유 등 제품(영유아용 분유는 제외)
② 본래의 성질이 변한 정도의 가공을 거친 전분, 면류, 팥·콩 등의 앙금, 떡, 한천, 묵, 인삼차, 엿기름 등은 과세한다.
③ 식용에 사용하는 천일염(天日鹽), 재제(再製)소금은 면세재화인 소금에 포함하나, 공업용 소금·맛소금·공업용 천일염은 과세한다.

비식용 농·축·수·임산물의 경우 국내산에 한정하여 면세를 적용한다. 이와 관련하여 판단에 도움이 될 만한 사례는 다음과 같다.

① 우리나라에서 생산된 식용에 사용하지 아니하는 관상용의 새·열대어·금붕어 및 갯지렁이에 대하여는 면세한다.
② 우리나라에서 생산된 화초·수목 등의 공급에 대하여는 면세하나, 조경 공사용역의 공급가액에 포함된 화초·수목 등에 대하여는 주된 용역의 공급에 포함되는 부수재화로 과세한다.
③ 우리나라에서 생산되어 단순히 건조한 크로레라(이끼)의 공급에 대하여 는 면세한다. 다만, 해당 크로레라에 벌꿀 등을 가미하거나 정제한 크로레라제품의 공급에 대하여는 과세한다.
④ 우리나라에서 생산된 조개껍질(패각)의 공급에 대하여는 면세하나, 조개껍질(패각)을 분쇄한 패분의 공급에 대하여는 과세한다.
⑤ 상묘·잠종·잠아·치잠 등 잠견류와 누에고치(생견)를 열처리하여 건조시킨 마른 누에고치(건견) 및 누에가루(식용에 적합한 것에 한함)의 공급에 대하여는 면세하나, 제사공정에서 부산물로 산출되는 번데기의 공급에 대하여는 과세한다.
⑥ 우리나라에서 생산된 볏짚·왕골·청올치(갈저)의 공급에 대하여는 면세하나, 이를 재료로 하여 제조한 돗자리·공예품 등의 공급에 대하여 는 과세한다.

시외우등고속버스 및 시외고급고속버스를 제외한 일반 고속버스는 이미 부가가치세가 면제되고 있는 시외버스 등과 유사한 대중교통수단임을 고려하여, 일반 고속버스에 대해서도 부가가치세를 면제한다.

주택과 이에 부수되는 토지의 임대용역(주택법에 따라 토지소유자가 국민주택규모의 토지임대부 분양주택을 공급받은 자에게 토지임대부 분양주택의 토지를 임대하는 경우를 포함한다)은 면세인데, 이 중 면세되는 주택에 부수되는 토지는 다음과 같이 산정한다.

[주택과 주택부수토지의 임대용역]

1. 부가가치세가 면세되는 주택의 부수토지 : Max[①, ②]
   ① 주택정착면적 × 5배(도시지역 외의 토지 : 10배)
   ② 주택의 연면적*(지하층의 면적, 지상층의 주차장면적 및 주민공동시설의 면적은 제외함)
   * 바닥면적의 합계
2. 겸용주택의 경우

구 분	건물의 면세범위	부수토지의 면세범위
주택면적 〉 사업용 건물면적	주택면적 + 사업용건물면적	Min[①, ②] ① 부수토지 총면적 ② Max[건물정착면적 × 5배(도시지역외 : 10배), 건물연면적]
주택면적 ≤ 사업용 건물면적	주택면적	Min[①, ②] ① 토지총면적 × $\frac{\text{주택연면적}}{\text{건물연면적}}$ ② Max[건물정착면적 × $\frac{\text{주택연면적}}{\text{건물연면적}}$ × 5배(도시지역외 : 10배), 주택연면적]

* 부동산을 2인 이상에게 임대한 경우에는 임차인별로 각각 그 면세 여부를 판정함

(3) 국민후생 및 문화

① 의료보건용역과 혈액(약사의 제조용역은 포함하고 약품판매는 제외함. 치료·예방·진단 목적으로 조제한 동물의 혈액을 포함함.)

㉠ 의사의 미용목적 성형수술

㉡ 수의사가 아래에서 제공하는 용역은 면세하나 그 이외의 애완동물에 대한 진료용역에 대해서는 과세함

ⓐ가축에 대한 진료용역

ⓑ수산동물에 대한 진료용역

ⓒ장애인의 보조견표지를 발급받은 장애인보조견에 대한 진료용역

ⓓ「국민기초생활보장법」에 따른 수급자가 기르는 동물의 진료용역

ⓔⓐ ~ ⓓ 외 질병의 예방을 목적으로 하는 동물의 진료용역으로서 고시하는 용역

㉢ 산후조리원에서 분만 직후의 임산부나 영유아에게 제공하는 급식·요양 등의 용역

㉣ 인증받은 사회적 기업이 직접 제공하는 간병·산후로지·보육용역

㉤ 접골사·침사·구사·안마사가 제공하는 용역

② 정부의 인·허가를 받거나 주무관청에 등록 또는 신고된 학원·강습소·산학협력단·과학관·박물관·미술관 등의 교육용역

③ 도서(실내 도서 열람 및 도서대여용역을 포함함)·신문·인터넷신문·잡지·관보 및 뉴스통신(광고는 제외함)

④ 예술창작품(미술·음악·사진·연극·무용에 속하는 창작품. 단, 골동품은 제외함)·예술행사·문화행사·아마추어운동경기

⑤ 도서관·과학관·박물관·미술관·동물원 또는 식물원에 입장

⑥ 「주택법」에 따라 제공하는 복리시설의 공동주택어린이집의 임대용역

"성형수술 등"이란 다음에 해당하는 것을 말한다(부가령 35).

① 성형수술 : 쌍꺼풀수술, 코성형수술, 유방확대·축소술(유방암 수술에 따른 유방 재건술은 제 외), 지방흡인술, 주름살제거술, 안면윤곽술, 치아성형(치아미백, 라미네이트, 잇몸성형술을 말 함). 다만, 성형수술로 인한 후유증 치료, 선천성 기형의 개건수술, 종양제거에 따른 재건수술은 제외한다.

② 악안면 교정술. 다만, 치아교정치료가 선행되는 악안면 교정술은 제외한다.

③ 피부관련 시술 : 색소모반·주근깨·흑색점·기미치료술, 여드름치료술, 제모술, 탈모치료술, 모발 이식술, 문신(제거)술, 피어싱, 지방융해술, 피부재생술, 피부미백술, 항노화치료술 및 모공축소술

주무관청의 허가 또는 인가를 받거나 주무관청에 등록 또는 신고된 학교·학원·강습소·훈련원·교습소 그밖의 비영리단체나 청소년수련시설·산학협력단·사회적기업·과학관·박물관·미술관·사회적 협동조합 또는 어린이집에서 학생·수강생·훈련생·교습생 또는 청강생에게 지식·기술 등을 가르치는 것을 말한다. 다만, 무도학원 또는 자동차운전학원에서 가르치는 것은 제외한다.

(4) 부가가치의 구성요소

① 토지

② 금융·보험용역. 다음에 해당하는 용역은 금융·보험용역으로 보지 않음(과세함)

㉠ 복권, 입장권, 상품권에 관한 대행용역(비순수금융·보험업)

㉡ 기업합병 또는 기업매수의 중개·주선·대리, 신용정보서비스 및 은행업에 관련된 전산시스템과 소프트웨어의 판매·대여용역

㉢ 부동산의 임대용역

㉣ 감가상각자산의 대여용역(시설대여업자가 제공하는 시설대여용역은 제외함)

㉤ 집합투자업과 투자일임업 중 부동산·실물자산, 지상권·전세권 등 부동산 관련 권리 등에 투자하는 업무, 투자전문업, 신탁업 중 부동산·실물재산에 투자하는 금전투자신탁 등

③ 저술가·작곡가 등의 자가 직업상 제공하는 법 소정의 인적용역(변호사·회계사·세무사 등의 전문자격사가 공급하는 인적용역은 과세)

㉠ 개인이 물적시설 없이 근로자를 고용하지 아니하고 독립된 자격으로 공급하고 대가를 받은 다음의 인적용역

① 저술·서화·도안·조각·작곡·음악·무용·만화·삽화·만담·배우·성우·가수와 이와 유사한 용역
② 연예에 관한 감독·각색·연출·촬영·녹음·장치·조명과 이와 유사한 용역
③ 건축감독·학술용역과 이와 유사한 용역
④ 음악·재단·무용(사교무용을 포함한다)·요리·바둑의 교수와 이와 유사한 용역
⑤ 직업운동가·역사·기수·운동지도(심판을 포함한다)와 이와 유사한 용역
⑥ 접대부·댄서와 이와 유사한 용역
⑦ 보험가입자의 모집, 저축의 장려 또는 집금 등을 하고 실적에 따라 보험회사 또는 금융기관으로부터 모집수당·장려수당·집금수당 또는 이와 유사한 성질의 대가를 받는 용역과 서적·음반 등의 외판원이 판매실적에 따라 대가를 받는 용역
⑧ 저작자가 저작권에 의하여 사용료를 받는 용역
⑨ 교정·번역·고증·속기·필경·타자·음반취입과 이와 유사한 용역
⑩ 고용관계 없는 자가 다수인에게 강연을 하고 강연료·강사료 등의 대가를 받는 용역
⑪ 라디오·텔레비전방송 등을 통하여 해설·계몽 또는 연기를 하거나 심사를 하고 사례금 또는 이와 유사한 성질의 대가를 받는 용역
⑫ 작명·관상·점술 또는 이와 유사한 용역 등

㉡ 개인·법인이 독립된 자격으로 공급하고 대가를 받은 다음의 인적용역

① 국선변호인의 국선변호, 「국세기본법」에 따른 국선대리인의 국선대리 및 기획재정부령으로 정하는 법률구조
② 기획재정부령으로 정하는 학술연구용역과 기술연구용역
③ 직업소개소가 제공하는 용역 및 상담소 등을 경영하는 자가 공급하는 용역으로서 기획재정부령으로 정하는 용역
④ 장애인보조견 훈련 용역
⑤ 외국 공공기관 또는 「국제금융기구에의 가입조치에 관한 법률」에 따른 국제금융기구로부터 받은 차관자금으로 국가 또는 지방자치단체가 시행하는 국내사업을 위하여 공급하는 용역(국내사업장이 없는 외국법인 또는 비거주자가 공급하는 용역을 포함한다)
⑥ 후견인과 후견감독인이 제공하는 후견사무 용역
⑦ 가사서비스 제공기관이 가사서비스 이용자에게 제공하는 가사서비스 용역

선진국의 과세기준에 부합하고, 유사 업종과의 과세 형평을 제고하기 위해 2015년부터 은행법에 따른 보호예수, 자본시장과 금융투자업에 관한 법률에 따른 부동산·실물자산 등에 투자하는 금전 신탁업·투자일임업, 부동산 등 신탁업 중 관리·처분·분양 관리 신탁, 투자자문업, 보험업법에 따른 보험계리용역, 근로자퇴직연금보장법에 따른 연금계리용역에 대해 부가가치세를 과세하도록 전환하였다.

참고 부동산의 공급 및 임대용역에 대한 과세 여부

구분		원칙	예외
건물	공급	과세	국민주택의 공급 : 면세
	임대	과세 *2	주택의 임대 : 면세
토지	공급	면세	-
	임대	과세 *1,*2	주택부수토지의 임대 : 면세

*1 전답·임야·목장용지·과수원·염전의 임대는 과세에서 제외함
*2 상가와 그 부속토지의 임대용역은 과세함

(5) 기 타

① 우표(수집용 우표는 제외함), 인지, 증지, 복권 및 공중전화

② 특정한 제조담배

③ 공익단체가 공급하는 일정한 재화 또는 용역

구 분	내 용
원칙	과세
예외	일정한 재화 또는 용역만 면세 ㉠ 순수학술·기술의 발전을 위하여 학술·기술의 연구와 발표를 그 주된 목적으로 하는 단체가 무상·실비로 공급하는 학술·기술연구 관련 재화·용역 ㉡ 주무관청의 허가 또는 인가를 받거나 주무관청에 등록된 일정한 단체가 그 고유의 사업목적을 위하여 일시적으로 공급하거나 실비 또는 무상으로 공급하는 재화 또는 용역 ㉢ 공익을 목적으로 기숙사를 운영하는 자가 학생 또는 근로자를 위하여 실비 또는 무상으로 공급하는 음식 및 숙박용역 ㉣ 저작물 보상금수령단체로서 저작권자를 위하여 실비 또는 무상으로 공급하는 보상금 수령 관련 용역 등

④ 국가 등이 공급하는 재화 또는 용역

구 분	내 용
원칙	면세
예외	다음의 재화 또는 용역만 과세 ㉠ 우정사업조직의 소포우편물의 방문배달용역(예 우체국택배) 및 우편주문판매를 대행하는 용역(예 우체국인터넷쇼핑몰) ㉡ 고속철도에 의한 여객운송용역(예 KTX) ㉢ 부동산임대업, 도·소매업, 음식·숙박업, 골프장·스키장운영업, 기타운동시설운영업 다만, 다음의 어느 하나에 해당하는 경우는 제외한다. 가. 국방부 또는 「국군조직법」에 따른 국군이 군인, 일반군무원, 그 밖에 이들의 직계존속·비속 등에게 제공하는 소매업, 음식점업·숙박업, 기타 스포츠시설 운영업(골프 연습장 운영업은 제외함) 관련 재화 또는 용역 나. 국가, 지방자치단체 또는 지방자치단체조합이 그 소속 직원의 복리후생을 위하여 구내에서 식당을 직접 경영하여 음식을 공급하는 용역 다. 국가 또는 지방자치단체가 「사회기반시설에 대한 민간투자법」 따른 사업시행자로부터 사회기반시설 또는 사회기반시설의 건설용역을 기부채납 받고 그 대가로 부여하는 시설관리운영권 ㉣ 부가가치세 과세대상 진료용역과 동물진료용역

⑤ 국가 등에 무상으로 공급하는 재화 또는 용역 ☞ 유상공급은 과세함

(6) 조세특례제한법에 의한 면세대상

① 국민주택 및 국민주택의 건설용역(리모델링용역을 포함함)

② 정부업무대행단체가 그 고유목적사업으로서 공급하는 일정한 재화·용역

③ 영유아용 기저귀와 분유

④ 사회기반시설에 대한 민간투자법에 따른 사업시행자가 부가가치세가 면제되는 사업을 할 목적으로 국가 또는 지방자치단체에 공급하는 사회기반시설 또는 사회기반시설의 건설용역

예제 1

다음의 독립적 상황별로 면세 적용 여부를 판정하시오.

(1) 재래시장 판매용 두부
(2) 극장 영화관람용역
(3) 수입한 관상용 열대어
(4) 영유아용 기저귀
(5) 규격단위 포장 배달 우유
(6) 우체국 택배용역
(7) 찜질방 판매용 삶은 계란
(8) 성형수술(쌍꺼풀수술) 진료용역
(9) 영어학원 교육용역
(10) 편의점에서 규격단위로 포장하여 판매하는 김치
(11) 프로축구 관람용역
(12) 국내 생산된 판매용 생화 꽃다발
(13) 은행이 수수료를 받고 제공하는 계좌이체용역
(14) 마트 판매용 스페인산 삼겹살
(15) 지하철 여객운송용역

정답

(1) 규격단위로 포장하지 않고 판매하는 단순가공식료품은 면세에 해당한다.
(2) 국제선 항공기 여객 수송은 영세율 적용대상인 외국항행용역에 해당한다.
(3) 수입한 비식용 수산물은 과세에 해당한다.
(4) 기초생활필수품으로서 면세재화이다.
(5) 미가공식료품은 규격단위로 포장하여 판매하더라도 면세에 해당한다.
(6) 우체국이 제공하는 일반용역은 면세하나, 다른 택배회사와의 형평성을 고려하여 택배용역은 과세한다.
(7) 본래의 성질이 변하였으므로 과세한다. 즉 생계란은 면세에 해당한다.
(8) 의사가 제공하는 진료용역은 면세이나, 성형수술은 과세한다.
(9) 일반학원수강료는 면세에 해당한다.(무도학원 또는 자동차운전면허학원 수강료는 과세함)
(10) 단순가공식료품을 규격단위로 포장하여 판매하는 것은 과세한다.
(11) 아마추어 운동경기 관람료는 면세하지만 프로운동경기 관람료는 과세한다.
(12) 국내에서 생산된 비식용 임산물이므로 면세에 해당한다.
(13) 금융보험용역이므로 면세에 해당한다.
(14) 정육한 삼겹살은 미가공식료품에 해당하므로 면세에 해당한다. 즉 미가공식료품은 국내산과 수입산을 불문하고 면세에 해당한다.

(15) 시내버스, 전철, 시외버스 등 기본운송수단은 면세에 해당한다. 항공기, 택시, 우등고속버스, 고속철도 등 고급운송수단은 과세한다.

예제 2

부가가치세법상 영세율과 면세에 대한 설명이다. 옳은 것은? [2011년 CPA 기출 수정]

① 가공하지 않은 비식용농산물은 국산과 수입산 모두 부가가치세 면세대상이다.

② 면세되는 재화 또는 용역만을 공급하는 면세사업자의 경우 부가가치세 납세의무는 없지만 부가가치세 신고 및 세금계산서 발급의무는 있다.

③ 구매확인서에 의해 공급되는 재화는 수출재화에 해당하지 않는다.

④ 면세포기신고를 한 사업자는 다음 과세기간부터 3년간 부가가치세 면제를 받지 못한다.

⑤ 은행법에 의한 은행업은 부가가치세 면세 대상이다.

정답 ⑤

① 가공하지 않은 비식용 농산물은 국내산만 부가가치세 면세대상이다.
② 면세되는 재화 또는 용역만을 공급하는 면세사업자는 부가가치세 신고 및 세금계산서 발급의무도 없다.
③ 구매확인서에 의해 공급된 재화는 수출재화에 해당한다.
④ 면세포기신고를 한 사업자는 신고한 날부터 3년간 면세적용을 받을 수 없다.

예제 3

겸용주택 및 부수토지의 면세면적을 구분하시오.

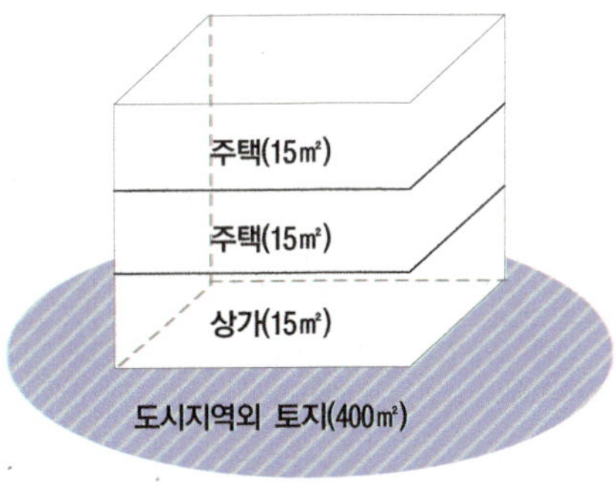

정답

건물	과세	0㎡
	면세	45㎡

토지	과세	250㎡
	면세	150㎡

Min
- 주택부수토지: 400㎡
- Max
  - 주택정착면적: 15㎡ × 10배 = 150㎡
  - 주택연면적: 45㎡

예제 4

겸용주택 및 부수토지의 면세면적을 구분하시오.

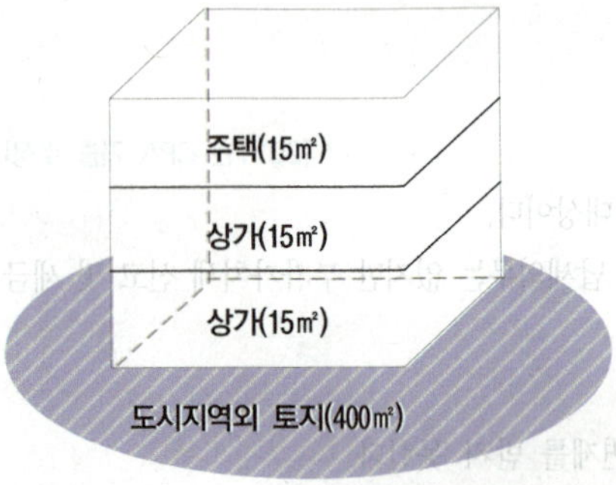

정답

건물	과세	30㎡
	면세	15㎡

토지	과세	350㎡
	면세	50㎡

Min
- 주택부수토지: $400㎡ \times \frac{15㎡}{45㎡} = 133.333㎡$
- Max
  - 주택정착면적: $15㎡ \times \frac{15㎡}{45㎡} = 5㎡ \times 10배 = 50㎡$
  - 주택연면적: 15㎡

예제 5

겸용주택 및 부수토지의 면세면적을 구분하시오.

[Case 1] 40㎡ > 20㎡

[Case 2] 20㎡ ≦ 40㎡

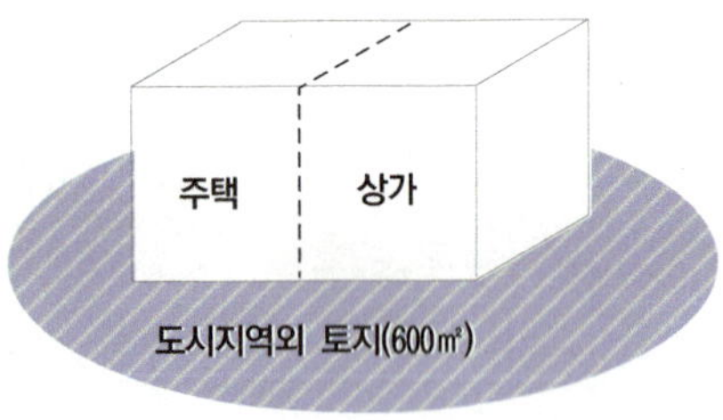

정답

		[Case 1]	[Case 2]
건물	과세	0㎡	40㎡
	면세	60㎡	20㎡

[Case 1]

토지	과세	0㎡
	면세	600㎡

Min
- 주택부수토지: 600㎡
- Max
  - 주택정착면적: 60㎡ × 10배 = 600㎡
  - 주택연면적: 60㎡

[Case 2]

토지	과세	400㎡
	면세	200㎡

Min
- 주택부수토지: $600㎡ \times \frac{20㎡}{60㎡} = 200㎡$
- Max
  - 주택정착면적: 20㎡ × 10배 = 200㎡
  - 주택연면적: 20㎡

3 재화의 수입

규 정	면세대상
부가가치세법	① 미가공식료품(식용에 공하는 농·축·수·임산물을 포함함) ② 도서(도서대여용역을 포함함)·신문·잡지 ③ 학술연구단체의 교육기관 또는 문화단체가 과학·교육·문화용으로 수입하는 재화 ④ 종교의식·자선·구호 기타 공익을 목적으로 외국으로부터 종교단체·자선단체 또는 구호단체에 기증되는 재화 ⑤ 외국으로부터 국가·지방자치단체조합에 기증되는 재화 ⑥ 기타 관세가 무세이거나 감면되는 일정한 재화. 단, 경감의 경우에는 경감되는 부분만 해당함 ⑦ 특정한 제조담배(재화의 공급에 대한 면세의 범위와 동일함) 등
조세특례제한법	① 무연탄 ② 과세사업에 사용하기 위한 선박 ③ 과세사업에 사용하기 위한 관세법에 의한 보세건설물품 ④ 농민이 직접 수입하는 일정한 농업용·축산업용 기자재와 어민이 직접 수입하는 일정한 어업용 기자재 등

4 면세포기

이는 부가가치세가 면세되는 재화 또는 용역을 공급하는 사업자가 일정한 면세대상 재화 또는 용역에 대해서 면세를 포기하고 과세로 전환하는 것을 말한다.

(1) 면세포기의 대상

① 영세율이 적용되는 재화 또는 용역(면세포기시 영세율 적용)

② 학술연구단체 또는 기술연구단체가 공급하는 재화 또는 용역(매입하는 자가 주로 사업자이므로 면세포기시 영세율 적용)

(2) 면세포기의 절차

면세를 포기하고자 하는 사업자는 관할세무서장에게 포기신고를 하고 지체 없이 사업자등록을 해야 한다. 만약, 신규로 사업을 개시하는 경우에는 면세포기신고서를 「사업자등록신청서」와 함께 제출할 수 있다. 면세포기는 언제든지 가능하고 신고기한도 존재하지 않으며 관할관청의 승인을 필요로 하지 않는다. 한편, 면세로 재변경하는 경우 다음에 유의해야 한다.

① 면세포기를 한 사업자는 신고한 날(다음 과세기간이 아님)부터 3년간 다시 면세를 적용받을 수 없다.

② 3년이 경과한 이후 다시 면세를 적용받고자 하는 경우에는 면제적용신고를 해야 하며, 면제적용신고를 하지 않은 경우 계속하여 면세를 포기한 것으로 간주한다.

(3) 면세포기의 범위

① 면세되는 2 이상의 사업 또는 종목을 영위하는 사업자는 면세포기대상이 되는 재화 또는 용역의 공급 중에서 면세포기하고자 하는 재화 또는 용역의 공급만을 구분하여 면세포기할 수 있다.

② 영세율의 적용대상이 되는 것만을 면세포기한 사업자가 면세되는 재화 또는 용역을 국내에 공급하는 때에는 면세포기의 효력이 없다.

③ 면세포기신고를 한 사업자가 사업을 포괄적으로 양도하는 경우 면세포기의 효력은 사업을 양수한 사업자에게 승계된다.

④ 영세율이 적용되는 재화 또는 용역의 공급이 조세특례제한법에 따라 면세되는 경우 해당 재화 또는 용역의 공급에 대하여 면세포기신고를 하는 때에는 영세율을 적용한다.

Chapter 04

V a l u e   A d d e d   T a x

과세표준과 매출세액의 계산

4 과세표준과 매출세액의 계산

구 분		과세표준	세 율	세 액
과 세	세금계산서 발급분	×××	10%	×××
	매입자발행세금계산서	×××	10%	×××
	신용카드·현금영수증발행본	×××	10%	×××
	기타(정규영수증 외 매출)*1	×××	10%	×××
영 세 율*2	세금계산서 발급분	×××	0%	-
	기 타	×××	0%	-
예정신고누락분*3		×××	-	×××
대손세액가감*4		-	-	×××
	매출세액	×××		×××

*1 세금계산서·신용카드 등 이외의 매출분으로 세금계산서의 발급대상임에도 불구하고 발행하지 않은 부분도 포함하며 이 경우 세금계산서불성실가산세(2%)가 부과됨

*2 영세율적용대상의 경우 세액은 없지만 과세표준은 반드시 신고해야 하며, 이를 위반시 불이행시가산세(0.5%)가 부과됨

*3 예정신고시 누락된 금액은 확정신고시 포함하여 신고함

*4 대손세액은 세액에만 가감하며 과세표준에는 가감하지 않음

1 과세표준의 일반원칙

① 재화 또는 용역의 공급

(1) 원칙

재화 또는 용역의 공급에 대한 부가가치세의 과세표준은 해당 과세기간에 공급한 재화 또는 용역의 '공급가액'을 합한 금액으로 한다. 과세표준에는 대금, 요금, 수수료, 그 밖에 어떤 명목이든 상관없이 재화 또는 용역을 공급받는 자로부터 받는 금전적 가치 있는 모든 것을 포함하되, 부가가치세는 포함하지 아니한다.

구 분	과세표준 (= 공급가액)
금전으로 대가를 받는 경우	그 대가
금전이외의 대가로 받는 경우	자기가 공급한 재화 또는 용역의 시가

이 때 금전이외의 대가로 받는 경우 과세표준인 시가의 산정방법은 다음과 같다.

① 1순위(공급한 재화·용역의 가격) : 사업자가 그와 특수관계에 있는 자외의 자와 해당 거래와 유사한 상황에서 계속적으로 거래한 가격 또는 제3자간에 일반적으로 거래된 가격

② 2순위(공급받은 재화·용역의 가격) : 사업자가 그 대가로 받은 재화 또는 용역의 가격(공급받은 사업자가 그와 특수관계에 있는 자 외의 자와 해당 거래와 유사한 상황에서 계속적으로 거래한 재화 및 용역의 가격 또는 제3자 간에 일반적으로 거래된 가격)

③ 3순위(①, ②에 따른 가격이 없거나 시가가 불분명한 경우) : 소득세법 또는 법인세법상 부당행위계산의 부인시 시가가 불분명한 경우에 적용하는 다음의 가격

> ㉠ 매매 : 감정평가법인의 감정가액 ☞ 상속세 및 증여세법상 보충적 평가액
>
> ㉡ 자산의 임대 : (자산의 시가 × 50% − 임대보증금) × 정기예금이자율 × $\frac{\text{임대일수}}{\text{365일}}$
>
> ㉢ 건설 등 용역의 제공 : 용역제공원가 × (1 + 정상원가이익율)

이와 같은 일반원칙은 재화와 용역의 실질공급에 대해 적용된다. 다만 간주공급 중 폐업시 잔존재화의 경우 이 일반원칙에 따라 과세표준을 산정한다.

한편, 사업자가 재화 또는 용역을 공급하고 그 대가로 받은 금액에 공급가액과 세액이 별도로 표시되어 있지 않은 경우와 부가가치세가 포함되어 있는지 불분명한 경우에는 거래금액 또는 영수할 금액의 $\frac{100}{110}$에 해당하는 금액이 과세표준이 된다.

참고 부가가치세의 포함 여부에 따른 과세표준의 안분계산

구 분	과세표준
부가가치세가 포함되지 않은 경우	총공급가액(부가가치세를 제외함) × $\frac{\text{과세재화의 기준금액}}{\text{면세재화의 기준금액 + 과세재화의 기준금액}}$
부가가치세가 포함된 경우	총공급가액(부가가치세를 포함함) × $\frac{\text{과세재화의 기준금액}}{\text{면세재화의 기준금액 + 과세재화의 기준금액} \times 110\%}$

(2) 부당행위계산의 부인

사업자가 특수관계에 있는 자에게 재화나 용역을 공급하고(수탁자가 위탁자의 특수 관계인에게 공급하는 신탁재산과 관련된 재화 또는 용역을 포함) 부당하게 낮은 대가를 받거나 아무런 대가를 받지 아니하는 경우에는 다음의 금액을 과세표준으로 한다.

구 분	과세표준 (= 공급가액)
재화의 공급에 대하여 부당하게 낮은 대가를 받거나 대가를 받지 않은 경우	자기가 공급한 재화의 시가
용역의 공급에 대하여 부당하게 낮은 대가를 받거나 대가를 받지 않은 경우	자기가 공급한 용역의 시가

부당하게 낮은 대가는 사업자가 그와 특수관계에 있는 자와의 거래에 있어서 재화와 용역(수탁자가 위탁자의 특수관계인에게 공급하는 신탁재산과 관련된 재화 또는 용역을 포함함)의 공급가액에 대한 조세의 부담을 부당하게 감소시킬 것으로 인정되는 시가보다 낮은 대가를 의미한다. 따라서 특수관계가 없는 자와의 거래에서 낮은 대가를 받은 경우에는 그 받은 대가를 과세표준으로 산정한다.

구 분		과세표준	
		재화의 공급	용역의 공급
무상공급		시가	원칙 : 과세제외 단, 특수관계인에 대한 사업용 부동산의 무상임대거래는 시가로 과세함
저가공급	특수관계인인 경우	시가	시가
	특수관계인 이외의 자인 경우	실제 거래가액	실제 거래가액

(3) 외화 환산

외국통화나 그 밖의 대가를 받은 경우에는 다음에 규정하는 금액을 그 대가로 한다.

구 분		과세표준 (= 공급가액)
대가를 외화로 받은 경우	공급시기 도래 전에 원화로 환가한 경우	그 환가한 가액
	공급시기 이후에 외국통화 기타외국환의 상태로 보유하거나 지급받는 경우	공급시기의 기준환율 또는 재정환율에 의하여 계산한 금액

사례 외국통화를 대가로 수령한 경우

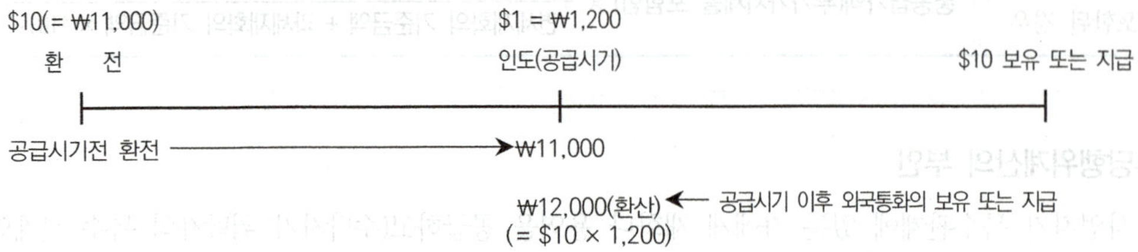

예제

㈜ABC는 20×8년 제1기 과세기간 동안 제품을 수출하고, 그 대금을 미화(US $)로 지급받았다. 다음 자료를 이용하여 ㈜갑을의 제1기 부가가치세 과세표준을 계산하시오.

1. 공급일자 및 대금수령 내역

구분	공급가액	선적일	대금수령일	원화환가일	환가액
세탁기	$200	2.15	2.10	2.13	160,000
오디오	$150	3.20	3.20	3.28	105,000
냉장고	$300	1.20	1.21	1.21	213,000

2. 기준환율

일자	1.20	1.21	2.10	2.13	2.25	3.20	3.28
기준환율	700	710	690	800	750	720	700

정답

1. 세탁기 : ₩160,000
2. 오디오 : $150 × 720 = 108,000
3. 냉장고 : $300 × 700 = 210,000

과세표준 ₩478,000

*1 공급시기(수출의 경우에는 선적일이 공급시기임)도래 전에 대금을 원화로 환가한 경우에는 그 환가한 금액을 과세표준으로 한다.

*2 공급시기 이후에 대금을 지급받은 경우에는 공급시기의 기준환율 또는 재정환율에 의해 환산한 가액이 과세표준이 된다.

(4) 거래형태별 과세표준

구 분	과세표준
외상판매 및 할부판매	공급한 재화의 총가액(이자상당액을 포함함)
장기할부판매·중간지급조건부·완성도기준지급조건부·전력 기타 공급단위를 구획할 수 없는 재화·용역의 공급	계약에 따라 받기로 한 대가의 각 부분(이자 상당액을 포함함)
위탁가공무역에 의한 수출	완성된 제품의 인도가액
기부채납	해당 기부채납의 근거가 되는 법률에 따라 기부채납된 가액(부가가치세가 포함된 경우에는 이를 제외함)
공유수면의 매립용역	해당 매립공사에 소요된 총사업비

한편, 특정용역을 2 이상의 과세기간에 걸쳐 계속적으로 제공하고 그 대가를 선불로 받는 경우 과세표준은 다음과 같이 계산한다.

$$\text{과세표준} = \text{선불로 받은 금액} \times \frac{\text{해당 과세기간의 용역제공월수}}{\text{총계약기간의 월수}} \text{(초월산입, 말월불산입)}$$

이 경우 월수의 계산에 관하여는 해당 계약기간의 개시일이 속하는 달이 1개월 미만인 경우에는 1개월로 하고, 해당 계약기간의 종료일이 속하는 달이 1개월 미만인 경우에는 산입하지 아니한다(초월산입·말월불산입).

예제

다음은 과세사업자인 ㈜대한의 20×6년 제1기 과세기간의 부가가치세 신고자료이다. 20×6년 제1기 과세기간의 부가가치세 과세표준으로 옳은 것은? 단, 제시된 금액은 부가가치세가 포함되지 않은 금액이다.

[2017년 국가직 9급]

(1) 과세재화의 외상판매액 : ₩20,000,000(매출에누리 ₩1,000,000이 차감되지 않은 금액임)
(2) 거래처로부터 받은 판매장려금 : ₩500,000
(3) 사업을 위하여 대가를 받지 아니하고 다른 사업자에게 인도한 견본품(원가) : ₩2,000,000(시가는 ₩2,500,000)
(4) 업무용 소형승용차(매입세액을 공제받지 못함) 매각액 : ₩1,500,000(장부가액 ₩1,000,000)
(5) 과세재화의 할부판매액 : ₩10,000,000(20×6년 1월 31일에 제품을 인도하고, 대금 은 20×6년 1월 31일부터 10회로 분할하여 매월 말일에 ₩1,000,000씩 받기로 함)

정답

외상판매액 : ₩20,000,000 - ₩1,000,000 = ₩19,000,000
소형승용차(매각액) : 1,500,000
할부판매(단기) : 재화가 인도되는 때 공급한 것으로 함 10,000,000
따라서 과세표준은 ₩30,500,000 (= ₩19,000,000 + 1,500,000 + 10,000,000)

(5) 과세표준에 포함하는 것과 포함하지 않는 것

재화나 용역의 공급에 대한 과세표준은 공급시기에 공급에 대한 대가로서 확정되는 금액이므로 공급과 무관하게 수령한 금액은 과세표준에 포함하지 않는다. 또한 재화나 용역을 공급한 후에 지급하는 금액은 공급시기에 확정된 대가에 반영되지 않은 것이므로 과세표준에서 공제하지 않는다.

과세표준에 포함하는 항목	과세표준에 포함하지 않는 항목
① 할부판매 및 장기할부판매의 이자상당액 ② 대가의 일부로 받는 운송보험료·산재보험료·운송비·포장비·하역비 등(∵부수재화·용역) ③ 개별소비세, 교통·에너지·환경세, 주세가 과세되는 재화 또는 용역에 대하여는 해당 개별소비세, 교통·에너지·환경세, 주세와 그 교육세 및 농어촌특별세의 상당액 ④ 사업자가 구매고객에게 매출액의 일정비율에 상당하는 마일리지를 적립하여 주고 향후에 해당 고객이 물품구입시 구입대금의 일부 또는 전부를 적립된 마일리지에 의하여 결제하는 경우 해당 마일리지상당액	① 매출에누리·매출환입 매출할인 ② 계약 등에 의하여 확정된 대가의 지급지연으로 인하여 지급받는 연체이자 ③ 재화 또는 용역의 공급과 직접 관련되지 않는 국고보조금과 공공보조금 ④ 공급받는 자에게 도달하기 전에 파손·훼손 또는 멸실된 재화의 가액(∵손해배상금) ⑤ 반환조건부 용기대금과 포장비용 ⑥ 용역 등의 대가와 구분하여 수령하고 해당 종업원에게 지급한 사실이 확인되는 종업원의 봉사료 ⑦ 공급받는 자가 부담하는 원자재가액

통상적으로 용기 또는 포장을 해당 사업자에게 반환할 것을 조건으로 그 용기대금과 포장비용을 공제한 금액으로 공급하는 경우에는 그 용기대금과 포장비용은 공급가액에 포함하지 아니 한다.

사업자가 음식·숙박용역이나 개인서비스 용역을 공급하고 그 대가와 함께 받는 종업원(자유직업소득자 포함)의 봉사료를 세금계산서 등에 그 대가와 구분하여 적은 경우로서 봉사료를 해당 종업원에게 지급한 사실이 확인되는 경우에는 그 봉사료는 공급가액에 포함하지 아니한다. 다만, 사업자가 그 봉사료를 자기의 수입금액에 계상하는 경우에는 그러하지 아니하다.

예제 1

다음은 일반과세자인 거주자 A의 20×9년 제1기 과세기간 동안의 수입내역이다. 다음 자료를 이용하여 A의 20×9년 제1기 부가가치세 과세표준을 계산하시오.

1. 20×9년 1월 1일부터 6월 30일까지 총매출액은 ₩50,000,000(부가가치세 제외금액)이다.
   ① 위 총매출액 중 ₩10,000,000은 할부매출액으로서 이자상당액 ₩3,000,000이 포함된 금액이다.
   ② 외상매출금을 조기에 회수함에 따른 매출할인액 ₩1,000,000은 위 총매출액에서 차감되지 않았다.
   ③ 외상매출금의 회수지연에 따른 연체이자 ₩1,500,000이 위 총매출액에 포함되어 있다.
   ④ 거래처에서 받은 판매장려금 ₩500,000이 위 총매출액에 포함되어 있다.
   ⑤ 위 총매출액 중 ₩700,000은 거래처가 파산하여 회수하지 못하였다.
2. 지방자치단체로부터 공공보조금 ₩3,000,000원을 수령하였으며, 이를 영업외수익으로 처리하였다.
3. 지방자치단체에 상품(원가 : ₩50,000,000, 시가 : ₩80,000,000)을 무상으로 기증하고, 기부금으로 처리하였다.

정답

1. 매출액 : ₩50,000,000 − 1,000,000 − 1,500,000 − 400,000 = ₩47,000,000

- 매출에누리·매출할인은 과세표준에 포함하지 않는다.
- 외상매출금의 회수지연에 따른 연체이자는 과세표준에 포함하지 않는다.
- 거래처에 받은 판매장려금은 대가관계가 없으므로 과세표준에 포함하지 않는다.
- 지방자치단체 공공보조금 : 대가관계가 없으므로 과세표준에 포함하지 않는다.
- 지방자치단체 무상공급 : 면세이므로 과세표준에 포함하지 않는다.

예제 2

다음 자료를 이용하여 과세사업자 ㈜A의 2023년 제1기 예정신고기간(2024.1.1 ~3.31)에 대한 부가가치세 매출세액을 계산하면 얼마인가? 단, 아래 금액에는 부가가치세가 포함되지 아니하였다. [2009년 CPA 기출]

(1) 1월 6일 : 거래처 ㈜B에 4월 6일에 판매대금을 받기로 하고 상품을 ₩15,000,000에 판매하였다.
(2) 1월 10일 : 거래처 ㈜C가 직전 과세기간에 발생한 매출채권을 조기변제함에 따라 ₩1,000,000의 매출할인이 발생하였다.
(3) 2월 5일 : 거래처 ㈜D에 대해 상품 공급 전에 총액 ₩10,000,000 중 ₩3,000,000을 선수금으로 수령하고, 수령한 대가에 대하여 세금계산서를 교부하였다.

(4) 2월 10일 : 거래처 ㈜C에 그 동안 거래실적에 따라 시가 ₩500,000(원가 ₩300,000)의 상품(장려품)과 시가 ₩100,000(원가 ₩60,000)의 견본품을 제공하였다.

(5) 2월 22일 : 비영업용 소형승용차를 ₩6,000,000(장부가액 ₩4,000,000)에 매각하였다.

정답

(15,000,000 – 1,000,000 + 3,000,000 + 500,000 + 6,000,000) × 10% = 2,350,000

(6) 마일리지 등으로 결제받은 경우

마일리지로 결제받은 경우, 제3자로부터 보전받는 경우와 그렇지 못하는 경우로 나눌 수 있다. 제3자 적립 마일리지 등의 경우 마일리지 등으로 결제받은 부분에 대해 신용카드사 등으로부터 보전받을 금액만큼 과세표준에 포함시킨다. 반면에 제3자로부터 보전받지 못하는 자기적립마일리지 등의 경우 과세표준에서 제외한다. 즉 해당 재화나 용역의 제공을 통해 실질적으로 수령하게 되는 대가만큼을 과세표준으로 포함시키게 된다.

구분	내용
과세표준 포함 여부	① 자기 적립 마일리지 등 : 과세표준에 포함하지 아니함 ② 제3자 적립 마일리지 등 : 사업자가 실제 받을 대가(마일리지등으로 결제받은 부분에 대해 신용카드사 등으로부터 보전받을 금액)만큼 과세표준에 포함
마일리지 등으로 결제받은 경우 (원칙)	마일리지 등으로 대금의 전부 또는 일부를 결제받은 경우 : 과세표준 = ① + ② ① 마일리지 등 외의 수단으로 결제받은 금액 ② 제3자 적립 마일리지등으로 결제받은 부분에 대하여 재화 또는 용역을 공급받는 자 외의 자로부터 보전(補塡)받았거나 보전받을 금액
제3자 적립 마일리지 등으로 결제받은 경우로서 보전금액이 없는 경우 등	제3자 적립 마일리지등으로 대금의 전부 또는 일부를 결제받은 경우 로서 다음의 어느 하나에 해당하는 경우 : 과세표준 = 공급한 재화 또는 용역의 시가 ① 보전받지 아니하고 자기생산·취득재화를 공급한 경우 ② 특수관계인으로부터 부당하게 낮은 금액을 보전받거나 아무런 금액을 받지 아니하여 조세의 부담을 부당하게 감소시킬 것으로 인정되는 경우

이 때, 자기적립마일리지 등은 당초 재화 또는 용역을 공급하고 마일리지 등을 적립(다른 사업자를 통하여 적립하여 준 경우를 포함한다)하여 준 사업자에게 사용한 마일리지 등을 의미한다. 제3자 적립 마일리지는 자기 적립 마일리지 외의 마일리지를 의미한다. 마일리지 등은 재화 또는 용역의 구입실적에 따라 마일리지, 포인트 또는 그 밖에 이와 유사한 형태로 별도의 대가 없이 적립 받은 후 다른 재화 또는 용역 구입시 결제수단으로 사용할 수 있는 것과 재화 또는 용역의 구입실적에 따라 별도의 대가 없이 교부받으며 전산시스템 등을 통하여 그 밖의 상품권과 구분 관리되는 상품권을 말한다.

참고 **마일리지 적립 및 판매**

<table>
<tr><th colspan="2">구 분</th><th>공급가액</th></tr>
<tr><td colspan="2">마일리지를 적립하는 경우</td><td>그 적립액은 과세표준에서 공제하지 아니함</td></tr>
<tr><td colspan="2">자기적립 마일리지 등으로 결제받은 경우</td><td>공급가액에서 제외</td></tr>
<tr><td rowspan="3">제3자 적립 마일리지로 결제받는 경우</td><td>재화 또는 용역을 공급받는 자외의 자로부터 보전받은 금액</td><td>공급가액에 포함</td></tr>
<tr><td>보전받지 아니하고 매입세액을 공제받는 자기생산·취득재화를 공급한 경우(사업상증여)</td><td rowspan="2">공급한 재화·용역의 시가를 공급가액으로 함</td></tr>
<tr><td>특수관계인으로부터 부당하게 낮은 금액을 보전받거나 아무런 금액을 받지 아니하여 조세의 부담을 부당하게 감소시킬 것으로 인정되는 경우(부당행위)</td></tr>
</table>

(7) 과세표준에서 공제하지 않는 것 ☞ 공급자가 지급하는 금액에 대한 것

① 대손금(∴ 대손세액공제를 적용함)

② 하자보증금

③ 판매장려금. 한편, 판매장려금을 과세표준에 포함하는지 여부는 다음과 같다.

<table>
<tr><th colspan="2">구 분</th><th>내 용</th></tr>
<tr><td rowspan="2">공급자가 판매장려금을 지급하는 경우</td><td>현금으로 지급하는 경우</td><td>과세표준에서 공제하지 않음</td></tr>
<tr><td>현물로 지급하는 경우</td><td>사업상증여로 보아 추가로 과세표준에 포함</td></tr>
<tr><td colspan="2">공급자가 판매장려금을 수령하는 경우</td><td>과세표준에 포함하지 않음</td></tr>
</table>

사례 **판매장려금**

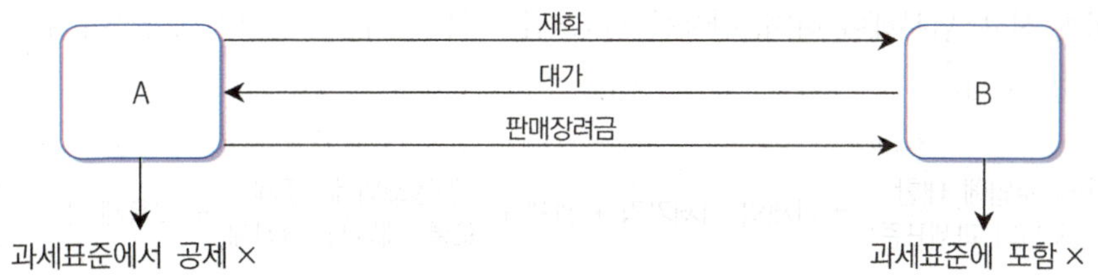

예제

부가가치세법령상 건축자재 판매업을 영위하는 내국법인 ㈜K가 20×2년 제1기 부가가치세 확정신고 시 과세표준의 계산 내용으로 옳은 것은? (단, 거래금액은 부가가치세가 포함되지 않은 금액이다) [2022년 국가직 7급]

① 20×2년 5월 1일 지방자치단체에 원가 35,000,000원, 시가 43,000,000원인 축제 준 비용 건축자재를 38,000,000원에 공급하고 43,000,000원을 과세표준에 포함하였다.

② 20×2년 제1기 과세기간 최종 3개월 동안에 마일리지로 결제된 매출액은 15,000,000원으로 이 중 ㈜K가 적립해준 마일리지로 결제된 금액은 9,000,000원이고, 나머지는 신용카드사가 고객에게 적립해준 마일리지로 결제받고 추후 보전받는 것이기 때문에 마일리지로 결제된 매출액 중 6,000,000원만을 과세표준에 포함하였다.

③ 20×2년 5월 20일 미국의 F사(특수관계인이 아님)와 $80,000의 수출계약을 체결하고 5월 25일 선수금 $20,000을 송금받아 23,000,000원으로 환전하였고, 6월 1일 수출품 전부를 선적하고 6월 20일 잔금 $60,000을 송금받아 원화로 환가한 수출거래에 대하여 92,600,000원을 과세표준에 포함하였다. (기준환율 : 5월 20일 1$당 1,100원, 6월 1일 1$당 1,130원, 6월 20일 1$당 1,160원)

④ 20×2년 4월 1일 특수관계인인 甲에게 회사의 창고를 임대보증금 없이 월 임대료 600,000원(시가는 1,000,000원)에 1년간 임대하고, 그 대가로 받은 과세기간 최종 3개월의 임대료 1,800,000원을 과세표준에 포함하였다. (단, 월 임대료 600,000원은 부당하게 낮은 대가로서 조세의 부담을 부당하게 감소시킬 것으로 인정된다)

정답 ②

① 과세표준은 재화를 공급하고 수령한 대가인 38,000,000원이다(부가법 29 ①, ③).
③ 과세표준은 5월 25일 환전한 금액 23,000,000원과 6월 1일 선적 시점의 환산가액 67,800,000원($60,000 × 1,130)의 합계액 90,800,000원이다(부가법 29 ③ (1), 부가령 59).
④ 특수관계인에 대한 용역(사업용 부동산 임대용역)의 저가공급으로 과세표준은 시가로 계산한 3,000,000원이다(부가법 29 ④ (3)).

2 재화의 수입

(1) 재화의 수입에 대한 부가가치세의 과세표준

재화를 수입하는 자가 관세법에 따라 관세를 신고·납부하는 경우에는 재화의 수입에 대한 부가가치세를 함께 신고·납부해야 하며, 관세를 신고·납부하는 경우가 아니면 세관장이 수입자에게 부가가치세를 징수한다.

재화의 수입에 대한 부가가치세의 과세표준	= 관세의 과세가격 + 관세 +	개별소비세, 주세, 교통·에너지·환경세	+ 교육세, 농어촌특별세

(2) 보세구역 보관 재화를 보세구역 외 국내에 타사업자에게 공급하는 경우 과세표준

사업자가 보세구역 내에 보관된 재화를 보세구역 이외의 국내에 있는 다른 사업자에게 공급하는 경우 재화의 수입 및 재화·용역의 공급이 동시에 발생하게 된다. 해당 거래의 공급가액 중 수입재화에 해당하는 금액은 재화의 수입으로 보아 세관장이 부가가치세를 징수하며, 공급가액 중 수입재화를 초과하는 금액은 재화·용역의 공급으로 보아 보세구역 내의 사업자가 부가가치세를 징수한다.

구 분	공급자	과세표준
재화의 수입	세관장	관세의 과세가격 + 관세 + 개별소비세, 주세, 교통·에너지·환경세 + 교육세, 농어촌특별세
재화·용역의 공급	보세구역내의 사업자	공급가액 - 세관장의 과세표준

* 다만, 세관장이 부가가치세를 징수하기 전에 같은 재화에 대한 선하증권이 양도되는 경우에는 해당 재화를 공급하는 자의 과세표준은 선하증권의 양수인으로부터 받은 대가로 할 수 있다.

예제 1

보세구역내에서 제조업을 영위하고 있는 일반과세자인 A는 외국에서 수입한 원재료로 생산한 제품을 보세구역 밖에서 사업을 하고있는 B에게 100,000,000원(공급가액)에 공급하였다. 수입한 원재료의 관세의 과세가격은 30,000,000원이고, 관세 20,000,000원, 개별소비세 8,000,000원, 교육세 1,000,000원, 농어촌특별세 1,000,000원이 과세된다고 가정할 때 세관장이 징수할 부가가치세와 A가 거래징수할 부가가치세는 각각 얼마인가?

정답

1. 세관장이 징수할 부가가치세
   (₩30,000,000 + ₩20,000,000 + ₩8,000,000 + ₩1,000,000 + ₩1,000,000) × 10% = ₩6,000,000
2. A가 거래징수할 부가가치세 : (₩100,000,000 - ₩6,000,000 ÷ 10%) × 10% = ₩4,000,000

예제 2

다음의 독립적 상황별로 과세표준을 계산하시오.

(1) 재화를 200에 공급하면서 포장용기의 반환보증금 20을 별도로 받은 경우
(2) 재화를 500에 외상판매하고 거래처에 지급하는 판매장려금 50을 제외한 450을 현금으로 회수한 경우
(3) 재화를 200에 공급하면서 자기적립마일리지로 20을 결제받고 나머지 180을 현금으로 받은 경우
(4) 시가 200인 재화를 공급하고 시가 180인 재화를 대가로 받은 경우
(5) 특수관계인에게 시가 200인 재화를 100에 공급한 경우
(6) 지방자치단체로부터 공공보조금 500을 받은 경우
(7) 특수관계인에게 시가 100인 사업용 부동산 임대용역을 무상으로 공급한 경우
(8) 재화의 공급가액은 500이며, 재화의 공급과 관련하여 개별소비세 20과 교육세 10이 과세된 경우
(9) 수입재화의 관세의 과세가격은 500, 관세는 50, 개별소비세 20, 농어촌특별세는 10인 경우
(10) 공급받는 자의 사업장에서 재화를 인도하기로 하고 현금 300(운송비 30 포함)에 판매한 경우
(11) 특수관계인에게 시가 100인 음식용역을 무상으로 공급한 경우

정답

(1) 200(반환보증금은 과세표준에 포함하지 않음)
(2) 500(판매장려금은 과세표준에서 공제하지 아니함)

(3) 180(자기적립마일리지로 결제한 금액 제외)

(4) 200(자기가 공급한 재화의 시가)

(5) 200(시가)

(6) 없음(대가관계 없음)

(7) 100(시가)

(8) 530(= 500 + 20 + 10)

재화의 공급과 관련하여 부가가치세 외에 개별소비세·주세·교육세 및 농어촌특별세가 과세되는 경우에는 공급가액에 개별소비세 등을 모두 더한 금액을 부가가치세의 과세표준으로 한다. 따라서 이 사례에서 사업자는 거래상대방으로부터 583원[= 500(공급가액) + 20(개별소비세) + 10(교육세) + 53(부가가치세)]을 받아야 한다.

(9) 580(= 500 + 50 + 20 + 10)

수입재화에 대하여 부가가치세 외에 관세, 개별소비세·주세·교육세 및 농어촌특별세가 과세되는 경우에는 관세의 과세가격에 관세 및 개별소비세 등을 모두 더한 금액을 부가가치세의 과세표준으로 한다. 따라서 이 사례에서 세관장은 수입자로부터 138원[= 50(관세) + 20(개별소비세) + 10(교육세) + 58(부가가치세)]을 징수하여야 한다.

(10) 300(대가의 일부인 운송비 포함)

(11) 없음(과세거래 아님)

2 재화의 간주공급에 대한 과세표준

① 개요

간주공급의 경우 부가가치세 과세표준 가액은 다음과 같이 적용한다.

- 자가공급 중 판매목적 타사업장 반출의 경우
  (원칙) 당해자산의 취득가액
  (특례)
  ① 취득가액에 일정액을 가산하여 공급하는 경우 : 공급가액
  ② 개별소비세, 주세, 교통·에너지·환경세가 부과되는 재화 :
  개별소비세등의 과세표준 + 개별소비세, 주세 + 교통·에너지·환경세 + 교육세, 농어촌특별세
- 판매목적 타사업장반출 이외의 자가공급, 개인적 공급, 사업상증여, 폐업시 잔존재화의 경우
  ① 비상각자산의 경우 : 당해 자산의 시가
  ② 감가상각자산의 경우 :
  당해 재화의 의제시가 = 해당 재화의 취득가액* × (1 - 체감율 × 경과된 과세기간 수**)
  * 매입세액을 공제받은 해당 재화의 가액이므로 취득세 등은 취득가액에서 제외하고 현재가치할인차금은 포함함
  ** 과세기간의 개시일 후에 감가상각자산을 취득하거나 해당 재화가 공급된 것으로 의제하는 경우에는 그 과세기간의 개시일에 해당 재화를 취득하거나 해당 재화가 공급된 것으로 봄

② 판매목적 타사업장 반출의 경우

구 분	과세표준
원칙	해당 재화의 취득가액
취득가액에 일정액을 가산하여 공급하는 경우	그 공급가액(이윤가산액을 가산함)
개별소비세, 주세, 교통·에너지·환경세가 부과되는 재화인 경우	개별소비세, 주세, 교통·에너지·환경세의 과세표준 + 개별소비세, 주세, 교통·에너지·환경세 + 교육세, 농어촌특별세

③ 판매목적 타사업장반출 이외의 간주공급

구 분		과세표준
비상각자산		해당 재화의 시가
감가상각자산	건물·구축물	취득가액 × {1 - 체감률(5%) × 경과된 과세기간의 수}
	기타의 감가상각자산	취득가액 × {1 - 체감률(25%) × 경과된 과세기간의 수}

경과기간은 부가가치세법에 의한 과세기간(즉, 6개월)을 단위로 계산한다. 경과된 과세기간의 수를 계산함에 있어서 과세기간의 개시일 후에 감가상각자산을 취득하거나 해당 재화가 공급된 것으로 간주되는 경우 그 과세기간의 개시일에 해당 재화를 취득하거나 해당 재화가 공급된 것으로 본다. 예를 들면, 20×3년 3월 1일에 취득하여 동년 7월 2일에 해당 자산을 처분한 경우 실제경과기간은 6개월이 안 되지만, 20×3년 1월 1일에 취득하여 20×3년 7월 1일에 공급한 것으로 보기 때문에 1과세기간이 경과된 것으로 계산한다.

또한 가치감소율 총계가 100%를 초과할 수 없으므로 건물 또는 구축물의 경과된 과세기간의 수가 20을 초과할 때에는 이를 20으로 하며, 기타의 감가상각자산의 경과 된 과세기간의 수가 4를 초과할 때에는 이를 4로 하여 과세표준을 계산하게 된다.

예제

과세사업을 영위하던 ㈜갑을은 20×5. 10. 21 갑작스런 자금부족으로 폐업하게 되었다. 폐업 당시 ㈜갑을이 소유하고 있던 재화는 다음과 같으며, 매입세액공제 대상인 경우에는 모두 매입세액을 공제받았다. 다음 자료를 이용하여 부가가치세 과세표준을 계산하시오.

구분	취득일	취득가액	시가	장부가액
상품	20×4. 7. 21	₩600,000	₩700,000	₩650,000
건물	20×4. 6. 27	100,000,000	120,000,000	70,000,000
토지	20×4. 8. 24	240,000,000	300,000,000	290,000,000
기계장치	20×4. 9. 20	80,000,000	65,000,000	40,000,000

정답

1. 상 품		₩700,000
2. 건 물	₩100,000,000 × (1 - 5% × 3)	85,000,000
3. 기계장치	₩80,000,000 × (1 - 25% × 2)	40,000,000
과세표준		₩125,700,000

* 경과된 과세기간의 수는 20×4. 1. 1부터 20×5. 7. 1사이에 경과된 과세기간수로 계산한다.

4 감가상각자산을 면세사업에 일부 전용한 경우

과세사업에 사용한 감가상각자산을 일부 면세사업에 사용한 경우에는 간주시가에 해당 과세기간의 총공급가액에 대한 면세공급가액의 비율을 곱하여 과세표준을 계산한다.

$$과세표준 = 간주시가 \times \frac{면세전용일이\ 속하는\ 과세기간의\ 면세공급가액}{면세전용일이\ 속하는\ 과세기간의\ 총공급가액}$$

한편, 총공급가액 중 면세공급가액의 비율이 5% 미만인 경우에는 과세표준이 없는 것으로 본다.

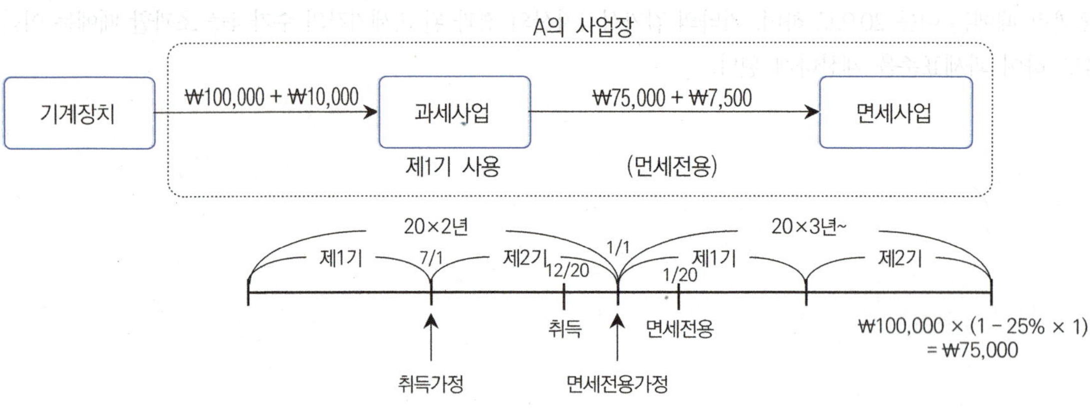

예제 1

과세사업만을 영위하는 (주)A는 20×2년 5월 20일 사업을 확장하여 면세사업을 겸영하게 됨에 따라 아래의 기계장치(겸영당시 시가 : ₩2,000,000)를 과세사업과 면세사업에 공통으로 사용하게 되었다.

종 류	취득일	취득가액
기계장치	20×1. 1. 20.	₩4,000,000

(주)A의 과세기간별 공급가액 정보는 다음과 같다.

구 분	과세공급가액	면세공급가액	합 계
20×1년 제2기	₩45,000,000	-	₩45,000,000
20×2년 제1기	42,000,000	₩2,800,000	70,000,000

위 기계장치 관련하여 20×2년 1기의 부가가치세의 과세표준을 계산하시오.

정답

면세일부전용 : $₩4,000,000 \times (1 - 25\% \times 2) \times \frac{2,800만원}{7,000만원} = ₩800,000$

예제 2

운송사업자인 ㈜A운송은 2022년 11월 23일에 자동차 수리용 기계를 10억원(부가가치세 제외)에 취득하여 매입세액공제를 받은 후 전세버스의 수리에 사용하다가, 2024년 2월 14일부터는 이를 시내버스의 수리에도 같이 사용하기 시작하였다. 회사의 2024년 제1기 총 공급가액은 10억원이며, 그 중 전세버스 운송수입이 8억원, 시내버스 운송수입은 2억원이다. 이 경우 자동차 수리용 기계의 면세전용된 부분에 대한 부가가치세 과세표준은 얼마인가?

[2009년 세무사 기출 수정]

정답

면세일부전용 : $1,000,000,000 \times (1 - 25\% \times 3) \times 200,000,000/1,000,000,000 = 50,000,000$

3 과세표준계산의 특례

1 과세사업과 면세사업 공통사용재화의 공급

(1) 개요

과세사업과 면세사업(부가가치세가 과세되지 아니하는 재화 또는 용역을 공급하는 사업을 포함하며, 이하 '면세사업'이라 한다)을 함께 경영하는 사업자를 겸영사업자라 한다. 겸영사업자가 과세사업에 사용하던 재화를 공급한 경우에는 부가가치세가 과세되며, 면세사업에 사용하던 재화를 공급한 경우에는 부가가치세가 면세된다.

한편 과세사업과 면세사업에 공통으로 사용하던 재화를 공급하는 경우에는 과세사업에 사용하던 부분만 과세되고, 면세사업에 사용하던 부분은 면세된다. 따라서 겸영 사업자가 과세와 면세에 공통적으로 사용하던 재화를 공급할 때 과세표준은 전체 공급가액에서 과세사업에 사용하던 부분의 비율만큼 과세된다. 예를 들어 쌀판매(면세)와 라면판매(과세)에 공통으로 사용하던 배달차량을 공급하는 경우에는 라면판매(과세)에 사용된 비율만큼만 과세된다.

과세사업에 사용된 비율은 직전과세기간의 과세공급가액 비율(= 라면매출액/총매출액)로 계산하는 것이 원칙이다.

(2) 공통사용재화의 공급 관련 과세표준

과세사업과 면세사업에 공통으로 사용되는 재화를 공급하는 경우 그 과세표준은 다음과 같이 계산한다. 이 경우 과세표준의 계산시기는 공통사용재화를 공급한 시점이다.

구 분	과세표준
일반적인 경우	공급가액 × $\frac{\text{직전과세기간의 과세공급가액}}{\text{직전과세기간의 총공급가액}}$
매입세액을 사용면적비율로 안분계산한 경우	공급가액 × $\frac{\text{직전 과세기간의 과세사용면적}}{\text{직전 과세기간의 총사용면적}}$

예정사용면적비율로 공통매입세액을 안분계산(그 후 실제사용면적비율로 정산)한 재화나 납부세액 또는 환급세액을 사용면적비율로 재계산한 재화를 공급하는 경우 과세표준 안분계산도 공급가액 비율이 아니라 사용면적비율로 해야 한다.

또한 휴업 등으로 인하여 직전 과세기간의 공급가액이 없는 경우에는 그 재화를 공급한 날에 가장 가까운 과세기간의 공급가액에 따라 계산한다. 예정사용면적비율로 공통매입세액을 안분계산한 이 경우와 무관하므로 직전 과세기간의 면적비율을 사용하여 산출한다.

(3) 안분계산의 배제

공통사용재화에 대한 과세표준 안분계산을 생략할 수 있는 경우는 다음과 같다.

㉠ 직전과세기간의 총공급가액 중 면세공급가액비율이 5% 미만인 경우. 다만, 해당 재화의 건별 공급가액이 5천만원 이상인 경우는 제외함

㉡ 재화의 건별 공급가액이 50만원 미만인 경우

㉢ 신규로 사업을 개시하여 직전 과세기간이 없는 경우

예제 1

㈜ABC여객은 시내버스와 고속버스 정비에 동시에 사용하던 정비기계(20×8년 2월에 1억에 취득)를 20×9년 10월에 ₩80,000,000에 공급하였다. 해당 정비기계의 공급에 의한 부가가치세의 과세표준을 계산하시오.

1. 과세기간별 공급가액

	시내버스 공급가액	고속버스 공급가액
20×9년 제2기 과세기간	₩800,000,000	₩800,000,000
20×9년 제1기 과세기간	-	-
20×8년 제2기 과세기간	₩400,000,000	₩600,000,000

2. 20×6년 제1기 과세기간에는 노동조합의 파업에 의해 일체의 공급가액이 발생하지 않았다.

정답

$$₩80,000,000 \times \frac{600,000,000^{*}}{400,000,000 + 600,000,000} = ₩48,000,000$$

* 휴업 등으로 인하여 직전과세기간(20×6년 1기)의 공급가액이 없는 경우에는 그 재화를 공급한 날에 가장 가까운 과세기간의 공급가액에 의하여 계산한다.

예제 2

㈜ABC는 과세사업과 면세사업에 공통으로 사용하기 위하여 20×8년 3월 ₩450,000,000 (부가가치세 제외 금액임)에 건물을 취득하였으며, 20×9년 11월에 이를 ₩800,000,000(부가가치세 제외 금액임)에 공급하였다. 20×9년 제2기 확정신고시 해당 건물의 공급으로 인한 과세표준을 계산하시오.

1. 건물의 사용내역

	과세사업	면세사업
20×9년 제2기 과세기간	1,000㎡	600㎡
20×9년 제1기 과세기간	-	-
20×8년 제2기 과세기간	1,100㎡	500㎡

2. 공급가액 내역

	과세사업	면세사업
20×8년 제2기 과세기간	₩200,000,000	₩1,000,000,000
20×8년 제1기 과세기간	-	-
20×7년 제2기 과세기간	210,000,000	90,000,000

3. 거주자 갑은 20×4년 제1기 과세기간에 대한 과세표준 확정신고시 사용면적비율에 의하여 건물에 대한 공통매입세액을 안분계산하였다.

정답

$$₩800,000,000 \times \frac{1,100}{1,100 + 500} = ₩550,000,000$$

1. 사용면적비율기준에 의하여 공통매입세액을 안분계산한 공통사용재화를 공급할 때에는 직전 과세기간의 사용면적비율기준에 의하여 과세표준을 안분계산한다.
2. 휴업 등으로 인하여 직전과세기간의 사용면적비율이 없는 경우에는 그 재화를 공급한 날에 가장 가까운 과세기간의 사용면적비율에 의하여 계산한다.

2 부동산의 일괄공급(면세되는 토지와 과세되는 건물을 함께 공급)

(1) 과세표준의 안분계산과 안분기준

사업자가 토지와 함께 건물 등을 공급하는 경우 그 건물 등의 과세표준은 다음의 순서에 의한 가액으로 계산한다. 다만, 사업자가 실질거래가액으로 구분한 토지와 건물 또는 구축물 등의 가액이 안분계산한 금액과 30% 이상 차이가 있는 경우에도 아래의 순서에 의한 가액으로 계산한다.

<table>
<tr><th colspan="3">구 분</th><th colspan="2">과세표준</th></tr>
<tr><td colspan="3">실지거래가액의 구분이 분명한 경우</td><td colspan="2">실지거래가액</td></tr>
<tr><td rowspan="4">실지거래가액의 구분이 불분명한 경우</td><td colspan="2">감정가액이 있는 경우</td><td colspan="2">감정가액비율로 안분계산함</td></tr>
<tr><td rowspan="3">감정가액이 없는 경우</td><td>기준시가가 모두 있는 경우</td><td colspan="2">기준시가비율로 안분계산함</td></tr>
<tr><td rowspan="2">기준시가가 일부 없는 경우</td><td>1차안분</td><td>장부가액(장부가액이 없는 경우에는 취득가액)비율로 기준시가가 있는 자산과 없는 자산으로 안분계산함</td></tr>
<tr><td>2차안분</td><td>기준시가로 안분계산함(1차안분에 의하여 계산된 기준시가 있는 자산을 기준시가로 안분계산함)</td></tr>
<tr><td colspan="3">위 규정을 적용할 수 없거나 적용하기 곤란한 경우</td><td colspan="2">국세청장이 정하는 바에 따라 안분계산함</td></tr>
</table>

이 때 감정가액은 공급시기가 속하는 과세기간의 직전 과세기간의 개시일부터 공급시기가 속하는 과세기간의 종료일까지 감정평가업자가 평가한 감정가액을 말한다. 기준시가는 공급계약일 현재의 가액을 말한다.

다만, 다음의 어느 하나에 해당하는 경우에는 안분계산에서 제외한다. 즉 건물등의 실지거래가액을 공급가액으로 한다.

① 다른 법령에서 정한 토지 또는 건물등의 양도가액에 따라 실지거래가액을 구분한 경우
② 건물 등이 있는 토지를 취득하여 그 건물 등을 철거하고 토지만 사용하는 경우

(2) 과세표준의 안분계산시 부가가치세의 양도가액 포함여부의 고려

안분계산함에 있어 양도가액에 부가가치세가 포함되어 있는지 여부를 고려하여야 한다.

① 양도가액에 부가가치세가 포함되지 아니한 경우

$$\text{과세표준} = \text{토지와 건물·구축물 등의 공급가액} \times \frac{\text{건물·구축물 등의 안분기준액}}{\text{건물·구축물 등의 안분기준액} + \text{토지의 안분기준액}}$$

② 양도가액에 부가가치세가 포함된 경우

$$\text{과세표준} = \text{토지와 건물·구축물 등의 공급대가} \times \frac{\text{건물·구축물 등의 안분기준액}}{(\text{건물·구축물 등의 안분기준액} \times 110\%) + \text{토지의 안분기준액}}$$

예제 1

부동산매매업을 영위하는 거주자 A는 과세사업에 사용하던 건물과 그 부수토지를 ₩1,100,000,000 (부가가치세 포함)에 양도하였다. 양도당시 건물과 그 부수토지의 가액의 구분은 불분명하다. 다음 자료를 이용하여 부가가치세의 과세표준을 계산하시오.

구 분	취득가액	장부가액	기준시가	감정가액
건물	₩140,000,000	₩120,000,000	₩170,000,000	₩200,000,000
부수토지	160,000,000	80,000,000	150,000,000	180,000,000

* '기준시가'는 소득세법 규정에 의한 것이고, '감정가액'은 감정평가법인이 평가한 감정평가가액임

정답

$$₩1,100,000,000 \times \frac{200,000,000}{200,000,000 \times 110\% + 180,000,000} = ₩550,000,000$$

양도당시 건물가액과 그 부수토지의 가액의 구분이 불분명하고 감정평가가액이 모두 존재하므로 감정평가가액을 이용하여 안분계산한다.

예제 2

(주)서울은 20×1년 5월 10일에 부가가치세의 과세사업에 사용하던 토지와 건물 및 기계장치를 ₩30,000,000,000(부가가치세 별도)에 매매계약을 체결하였다. 그런데 매매계약서상에 토지와 건물 및 기계장치 각각의 가액을 구분하지 않아 실지거래가액이 불분명하다. 위 재화의 매매계약일 현재 취득가액 등이 다음 자료와 같을 때 부가가치세과세표준은 얼마인가?

구 분	취득가액	장부가액	기준시가	감정가액
토지	₩250,000,000	₩250,000,000	₩350,000,000	₩400,000,000
건물	500,000,000	450,000,000	400,000,000	-
기계장치	450,000,000	300,000,000	-	-
계	₩1,200,000,000	₩1,000,000,000	₩750,000,000	₩400,000,000

* '기준시가'는 소득세법 규정에 의한 것이고, '감정가액'은 감정평가법인이 평가한 감정평가가액임

정답

1. 장부가액에 의한 1차배분

① 기준시가가 있는 자산(토지와 건물) : $₩30,000,000,000 \times \frac{₩700,000,000}{₩1,000,000,000} = ₩2,100,000,000$

② 기준시가가 없는 자산(기계장치) : $₩30,000,000,000 \times \frac{₩300,000,000}{₩1,000,000,000} = ₩900,000,000$

2. 기준시가에 의한 2차배분

① 토지 : $₩2,100,000,000 \times \frac{₩350,000,000}{₩750,000,000} = ₩980,000,000$

② 건물 : $₩2,100,000,000 \times \frac{₩400,000,000}{₩750,000,000} = ₩1,120,000,000$

3. 과세표준 : ₩1,120,000,000 + ₩900,000,000 = ₩2,020,000,000

3 부동산의 임대용역

(1) 개요

사업자가 부동산 임대용역을 공급할 경우 임대의 대가로 수령하는 대가는 임대료와 전세금·임대보증금이 있다. 이때 전액 임대료를 받는 계약일 경우 과세표준은 임대료가 되지만 전부 또는 일부 전세금·임대보증금 계약일 경우 명시적인 임대료가 없거나 전액 임대료 계약일 경우보다 낮기 때문에 명시적인 임대료만을 용역의 공급대가로 보아 과세한다면 임대료 계약과 전세금·임대보증금 계약간의 과세형평에 문제가 있다. 이를 보완하기 위하여 세법에서는 전세금·임대보증금 계약에 대하여 간주임대료를 계산하여 과세표준에 포함시키고 있다. 또한 부동산임대와 관련하여 받는 관리비는 과세표준에 포함된다.

부동산 임대용역의 과세표준은 다음과 같다.

과세표준 = 임대료 + 간주임대료 + 관리비

<table>
<tr><th>구 분</th><th>과세표준</th></tr>
<tr><td>임대료
(세금계산서의
발급의무 ○)</td><td>① 원칙 : 약정액(약정일)
② 예외 : 2과세기간 이상에 걸쳐 부동산임대용역을 공급하고 그 대가를 선불 또는 후불로 받은 경우(월할계산)
$$\text{선불 또는 후불로 받은 금액} \times \frac{\text{해당 과세기간의 임대월 수}}{\text{총계약기간의 월 수}} \text{(초월산입, 말월불산입)}$$</td></tr>
<tr><td>간주임대료
(세금계산서의
발급의무 ×)</td><td>$$\text{보증금 등의 적수}^{*1} \times \text{정기예금이자율} \times \frac{1}{\text{365일}}$$
*1 계약에 의해 전세금 또는 임대보증금을 월세에 충당한 때에는 그 금액을 제외한 가액을 전세금 또는 임대보증금으로 함
① 부가가치세는 원칙적으로 임대인이 부담하나, 임대인과 임차인 간의 약정에 의하여 임차임이 부담하는 것으로 할 수 있다.
② 간주임대료에 대한 과세표준은 임차인이 해당 부동산을 사용하거나 사용하기로 한 때를 기준으로 계산한다.
③ 임차부동산을 다시 임대한 경우에는 임차시 지급한 보증금 중 다음의 금액을 보증금 등의 적수에서 차감한다.
$$\text{차감액} = \text{임차시 지불한 보증금의 총액} \times \frac{\text{재임대한 부동산의 면적}}{\text{임차한 부동산의 총면적}}$$
④ 기부채납한 지하도건설비의 공제 : 국가·지방자치단체의 소유로 귀속되는 지하도의 건설비를 전액부담한 자가 지하도로 점용허가(1차 무상점용기간에 한함)를 받아 대여하는 경우에 다음의 건설비상당액은 보증금 등 적수에서 차감하여 계산한다.
$$\text{차감액} = \text{기부채납한 지하도의 건설비} \times \frac{\text{보증금을 받고 임대한 면적}}{\text{임대가능면적}}$$</td></tr>
<tr><td>관리비
(세금계산서의
발급의무 ○)</td><td>부동산임대와 관련하여 받는 관리비는 과세표준에 포함. 단, 임차인이 부담해야 할 보험료·수도료 및 공공요금을 별도로 구분징수하여 납입을 대행하는 경우에는 과세표준에 포함하지 않음</td></tr>
</table>

(2) 임대료

임대용역을 공급하고 이를 임대료로 받는 경우 해당 과세기간에 해당하는 임대료는 과세표준에 포함된다. 만약, 사업자가 둘 이상의 과세기간에 걸쳐 부동산임대용역을 공급하고 그 대가를 선불 또는 후불로 받는 경우에는 해당금액을 계약기간의 월수로 나눈 금액의 각 과세대상 기간의 합계액을 그 과세표준으로 한다. 이 경우 월수의 계산에 관하여는 해당 계약기간의 개시일이 속하는 달이 1개월 미만인 경우에는 1개월로 하고, 해당 계약기간의 종료일이 속하는 달이 1개월 미만인 경우에는 산입하지 아니한다(초월산입·말월불산입).

$$\text{선불 또는 후불로 받은 금액} \times \frac{\text{해당 과세기간의 임대월 수}}{\text{총계약기간의 월 수}} \text{(초월산입, 말월불산입)}$$

(3) 간주 임대료

사업자가 부동산임대용역을 공급하고 전세금 또는 임대보증금을 받는 경우에는 금전 이외의 대가를 받는 것으로 보아 다음과 같이 계산한 금액을 간주임대료로 보아 과세표준으로 한다.

이 경우 국가 또는 지방자치단체의 소유로 귀속되는 지하도의 건설비를 전액 부담 한 자가 지하도로 점용허가(1차 무상점용기간에 한함)를 받아 대여하는 경우에 건설비 상당액은 전세금 및 임대보증금으로 보지 아니한다.

$$\text{보증금 등의 적수} \times \text{정기예금이자율} \times \frac{1}{365\text{일}}$$

이 때 임차부동산을 재임대하는 경우, 전세금·임차보증금에서 임차시 지급한 전세금·임차보증금을 차감한 금액으로 계산한다. 또한 사업자가 계약에 따라 전세금 또는 임대보증금을 임대료에 충당한 경우에는 그 금액을 제외한 가액을 전세금 또는 임대보증금으로 한다.

정기예금이자율은 예정신고기간 또는 과세기간 종료일 현재를 기준으로 하며, 예정신고기간 또는 과세기간의 중도에 변경이 된 경우에도 적수계산하지 아니한다.

부가가치세는 원칙적으로 임대인이 부담하나, 임대인과 임차인 간의 약정에 의하여 임차인이 부담하는 것으로 할 수 있다.

예제

다음 자료를 이용하여 부동산임대사업자인 거주자 A의 20×8년 제1기 부가가치세 과세표준을 계산하시오. 단, 1년은 365일로 가정한다.

1. 임대기간 : 20×7. 7. 1 ~ 20×8. 7. 1
2. 월임대료 : ₩5,000,000
3. 임대보증금 : ₩2,400,000,000
4. 임대건물의 건설비상당액 : ₩2,000,000,000
5. 20×8년 제1기 기간 동안의 보증금 운용수익 : ₩40,000,000
6. 1기 확정신고기간 종료일 현재 정기예금이자율(가정) : 3.65%

정답

(₩5,000,000 × 6개월) + (1,200,000,000 × 181일) × 3.65% × 1/365 = ₩73,440,000

* 정기예금이자율은 예정신고기간 또는 과세기간의 종료일 현재 기준에 의하며, 건설비상당액과 임대보증금운용수익은 고려하지 않는다.

(4) 관리비·공공요금

부동산 임대용역을 공급함에 있어 관리비를 영수하는 때에는 해당 관리비를 과세표준에 포함한다. 그러나 임차인이 부담하여야 할 공공요금 등을 부동산임대료와 구분 징수하여 납입을 대행하는 경우에는 이를 과세표준에 포함하지 아니한다.

4 겸용주택임대용역

일반적인 부동산 임대용역은 부가가치세가 과세되고, 주택 및 부수토지에 대한 임대용역에 대해서는 부가가치세가 면세된다. 과세되는 부동산임대용역과 면세되는 주택임대용역을 함께 공급하고 그 임대구분과 임대료 등의 구분이 분명한 경우에는 다음 순서에 따라 과세표준을 계산한다.

구 분	내 용
[1단계]	건물과 토지의 과세면적비율을 계산함
[2단계]	총임대료(= 임대료 + 간주임대료 + 관리비)를 계산함
[3단계]	총임대료를 기준시가의 비율로 건물임대료와 토지임대료로 배분한 후 건물과 토지의 과세면적비율로 안분하여 과세표준을 계산함 과세표준 = ① + ② ① 건물의 과세표준 = 총임대료 × $\frac{\text{건물의 기준시가}}{\text{건물의 기준시가 + 토지의 기준시가}}$ × $\frac{\text{건물의 과세면적}}{\text{건물면적}}$ ② 토지의 과세표준 = 총임대료 × $\frac{\text{토지의 기준시가}}{\text{건물의 기준시가 + 토지의 기준시가}}$ × $\frac{\text{토지의 과세면적}}{\text{건물면적}}$

한편, 과세표준을 세금계산서의 발급분(세금계산서란 기재분)과 면제분(기타란 기재분)으로 다음과 같이 구분한다.

구 분	내 용
세금계산서란 기재분	총과세표준 × $\frac{\text{임대료 + 관리비}}{\text{총임대료}}$
기타란 기재분	총과세표준 × $\frac{\text{간주임대료}}{\text{총임대료}}$

예제 1

다음은 부동산임대사업자인 거주자 A의 20×3년 제1기 겸용주택(도시지역 소재)의 임대내역이다. 다음 자료를 이용하여 거주자 A의 20×3년 제1기 확정신고기간의 부가가치세 과세표준을 계산하시오.

1. 임대내역
   (1) 건물면적(단층) : 500㎡ (상가면적 : 300㎡ 주택면적 : 200㎡)
   (2) 부수토지면적 : 1500㎡
   (3) 월임대료 : ₩3,000,000 (20×2년 9월 1일에 1년분 임대료를 선수함)
   (4) 임대보증금 : ₩400,000,000
   (5) 임대기간 : 20×2. 9. 1 ~ 20×4. 8. 31
2. 확정신고기간 종료일 현재 토지와 건물의 기준시가 : 토지 ₩400,000,000, 건물 ₩600,000,000
3. 확정신고기간 종료일 현재 정기예금이자율(가정) : 3.65%

정답

1. 총임대료 계산
   (1) 월임대료 ₩3,000,000 × 6개월 = ₩18,000,000
   (2) 간주임대료 ₩400,000,000 × 3.65% × 181/365 = ₩7,240,000
   (3) 총임대료 ₩18,000,000 + ₩7,240,000 = ₩25,240,000
2. 총임대료를 토지와 건물분으로 안분계산
   (1) 토지분 임대료 상당액 = ₩25,240,000 × 40% = ₩10,096,000
   (2) 건물분 임대료 상당액 = ₩25,240,000 × 60% = ₩15,144,000
3. 토지와 건물의 임대료를 과세와 면세의 면적비율로 안분계산하여 과세표준 계산
   (1) 면세되는 주택부수토지면적 = Min[①안분토지, ②한도] = 600
      ① 안분토지 = 전체토지 × 주택연면적/건물연면적 = 1500 × 200/500 = 600
      ② 한　　도 = Max[주택연면적, 주택정착면적 × 5배] = Max[200, 200 × 5배] = 1000
   (2) 과세되는 토지면적 = 1500 - 600 = 900
   (3) 토지분 과세표준 = ₩10,096,000 × 900/1500 = ₩6,057,600
   (4) 건물분 과세표준 = ₩15,144,000 × 300/500 = ₩9,086,400
4. 과세표준 : ₩6,057,600 + ₩9,086,400 = ₩15,144,000

(별해) 면세되는 주택부수토지의 면적이 한도를 초과하지 않으므로, 토지의 과세비율(900/1500)이 건물의 과세비율(300/500)과 동일하다. 이 경우는 총임대료를 이 과세비율로 안분계산해도 동일한 결과가 된다(₩25,240,000 × 300/500 = ₩15,144,000).

예제 2

㈜ABC는 부동산임대업을 영위하고 있으며, 겸용주택(도시지역 소재)을 임대하고 있다. 다음 자료를 이용하여 ㈜ABC의 20×4년 제1기 확정신고기간의 부가가치세 과세표준을 계산하시오.

1. 임대내역
   (1) 건물면적(단층) : 250㎡ (상가면적 : 150㎡ 주택면적 : 100㎡)
   (2) 부수토지면적 : 1,000㎡
   (3) 월임대료 : ₩2,000,000

(4) 임대보증금 : ₩365,000,000

(5) 임대기간 : 20×2. 9. 1 ~ 20×4. 8. 31

2. 확정신고기간 종료일 현재 토지와 건물의 기준시가 : 토지 ₩150,000,000, 건물 ₩100,000,000

3. 확정신고기간 종료일 현재 정기예금이자율(가정) : 5%

정답

1. 총임대료 계산
   임대료 = 2,000,000 × 3개월 = ₩6,000,000
   간주임대료 = 365,000,000 × 5% × 90/365 = ₩4,500,000
   임대료 합계 = ₩10,500,000
2. 총임대료를 토지와 건물분으로 안분계산
   (1) 건물분 임대료 상당액 = ₩10,500,000 × 40% = ₩10,096,000
   (2) 토지분 임대료 상당액 = ₩10,500,000 × 60% = ₩15,144,000
3. 토지와 건물의 임대료를 과세와 면세의 면적비율로 안분계산하여 과세표준 계산
   (1) 면세되는 주택부수토지면적 = Min[①안분토지, ②한도] = 400
      ① 안분토지 = 전체토지 × 주택연면적/건물연면적 = 1,000 × (100/250) = 400
      ② 한　　도 = Max[주택연면적, 주택정착면적 × 5배]
      　　　　　　= Max[100, 100 × 5배] = 500 = 500
   (2) 과세되는 토지면적 = 1000 - 400 = 600
   (3) 건물분 과세표준 = 4,200,000 × (150/250) = ₩2,520,000
   (4) 토지분 과세표준 = 6,300,000 × (600/1,000) = ₩3,780,000
4. 과세표준 : ₩2,520,000 + ₩3,780,000 = ₩6,300,000

4 대손세액공제

1 개요

사업자는 부가가치세가 과세되는 재화 또는 용역을 공급하고 외상매출금이나 그 밖의 매출채권(부가가치세를 포함한 것을 말함)의 전부 또는 일부가 공급을 받은 자의 파산·강제집행이나 그 밖에 법령으로 정하는 사유로 대손되어 회수할 수 없는 경우에는 대손세액을 그 대손이 확정된 날이 속하는 과세기간의 매출세액에서 뺄 수 있다 (부가법 45 ①). 예정신고시에는 대손세액공제를 적용하지 아니하며, 간이과세자는 대손세액공제를 적용할 수 없다.

현행 부가가치세법에서는 외상매출에 대해서도 인도시점이 속한 과세기간에 부가가치세(매출세액)를 납부하도록 규정하고 있다. 따라서 매출채권이 대손되는 경우 판매자는 채권의 원금뿐 아니라 이미 납부한 매출세액도 회수하지 못하게 되는 불이익을 당하게 된다. 납세의무자의 이러한 부담을 완화하기 위하여 대손세액공제제도를 두고 있다.

대손세액공제를 적용받고자 하는 사업자는 과세표준확정신고와 함께 「대손세액공제신고서」에 대손금액이 발생한 사실을 증명하는 서류를 첨부하여 제출하여야 한다.

2 대손사유 및 대손사유 확정기한

(1) 대손사유

사업자가 부가가치세의 과세대상 재화·용역을 공급한 후 법인세법 및 소득세법상 대손사유로 인하여 해당 외상매출금 기타채권의 전부 또는 일부가 대손되어 회수할 수 없는 경우여야 한다. 즉 사업자가 대손세액공제를 적용하기 위해서는 다음의 대손사유를 충족 하여야 한다.

㉠ 파산·강제집행 등 소득세법 및 법인세법에서 대손금(貸損金)으로 인정되는 경우

㉡ 채무자 회생 및 파산에 관한 법률에 따른 법원의 회생계획인가의 결정에 따라 채무를 출자전환하는 경우. 이 경우 대손되어 회수할 수 없는 금액은 출자 전환하는 시점의 출자전환된 매출채권 장부가액과 출자전환으로 취득한 주식 또는 출자지분의 시가와의 차액으로 한다.

(2) 대손확정기한

대손세액공제는 사업자가 과세대상 재화·용역을 공급한 후 그 공급일로부터 10년이 경과된 날이 속하는 과세기간에 대한 확정신고기한까지 대손사유로 인하여 확정되는 대손세액(결정·경정으로 증가된 과세표준에 대하여 부가가치세액을 납부한 경우 해당 대손세액을 포함함)에 한한다.

* 예 판결, 재판상 청구, 압류 등으로 매출채권의 소멸시효가 중단·연장됨에 따라 공급일로부터 5년이 경과하여 대손이 확정되는 경우

3 대손세액의 계산

(1) 대손세액 산정

사업자가 부가가치세가 과세되는 재화 또는 용역을 공급하고 파산·강제집행 등의 대손세액의 공제사유로 외상매출금 기타 매출채권의 전부 또는 일부가 대손되어 회수할 수 없는 경우에는 다음 산식에 의한 대손세액을 그 대손이 확정된 날이 속하는 과세기간의 매출세액에서 차감할 수 있다.

$$\text{대손세액} = \text{대손금액(부가가치세를 포함함)} \times \frac{10}{110}$$

(2) 대손세액 공제 신고기간

대손세액은 대손이 확정된 과세기간의 확정신고시에만 공제하므로 예정신고시에는 이를 적용받을 수 없음에 유의해야 한다.

구 분	공급하는 사업자	공급받는 사업자
대손이 확정된 경우	매출세액에서 차감	매입세액에서 차감*
대손금을 회수한 경우	매출세액에 가산	매입세액에 가산

공급하는 사업자가 대손의 확정으로 대손세액을 매출세액에서 차감받는 경우에는 공급자의 관할 세무서장은 대손세액공제의 사실을 공급받는 사업자의 관할세무서장에게 통지해야 한다. 만약, 공급받는 사업자가 대손세액을 매입세액에서 차감하지 않은 경우 공급받는 사업자의 관할세무서장이 결정 또는 경정해야 한다. 단 이 경우 신고불성실가산세와 납부지연가산세를 적용하지 않는다.

4 공급받는 자의 대응조정

(1) 개요

공급자가 대손세액공제를 한 경우에는 공급받은 자의 매입세액공제를 취소하고, 공급자가 대손세액 공제받았던 부분을 대손금액의 회수로 인해 매출세액에 대손세액 가산을 하는 경우 공급받은 자의 매입세액공제를 회복시켜야 한다.

이와 관련하여 대손확정시와 대손회수시의 공급자와 공급받는 자의 회계처리는 다음과 같다.

구 분	공급하는 사업자	대손세액처리방법	
		공급자	공급받는자
공급시	(차) 매출채권 ××× (대) 매출 ××× 부가가치세예수금 ×××	매출세액의 발생	매입세액의 발생
대손 확정시	(차) 대손상각비 ××× (대) 매출채권 ××× 부가가치세예수금 ×××	대손세액을 매출세액에서 차감함	대손세액을 매입세액에서 차감함
대손금 회수시	(차) 현금 ××× (대) 추심이익 ××× 부가가치세예수금 ×××	대손세액을 매출세액에 가산함	대손세액을 매입세액에 가산함

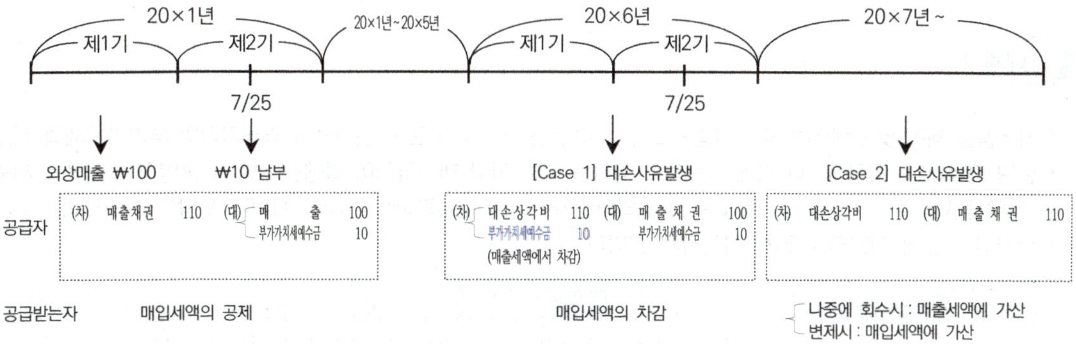

(2) 대손금액을 회수한 과세기간

사업자가 대손세액공제를 한 후 대손금액의 전부 또는 일부를 회수한 경우에는 회수한 대손금액에 관련된 대손세액을 회수한 날이 속하는 과세기간의 매출세액에 더한다. 반면, 매입세액에서 대손세액에 해당하는 금액을 뺀(관할세무서장이 결정 또는 경정한 경우를 포함) 해당 사업자가 대손금액의 전부 또는 일부를 변제한 경우에는 변제한 대손금액에 관련된 대손세액에 해당하는 금액(변제대손세액)을 변제한 날이 속하는 과세기간의 매입세액에 더한다.

(3) 대손이 확정된 날이 속하는 과세기간

공급자가 대손세액공제를 한 경우에는 공급받은 자의 매입세액공제를 취소하는 것이 타당할 것이다. 따라서 재화 또는 용역을 공급받은 사업자가 대손세액에 해당하는 금액의 전부 또는 일부를 매입세액으로 공제받은 경우로서 그 사업자가 폐업하기 전에 재화 또는 용역을 공급하는 자가 대손세액공제를 받은 경우에는 그 재화 또는 용역을 공급받은 사업자는 관련 대손세액에 해당하는 금액(대손처분받은 세액)을 대손이 확정된 날이 속하는 과세기간에 자신의 매입세액에서 뺀다. 다만, 그 공급을 받은 사업자가 대손세액에 해당하는 금액을 빼지 아니한 경우에는 그 사업자의 관할세무서장이 빼야 할 매입세액을 결정 또는 경정(更正)하여야 하며, 이 경우 공급받는 자는 공급자가 대손세액공제를 한 것을 알 수 없으므로 가산세를 부과하지는 아니한다.

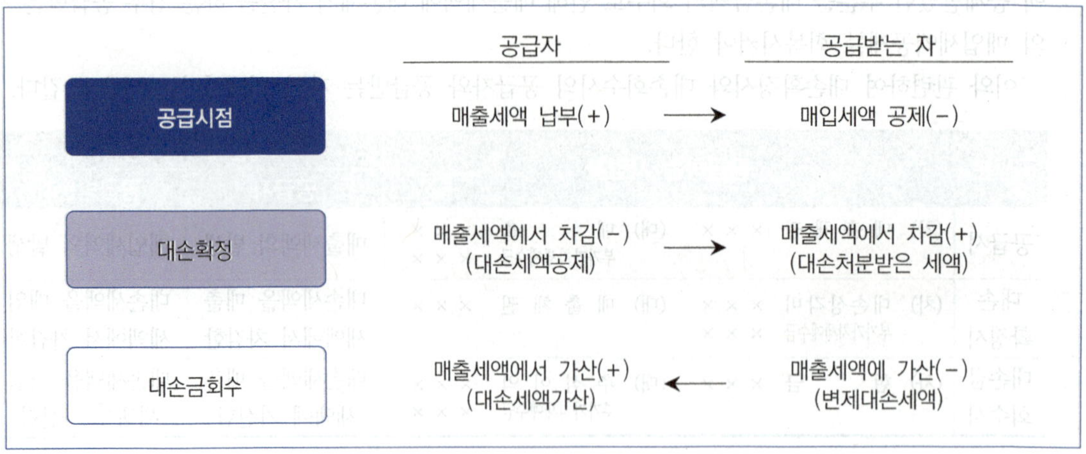

예제 1

전자제품을 제조 및 판매하는 중소기업으로서 내국법인인 (주)A의 20×4년 제1기 과세기간의 부가가치세의 신고와 관련된 자료이다. 확정신고와 함께 법령으로 정하는 바에 따라 대손금액이 발생한 사실을 증명하는 서류를 제출하는 경우 공제받을 수 있는 대손세액은 각각 얼마인가? 단, 대손금액에는 부가가치세가 포함되어 있으며, (주)A는 채무자의 재산에 저당권을 일체 설정하지 않았다.

구 분	대손사유 및 대손금액
매출처 B	20×1년 3월 5일에 제품을 외상매출하고, 20×4년 2월 1일 채무자 회생 및 파산에 관한 법률에 따른 면책결정에 따라 회수불능으로 확정된 외상매출금 : ₩2,200,000
매출처 C	20×3년 10월 5일에 제품을 외상매출하고, 공급대가로 받은 것으로 20×4년 2월 25일 부도발생한 어음상의 채권 : ₩5,500,000
매출처 D	20×1년 8월 1일에 제품을 외상매출하고, 20×4년 4월 7일에 채무자의 강제집행으로 회수할 수 없게 된 외상매출금 : ₩1,100,000

정답

1. 매출처 B : 공급일부터 5년이 경과한 날이 속하는 과세기간의 확정신고기한내에 대손사유가 발생하였으므로 대손세액 ₩200,000(= ₩2,200,000 × 10/110)을 공제받을 수 있다.
2. 매출처 C : 부도발생일로부터 6개월이 경과한 날이 대손의 사유가 발생하는 날이므로 대손은 20×4년 제2기에 발생하고, 대손의 사유가 발생한 과세기간에 대손세액공제를 하는 것이므로 매출처 C에 대한 대손세액공제는 제2기에 행해야 한다.
3. 매출처 D : 공급일부터 5년이 경과한 날이 속하는 과세기간의 확정신고기한내에 대손사유가 발생하였으므로 대손세액 ₩100,000(= ₩1,100,000 × 10/110)을 공제받을 수 있다.

예제 2

부가가치세법상 대손세액공제에 대한 설명으로 옳지 않은 것은? (단, 폐업은 고려하지 않기로 한다)

[2017년 국가직 9급]

① 재화 또는 용역의 공급자가 대손세액을 매출세액에서 차감한 경우 공급자의 관할세무서장은 대손세액공제 사실을 공급받는 자의 관할세무서장에게 통지하여야 한다.

② 대손세액공제를 받은 사업자가 그 대손금액의 전부 또는 일부를 회수한 경우에는 회수한 대손금액에 관련된 대손세액을 회수한 날이 속하는 과세기간의 매출세액에 더한다.

③ 대손세액공제를 적용받고자 하는 사업자는 대손사실을 증명하는 서류와 함께 해당 신고서를 예정신고 또는 확정신고 시 세무서장에게 제출(국세정보통신망에 의한 제출을 포함)하여야 한다.

④ 법인세법 시행령 제19조의2 제1항 및 소득세법 시행령 제55조 제2항에 따른 대손금으로 인정되는 경우 대손세액공제를 적용받을 수 있다.

정답 ③

대손세액공제는 사업자가 과세표준확정신고서와 함께 대손세액공제신고서에 대손금액이 발생한 사실을 증명하는 서류를 첨부하여 제출한 경우에만 적용한다. 예정신고시에는 대손세액공제를 적용하지 않는다.

Chapter 05

Value Added Tax

세금계산서

5 세금계산서

1 세금계산서

1 개요

(1) 세금계산서 제도 개요

세금계산서란 거래징수의무자인 사업자가 재화 또는 용역을 공급하는 때에 그에 대한 부가가치세를 거래상대방으로부터 징수한 사실을 증명하기 위하여 발급하는 계산서를 말한다. 납세의무자로 등록한 사업자가 재화 또는 용역을 공급하는 경우에는 세금계산서를 공급을 받은 자에게 발급하여야 하며, 수입재화에 대해서는 세관장이 세금계산서를 수입하는 자에게 발급한다. 이와 같이 재화의 수입시 세관장이 수입자로부터 부가가치세를 징수(부가가치세의 납부가 유예되는 때를 포함함)하고 발급하는 세금계산서를 수입세금계산서라 하는데, 세금계산서는 수입세금계산서를 포함한다.

다만, 영수증 발급의무자와 세금계산서 발급의무가 면제되는 자의 경우에는 세금계산서를 발급하지 아니할 수 있다. 또한 면세사업자는 부가가치세법상 납세의무자가 아니기 때문에 세금계산서를 발급할 수 없으며, 계산서를 발급하여야 한다.

세금계산서는 부가가치세가 과세되는 재화·용역의 공급이라는 거래가 발생할 때 부가가치세를 징수하는 수단이 되기 때문에 재화·용역을 공급할 때는 원칙적으로 세금계산서를 발급하여야 한다. 만약, 세금계산서를 발급하여야 할 자가 세금계산서를 발급하지 않는다면 세금계산서불성실가산세가 부과된다. 영세율 적용대상 거래도 부가가치세를 거래징수하지 않지만 국내거래에 대해서는 원칙적으로 세금계산서를 발급해야 한다. 사업자는 장부와 발급하거나 발급받은 세금계산서(또는 영수증)를 그 거래사실이 속하는 과세기간에 대한 확정신고를 한 날부터 5년간 보존해야 한다. 다만, 전자세금계산서를 발급한 사업자가 국세청장에게 세금계산서발급명세를 전송한 경우에는 그렇지 않다.

(2) 발급 의무자

세금계산서 발급의 의무가 있는 대상자는 다음과 같다.

구 분		발급증빙
과세 사업자	일반 과세자	법인사업자, 직전공급가액 3억 이상 개인사업자 : 전자세금계산서 발급
		최종소비자대상업종 : 영수증 발급
		위 외의 경우 : 세금계산서 발급(전자세금계산서 발급가능)
	간이 과세자	일반적인 경우 : 세금계산서 발급
		신규사업자 및 직전연도 공급대가 합계액이 4,800만원 미만인 사업자 : 영수증 발급
		최종소비자대상업종 : 영수증 발급하나 요청시 세금계산서 발급 가능

구 분	발급증빙
면세사업자	일반적인 경우 : 계산서 발급
	소매업 등 영수증 발급대상자 : 영수증 발급
세관장	수입재화가 과세재화인 경우 : 세금계산서 발급
	수입재화가 면세재화인 경우 : 계산서 발급
매입자	매입자발행세금계산서

앞서 언급한 바와 같이 납세의무자는 다음과 같이 분류한다.

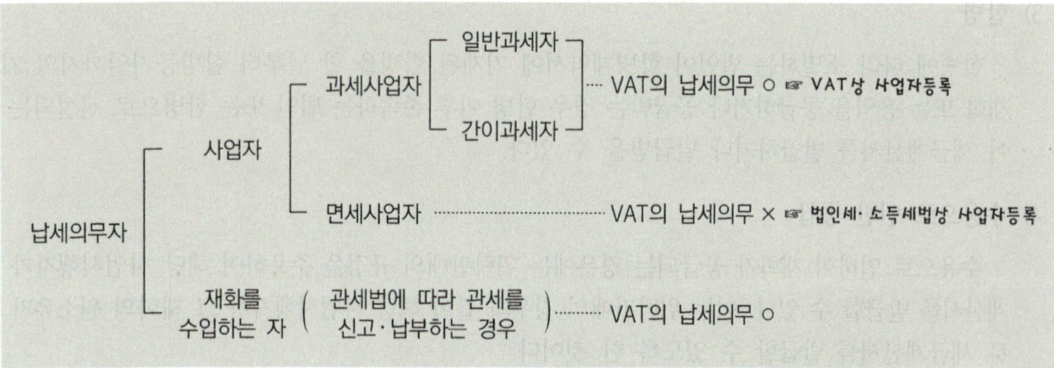

납세의무자 분류와 세금계산서 발급대상 분류를 연결해보면, 부가가치세의 납세의무자인 과세사업자는 원칙적으로 세금계산서를 발급하여야 한다. 그러나 소매업 등 주로 최종소비자와 거래하는 영수증 발급 대상자는 영수증을 발급할 수 있으며, 간이과세자 중 신규사업자 및 직전연도 공급대가 합계액이 4,800만원 미만인 사업자는 영수증을 발급하여야 한다.

부가가치세의 납세의무가 없는 면세사업자는 세금계산서를 발급할 수 없으며 대신에 계산서를 발급한다. 세금계산서와 계산서의 가장 큰 차이점은 세금계산서의 경우 부가가치세를 거래징수하기 위한 수단이기 때문에 공급가액과 부가가치세가 표시되어 있지만 계산서는 부가가치세가 없으므로 공급가액만 표기되어 있다.

재화의 수입의 경우, 납세의무자는 재화를 수입하는 자이나 세금계산서를 발급하는 자는 세관장임에 유의해야 한다.

(2) 세금계산서 발행 특례

1) 위탁판매

위탁판매나 대리판매의 경우 수탁자나 대리인이 세금계산서를 발급하며, 위탁자 또는 본인이 직접 재화를 인도하는 경우에는 위탁자 또는 본인이 세금계산서를 발급할 수 있다. 이 경우 수탁자 또는 대리인의 등록번호를 함께 기재해야 한다. 사업자가 위탁 또는 대리에 의하여 재화를 공급하는 경우에는 수탁자 또는 대리인이 위탁자 또는 본인의 명의로 세금계산서를 발급해야 한다. 다만, 위탁자 또는 본인을 알 수 없는 경우에는 위탁자(본인)는 수탁자(대리인)에게, 수탁자(대리인)는 거래상대방에게 공급한 것으로 보아 각각 세금계산서를 발급한다.

*위탁매입 : 공급자가 위탁자 또는 본인을 공급받는 자로 하여 세금계산서를 발급함

2) 리스거래

납세의무가 있는 사업자가 시설대여업자(리스회사)로부터 시설 등을 임차하고 해당 시설 등을 공급자 또는 세관장으로부터 직접 인도받는 경우에는 공급자 또는 세관장이 해당 사업자에게 직접 세금계산서를 발급할 수 있다.

3) 합병

합병에 따라 소멸하는 법인이 합병계약서에 기재된 합병을 할 날부터 합병등기일까지의 기간에 재화 또는 용역을 공급하거나 공급받는 경우 합병 이후 존속하는 법인 또는 합병으로 신설되는 법인이 세금계산서를 발급하거나 발급받을 수 있다.

4) 수용으로 인한 공급

수용으로 인하여 재화가 공급되는 경우에는 위탁판매의 규정을 준용하여 해당 사업시행자가 세금계산서를 발급할 수 있다. 이는 위탁판매의 경우와 같이 해당 사업시행자가 그 재화의 원소유자 명의로 세금계산서를 발급할 수 있도록 한 것이다.

5) 조달물자의 경우

조달사업에 관한 법률에 따라 물자가 공급되는 경우에는 공급자 또는 세관장이 해당 실수요자에게 직접 세금계산서를 발급하여야 한다. 다만, 물자를 조달할 때에 그 물자의 실수요자를 알수 없는 경우에는 조달청장에게 세금계산서를 발급하고, 조달청장이 실제로 실수요자에게 그 물자를 인도할 때에는 그 실수요자에게 세금계산서를 발급할 수 있다.

(3) 세금계산서의 기능

거래당사자는 거래가 발생하는 시점에 해당 거래를 증명하는 세금계산서(수입세금 계산서 포함)·영수증 및 계산서 등을 주고받는다. 거래가 이루어지는 시점에서 부가가치세가 징수된다는 점을 고려하면 이들 증명들은 부가가치세의 세원을 관리하는데 매우 중요한 자료가 된다. 세금계산서는 외상매출인 경우에는 청구서의 역할을, 현금매출인 경우에는 영수증의 역할을 수행하게 된다.

구 분	구체적인 기능
세금영수증	사업자가 과세대상거래에 대한 부가가치세를 징수하였음을 증명함
청구서·영수증	외상거래에 따른 청구서, 현금거래에 따른 영수증의 역할을 함
송장	사업자가 공급한 구체적인 재화 또는 용역을 표시함
증빙서류	사업자가 공급받은 재화 또는 용역을 확인할 수 있는 증빙자료임
과세자료	과세관청에 제출되어 근거과세 및 공평과세의 기초자료로 활용됨

② 세금계산서의 작성

(1) 작성 및 발급

재화 또는 용역을 공급하고 세금계산서를 공급받는 자에게 교부해야 하는 자는 납세의무자로 등록한 일반사업자이므로 미등록사업자, 간이과세자, 면세사업자, 폐업자는 세금계산서를 발급할 수 없다.

재화 또는 용역을 공급하는 사업자는 세금계산서 2매를 작성하여 공급자용 1매를 보관하고 공급받는자용 1매는 거래상대방에게 발급해야 한다.

(2) 필요적 기재사항 및 임의적 기재사항

세금계산서의 기재사항은 필요적 기재사항과 임의적 기재사항으로 나눌 수 있다. 필요적 기재사항과 임의적 기재사항은 다음과 같다(부가법 32 ①, 부가령 67 ②). 필요적 기재사항은 그 전부 또는 일부가 기재되지 아니하거나 사실과 다른 때에는 정당한 세금계산서로 보지 아니하고, 이러한 세금계산서를 발급한 사업자에 대해서는 가산세를 적용하며, 발급받은 사업자에 대해서는 해당 매입세액이 불공제되는 불이익이 있다. 따라서 세금계산서의 필요적 기재사항에 대해서는 발급받는 자도 그 정당성 여부를 확인할 필요가 있다. 한편 임의적 기재사항은 기재를 생략하거나 오류로 기재하더라도 가산세나 매입세액불공제의 불이익이 적용되지 아니한다.

필요적 기재사항	임의적 기재사항
① 공급자의 등록번호, 성명 또는 명칭	① 공급자의 주소
② 공급받는 자의 등록번호	② 공급받는 자의 상호·성명·주소
③ 공급가액과 부가가치세액	③ 거래종류, 공급품목, 단가와 수량
④ 작성연월일	④ 공급자 및 공급받는 자의 업태·종목
	⑤ 공급연월일 등 필요적 기재사항 이외의 기타사항

필요적 기재사항을 미기재·부실기재시 ① 세금계산서를 발급한 자는 세금계산서불성실가산세를 적용하고 ② 세금계산서를 발급받는 자는 매입세액을 불공제한다.

□부가가치세법 시행규칙 [별지 제14호서식] (적색)

세금계산서(공급자보관용)

책 번 호 [ ] 권 [ ] 호

일 련 번 호 [ ][ ] - [ ][ ][ ][ ]

공급자				공급받는자			
등록번호	- -			등록번호			
상호(법인명)		성명(대표자)		상호(법인명)		성명(대표자)	
사업장 주소				사업장 주소			
업태		종목		업태		종목	

작성 연월일	공란수	공급가액 (조 천 백 십 억 천 백 십 만 천 백 십 일)	세액 (천 백 십 억 천 백 십 만 천 백 십 일)	비고

월	일	품목	규격	수량	단가	공급가액	세액	비고

합계금액	현금	수표	어음	외상 미수금	이 금액을 영수/청구 함

210㎜×148.5㎜ (인쇄용지(특급) 34g/㎡)

3 전자세금계산서

(1) 개요

부가가치세법에서는 일정규모 이상의 사업자에 대하여는 전자세금계산서를 발급하도록 함으로써 종이세금계산서의 수취 및 보관 등에 따른 비용절감과 거래투명성의 제고를 통한 탈세를 방지하도록 하였다.

(2) 발급 대상자

법인사업자와 전자세금계산서 의무발급 개인사업자[직전 연도의 사업장별 재화 및 용역의 공급가액(면세공급가액 포함)의 합계액이 8,000만원 이상인 개인사업자를 말함]는 전자적 방법으로 세금계산서(이하 "전자세금계산서"라 함)를 발급해야 한다. 관할세무서장은 개인사업자가 전자세금계산서 의무발급 개인사업자에 해당하는 경우에는 전자 세금계산서를 발급하여야 하는 기간이 시작되기 1개월 전까지 그 사실을 해당 개인사업자에게 통지하여야 한다.

(3) 전자세금계산서발급명세의 전송기한 및 기재사항

전자세금계산서를 발급하였을 때에는 전자세금계산서 발급일의 다음 날까지 세금계산서의 필요적 기재사항이 기재된 세금계산서발급명세를 국세청장에게 전송해야 한다.

한편, 국세청장에게 세금계산서발급명세를 공급시기가 속하는 과세기간(예정신고의 경우 예정신고기간) 마지막 날의 다음 달 11일까지 전송한 경우에는 예정신고 또는 확정신고시 매출처별세금계산서합계표 및 매입처별세금계산서를 제출하지 않아도 된다.

전자세금계산서					승인번호				
공급자	등록번호		종사업장번호		공급받는자	등록번호		종사업장번호	
	상호(법인명)		성명			상호(법인명)		성명	
	사업장주소					사업장주소			
	업태		종목			업태		종목	
	이메일					이메일			
						이메일			

작성일자	공급가액	세액	수정사유	비고

월	일	품목	규격	수량	단가	공급가액	세액	비고

합계금액	현금	수표	어음	외상미수금	이 금액을 ()함

> **참고** **전자세금계산서발급명세의 미전송가산세**
>
> ① **지연전송** : 전송기한이 경과한 후 공급시기가 속하는 과세기간의 확정신고기한까지 전송하는 경우
>
> 공급가액 × 0.3%
>
> ② **미전송** : 전송기한이 경과한 후 공급시기가 속하는 과세기간의 확정신고기한까지 전송하지 않은 경우
>
> 공급가액 × 0.5%

4 세금계산서의 발급시기

(1) 원 칙

세금계산서의 발급시기는 재화 또는 용역의 공급시기로 한다.

(2) 후발급의 특례

사업자의 편의를 위하여 다음의 경우에는 재화 또는 용역의 공급일이 속하는 달의 다음 달 10일(다음 달 10일이 공휴일 또는 토요일인 때에는 바로 다음 영업일)까지 세금계산서를 발급할 수 있다. 이는 사업자가 재화나 용역을 계속적으로 공급하는 고정거래처에 대하여 거래처별로 매월 공급가격을 합계하여 발급하거나, 해당 월 이내에서 사업자가 임의로 정한 기간의 공급가액을 합계하여 발급할 수 있는 편의를 제공하는 조치이다. 즉 고정거래처에 대한 월합계 세금계산서가 다음과 같이 허용된다.

① 거래처별로 달의 1일부터 말일까지의 공급가액을 합하여 해당 달의 말일을 작성 연월일로 하여 세금계산서를 발급하는 경우

② 거래처별로 달의 1일부터 말일까지의 기간 이내에서 사업자가 임의로 정한 기간의 공급가액을 합하여 그 기간의 종료일을 작성 연월일로 하여 세금계산서를 발급하는 경우

③ 관계 증명서류 등에 따라 실제거래사실이 확인되는 경우로서 해당 거래일을 작성 연월일로 하여 세금계산서를 발급하는 경우

[Case 1]

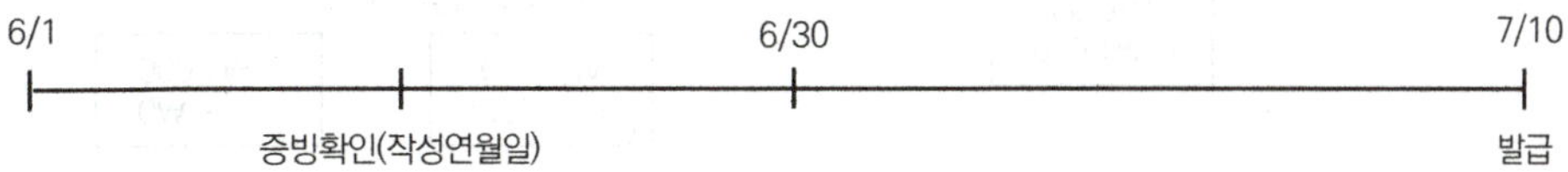

[Case 2]

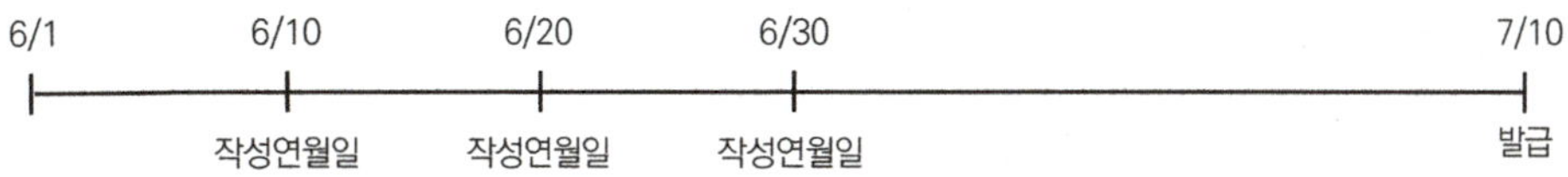

[Case 3]

(3) 선발행세금계산서의 특례

① 사업자가 재화 또는 용역의 공급시기가 도래하기 전에 대가의 전부 또는 일부를 받고, 이와 동시에 받은 대가에 대하여 세금계산서 또는 영수증을 발급할 수 있다.

② 사업자가 재화 또는 용역의 공급시기가 도래하기 전에 세금계산서를 발급하고 그 세금계산서의 발급일로부터 7일 이내에 대가를 받는 경우에는 정당한 세금계산서를 발급한 것으로 본다.

③ 세금계산서의 발급일로부터 7일이 경과한 후에 대가를 받더라도 다음의 요건을 모두 충족하는 경우에는 정당한 세금계산서로 본다.

㉠ 거래당사자 간의 계약서·약정서 등에 대금청구시기와 지급시기가 별도로 기재되고, 대금청구시기와 지급시기 사이의 기간이 30일 이내인 경우

㉡ 재화 또는 용역의 공급시기가 세금계산서 발급일이 속하는 과세기간내(공급받는 자가 조기환급을 받은 경우에는 세금계산서 발급일부터 30일 이내)에 도래하는 경우

④ 사업자가 공급시기가 도래하기 전에 대가의 지급 없이 세금계산서를 발급받아 관할세무서장으로부터 경정 등에 의해 사실과 다른 세금계산서로 매입세액이 불공제된 후 정당한 공급시기에 세금계산서를 발급받은 때에는 이를 정당한 세금계산서로 본다.

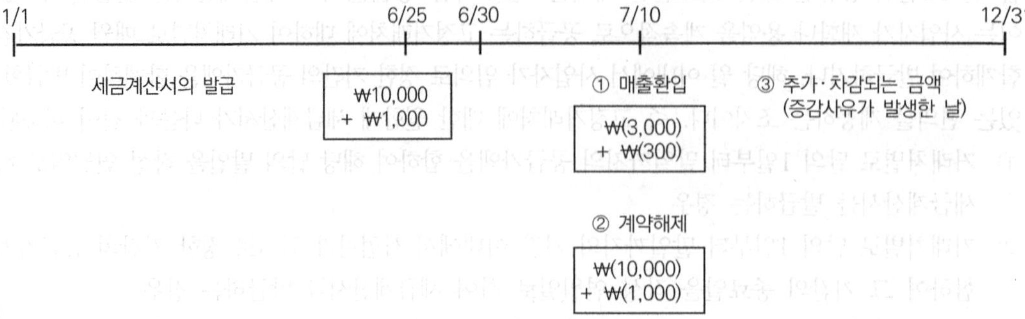

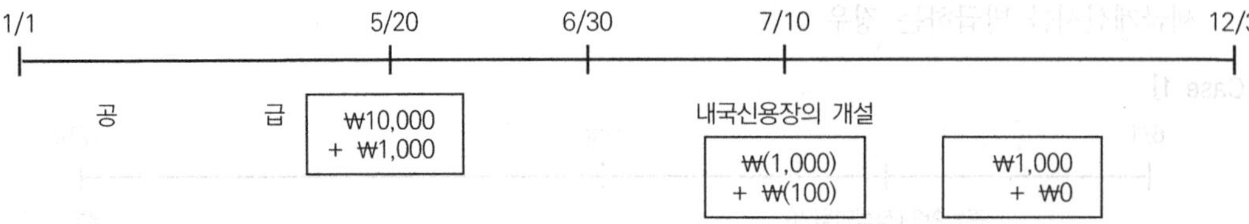

❺ 수정세금계산서

세금계산서 또는 전자세금계산서의 기재사항을 착오로 잘못 적거나 세금계산서 또 는 전자세금계산서를 발급한 후 그 기재사항에 관하여 수정세금계산서 발급사유가 발생하면 수정세금계산서 또는 수정전자세금계산서를 발급할 수 있다.

일반과세자에서 간이과세자로 과세유형이 전환된 후 과세유형전환 전에 공급한 재화 또는 용역에 수정세금계산서 발급사유가 발생한 경우에는 처음에 발급한 세금계산서 작성일을 수정세금계산서 또는 수정전자세금계산서의 작성일로 적고, 비고란에 사유 발생일을 덧붙여 적은 후 추가되는 금액은 검은색 글씨로 쓰고 차감되는 금액은 붉은색 글씨로 쓰거나 음(陰)의 표시를 하여 수정세금계산서나 수정전자세금계산서를 발급할 수 있다.

한편 간이과세자에서 일반과세자로 과세유형이 전환된 후 과세유형전환 전에 공급한 재화 또는 용역에 수정세금계산서 발급사유가 발생하여 수정세금계산서나 수정전자세금계산서를 발급하는 경우에는 처음에 발급한 세금계산서 작성일을 수정세금계산서 또는 수정전자세금계산서의 작성일로 적고, 비고란에 사유 발생일을 덧붙여 적은 후 추가되는 금액은 검은색 글씨로 쓰고 차감되는 금액은 붉은색 글씨로 쓰거나 음(陰)의 표시를 해야 한다.

세금계산서를 발급한 후 다음에 정하는 사유가 발생한 경우에는 수정세금계산서를 발급할 수 있다.

사 유	절 차
당초 공급한 재화가 환입된 경우	재화가 환입된 날을 작성일자로 기재하고 비고란에 당초세금계산서의 작성일자를 부기한 후 붉은색 글씨로 쓰거나 부의 표시를 하여 발급함
계약의 해제로 인하여 재화 또는 용역이 공급되지 않은 경우	계약이 해제된 때에 그 작성일자는 계약해제일을 기재하고 비고란에 당초세금계산서 작성일자를 부기한 후 붉은색 글씨로 쓰거나 부의 표시를 하여 발급함
계약의 해지 등에 따라 공급가액에 추가 또는 차감되는 금액이 발생한 경우	증감사유가 발생한 날을 작성일자로 기재하고 추가되는 금액은 검은색 글씨로 쓰고, 차감되는 금액은 붉은색 글씨로 쓰거나 부의 표시를 하여 발급함
재화 또는 용역을 공급한 후 공급시기가 속하는 과세기간종료일 25일 이내에 내국신용장이 개설되거나 구매확인서가 발급된 경우	내국신용장 등이 개설된 때에 그 작성일자는 당초세금계산서 작성일자를 기재하고 비고란에 내국신용장 개설일 등을 부기하여 영세율 적용분은 검은색 글씨로 세금계산서를 작성하여 발급하고, 추가하여 당초에 발급한 세금계산서의 내용대로 세금계산서를 붉은색 글씨로 또는 부의 표시를 하여 작성하고 발급함
필요적 기재사항 등이 착오로 잘못 기재된 경우	처음에 발급한 세금계산서의 내용대로 세금계산서를 붉은색 글씨로 쓰거나 부(負)의 표시를 하여 발급하고, 수정하여 발급하는 세금계산서는 검은색 글씨로 작성하여 발급함. 다만, 세무조사의 통지를 받은 경우 등에 해당하는 경우로서 과세표준 또는 세액을 경정할 것을 미리 알고 있는 경우는 제외함

사 유	절 차
필요적 기재사항 등이 착오 외의 사유로 잘못 기재된 경우	재화 및 용역의 공급일이 속하는 과세기간에 대한 확정신고기한 다음 날부터 1년 이내에 세금계산서를 작성하되, 처음에 발급한 세금계산서의 내용대로 세금계산서를 붉은색 글씨로 쓰거나 부의 표시를 하여 발급하고, 수정하여 발급하는 세금계산서는 검은색 글씨로 작성하여 발급함. 다만, 세무조사의 통지를 받은 경우 등에 해당하는 경우로서 과세표준 또는 세액을 경정할 것을 미리 알고 있는 경우는 제외함
착오로 전자세금계산서를 이중으로 발급한 경우	당초에 발급한 세금계산서의 내용대로 부의 표시를 하여 발급함
면세 등 발급대상이 아닌 거래 등에 대하여 발급한 경우	처음에 발급한 세금계산서의 내용대로 붉은색 글씨로 쓰거나 부의 표시를 하여 발급함
세율을 잘못 적용하여 발급한 경우	처음에 발급한 세금계산서의 내용대로 세금계산서를 붉은색 글씨로 쓰거나 부의 표시를 하여 발급하고, 수정하여 발급하는 세금계산서는 검은색 글씨로 작성하여 발급함. 다만, 세무조사의 통지를 받은 경우 등에 해당하는 경우로서 과세표준 또는 세액을 경정할 것을 미리 알고 있는 경우는 제외함
일반과세자에서 간이과세자로 과세유형이 전환된 후 과세유형전환 전에 공급한 재화 또는 용역에 재화환입, 계약해제, 공급가액변동의 사유가 발생한 경우	처음에 발급한 세금계산서 작성일을 수정세금계산서 또는 수정전자세금계산서의 작성일로 적고, 비고란에 사유 발생일을 덧붙여 적은 후 추가되는 금액은 검은색 글씨로 쓰고 차감되는 금액은 붉은색 글씨로 쓰거나 음(陰)의 표시를 하여 수정세금계산서나 수정전자세금계산서를 발급할 수 있다.
간이과세자에서 일반과세자로 과세유형이 전환된 후 과세유형전환 전에 공급한 재화 또는 용역에 재화환입, 계약해제, 공급가액변동의 사유가 발생하여 수정세금계산서나 수정전자세금계산서를 발급하는 경우	처음에 발급한 세금계산서 작성일을 수정세금계산서 또는 수정전자세금계산서의 작성일로 적고, 비고란에 사유 발생일을 덧붙여 적은 후 추가되는 금액은 검은색 글씨로 쓰고 차감되는 금액은 붉은색 글씨로 쓰거나 음(陰)의 표시를 해야 한다.

* 세무조사의 통지를 받은 경우 등은 아래와 같다.
  ① 세무조사의 통지를 받는 경우
  ② 세무공무원이 과세자료 수집 또는 민원 등을 처리하기 위하여 현지출장이나 확인업무에 착수한 경우
  ③ 세무서장으로부터 과세자료 해명안내 통지를 받은 경우 등

참고 수정세금계산서 발급 사유 및 방법 정리

<table>
<tr><th colspan="2" rowspan="2">구 분</th><th colspan="3">작성·발급방법</th><th rowspan="2">수정신고 유무</th><th rowspan="2">발급기한</th></tr>
<tr><th>방 법</th><th>작성월일</th><th>비고란</th></tr>
<tr><td colspan="2">환입</td><td>환입금액분에 대하여 부(-)의 세금계산서 발급</td><td>환입된 날</td><td>당초 세금계산서 작성일</td><td>수정일자가 포함되는 과세기간분 부가가치세신고에 포함하여 신고 (수정신고 불필요)</td><td>환입된 날 다음 달 10일</td></tr>
<tr><td colspan="2">계약의 해제</td><td>부(-)의 세금계산서 발급</td><td>계약 해제일</td><td>당초 세금계산서 작성일</td><td>수정일자가 포함되는 과세기간분 부가가치세 (수정신고 불필요)</td><td>계약해제일 다음 달 10일</td></tr>
<tr><td colspan="2">공급가액 변동</td><td>증감되는 분에 대하여 정(+)/부(-)의 세금계산서 발급</td><td>변동사유 발생일</td><td>당초 세금계산서 작성일</td><td>수정일자가 포함되는 부가가치세 신고에 포함하여 신고(수정신고 불필요)</td><td>변동사유 발생일 다음 달 10일</td></tr>
<tr><td colspan="2">내국신용장 사후개설</td><td>부(-)의 세금계산서 발급과 추가하여 영세율 세금계산서 발급</td><td>당초 세금계산서 작성일</td><td>내국신용장 개설일자</td><td>당기 과세기간분 부가가치세 신고에 포함하여 신고 (수정신고 불필요)</td><td>내국신용장개설 다음 달 10일 (단, 과세기간 종료 후 20일 이내에 개설된 경우는 20일까지 발급)</td></tr>
<tr><td rowspan="2">필요적 기재사항 등이 잘못 적힌 경우</td><td>착오</td><td rowspan="2">부(-)의 세금계산서 1장과 추가하여 정확한 세금계산서 1장 발급</td><td rowspan="5">당초 세금계산서 작성일</td><td rowspan="2">-</td><td rowspan="5">당초의 부가가치세 신고에 영향 있는 경우 수정신고</td><td>착오사실을 인식한 날</td></tr>
<tr><td>착오 외</td><td>확정신고기한 다음 날부터 1년 이내</td></tr>
<tr><td colspan="2">착오에 의한 이중발급</td><td>부(-)의 세금계산서 발급</td><td>-</td><td>착오사실을 인식한 날</td></tr>
<tr><td colspan="2">면세 등 발급대상이 아닌 거래</td><td>부(-)의 세금계산서 발급</td><td>-</td><td>착오사실을 인식한 날</td></tr>
<tr><td colspan="2">세율을 잘못 적용한 경우</td><td>부(-)의 세금계산서 1장과 추가하여 정확한 세금계산서 1장 발급</td><td>-</td><td>착오사실을 인식한 날</td></tr>
</table>

6 세금계산서합계표의 제출의무

(1) 사업자의 예정신고와 확정신고시 매출, 매입 세금계산서합계표의 제출

① 사업자가 세금계산서를 발급하였거나 발급받은 때에는 매출처별세금계산서합계표와 매입처별세금계산서합계표를 해당 예정신고 또는 확정신고와 함께 제출해야 한다. 다만, 전자세금계산서를 발급하거나 발급받고 전자세금계산서발급명세를 해당 재화 또는 용역의 공급시기가 속하는 과세기간(예정신고의 경우에는 예정신고기간) 마지막 날의 다음 달 11일까지 국세청장에게 전송한 경우에는 해당 예정신고 또는 확정신고시 매출·매입처별세금계산서합계표를 제출하지 않을 수 있다.

② 예정신고를 하는 사업자가 각 예정신고와 함께 「매출·매입처별세금계산서합계표」를 제출하지 못한 경우에는 해당 예정신고기간이 속하는 과세기간의 확정신고와 함께 제출할 수 있다. 따라서 예정신고의무가 면제된 개인사업자는 해당 과세기간의 확정신고와 함께 제출하여야 하며, 예정신고를 하여야 할 자가 각 예정신고와 함께 매출·매입처별세금계 산서합계표를 제출하지 못하는 경우에는 해당 예정신고기간이 속하는 과세기간의 확정신고를 할 때 함께 제출할 수 있다.

(2) 세관장의 매출처별 세금계산서 합계표 제출

① 수입세금계산서를 발급한 세관장은 매출처별세금계산서합계표를 세관 소재지 관할 세무서장에게 제출하여야 한다.

(3) 면세사업자 등의 매입처별 세금계산서 합계표의 제출

세금계산서를 발급받은 국가·지방자치단체·지방자치단체조합, 소득세 또는 법인세의 납세의무가 있는 면세사업자, 민법 또는 특별법에 의하여 설립된 법인, 각급학교 기성회·후원회 또는 이와 유사한 단체, 외국법인연락사무소는 부가가치세의 납세의무가 없는 경우에도 매입처별세금계산서합계표를 해당 과세기간이 끝난 후 25일 이내에 납세지 관할세무서장에게 제출

참고 매출처별 세금계산서합계표 양식

■ 부가가치세법 시행규칙 [별지 제38호서식(1)]

홈택스(www.hometax.go.kr)에서도 신청할 수 있습니다.

매출처별 세금계산서합계표(갑)

년 제 기 (월 일 ~ 월 일)

※ 뒤쪽의 작성방법을 읽고 작성하시기 바랍니다. (앞쪽)

1. 제출자 인적사항

① 사업자등록번호	② 상호(법인명)
③ 성명(대표자)	④ 사업장 소재지
⑤ 거래기간 년 월 일 ~ 년 월 일	⑥ 작성일 년 월 일

2. 매출세금계산서 총합계

구 분		⑦ 매출처수	⑧ 매수	⑨ 공급가액 조	십억	백만	천	일	⑩ 세 액 조	십억	백만	천	일
합 계													
과세기간 종료일 다음 달 11일까지 전송된 전자세금계산서 발급분	사업자등록번호 발급분												
	주민등록번호 발급분												
	소 계												
위 전자세금계산서 외의 발급분	사업자등록번호 발급분												
	주민등록번호 발급분												
	소 계												

3. 과세기간 종료일 다음 달 11일까지 전송된 전자세금계산서 외 발급분 매출처별 명세
(합계금액으로 적음)

⑪ 번호	⑫ 사업자 등록번호	⑬ 상호 (법인명)	⑭ 매수	⑮ 공급가액 조	십억	백만	천	일	⑯ 세액 조	십억	백만	천	일	비고
1														
2														
3														
4														
5														

⑰ 관리번호(매출)	-

210mm×297mm[백상지 80g/㎡ 또는 중질지 80g/㎡]

참고 매입처별 세금계산서합계표 양식

■ 부가가치세법 시행규칙 [별지 제39호서식(1)]

홈택스(www.hometax.go.kr)에서도 신청할 수 있습니다.

매입처별 세금계산서합계표(갑)

년 제 기 (월 일 ~ 월 일)

※ 뒤쪽의 작성방법을 읽고 작성하시기 바랍니다. (앞쪽)

1. 제출자 인적사항

① 사업자등록번호	② 상호(법인명)
③ 성명(대표자)	④ 사업장 소재지
⑤ 거래기간 년 월 일 ~ 년 월 일	⑥ 작성일 년 월 일

2. 매입세금계산서 총합계

구 분		⑦ 매출처수	⑧ 매수	⑨ 공급가액					⑩ 세 액				
				조	십억	백만	천	일	조	십억	백만	천	일
합 계													
과세기간 종료일 다음 달 11일까지 전송된 전자 세금계산서 발급분	사업자등록 번호 발급분												
	주민등록번호 발급분												
	소 계												
위 전자 세금계산서 외의 발급분	사업자등록 번호 발급분												
	주민등록번호 발급분												
	소 계												

3. 과세기간 종료일 다음 달 11일까지 전송된 전자세금계산서 외 발급받은 매입처별 명세
(합계금액으로 적음)

⑪ 번호	⑫ 사업자 등록번호	⑬ 상호 (법인명)	⑭ 매수	⑮ 공급가액					⑯ 세액					비고
				조	십억	백만	천	일	조	십억	백만	천	일	
1														
2														
3														
4														
5														

⑰ 관리번호(매입)	-

210mm×297mm[백상지 80g/㎡ 또는 중질지 80g/㎡]

7 매입자발행세금계산서

(1) 매입자발행세금계산서의 의의와 목적

판매자가 부가가치세를 회피하기 위해 거래시기에 세금계산서를 발급하지 아니한 경우 매입자가 부가가치세 매입세액 공제를 받지 못하는 어려움이 있다. 이를 해결하기 위해 매입자발행세금계산서 제도를 두고 있다.

부가가치세 납세의무자로 등록한 사업자로서 세금계산서 발급의무가 있는 사업자(영수증 발급대상 사업자 중 세금계산서 발급요구시 발급의무가 있는 자 포함)가 재화 또는 용역을 공급하고, 세금계산서 발급시기에 세금계산서를 발급하지 않은 경우(사업자의 부도 또는 폐업, 공급계약의 해제, 변경 또는 그 밖의 대통령령이 정하는 사유가 발생한 경우로서 사업자가 수정세금계산서 또는 수정전자세금계산서를 발급하지 아니한 경우를 포함) 그 재화 또는 용역을 공급받은 자(면세사업자 포함)는 관할 세무서장의 확인을 받아 세금계산서를 발행할 수 있는데 이를 매입자발행세금계산서라 한다.

참고 **매입자발행 세금계산서 양식**

[별지 제76호의2서식] 〈신설 2007. 3. 30.〉 (적색)

매입자발행세금계산서(공급자보관용)

책 번 호 권 호

일 련 번 호 -

공급자	등록번호	- -		공급받는자	등록번호		
	상호(법인명)		성 명 (대표자)		상호(법인명)		성 명 (대표자)
	사업장 주소				사업장 주소		
	업 태		종 목		업 태		종 목

작성				공급가액												세액											비 고
연	월	일	공란수	조	천	백	십	억	천	백	십	만	천	백	십	일	천	백	십	억	천	백	십	만	천	백	십	일	

월	일	품 목	규 격	수 량	단 가	공 급 가 액	세 액	비 고

합 계 금 액	현 금	수 표	어 음	외상 미수금	이 금액을 영수/청구 함

210㎜×148.5㎜ (인쇄용지(특급) 34g/㎡)

(2) 절차

매입자 발행세금계산서를 발행하려는 자는 해당 재화 또는 용역의 공급시기가 속하는 과세기간의 종료일부터 1년 이내에 관할세무서장에게 거래사실의 확인을 신청해야 한다. 거래사실의 확인신청의 대상이 되는 거래는 거래건당 공급대가가 5만원 이상인 경우로 한다. 매입자발행세금계산서에 기재된 그 부가가치세액은 매출세액에서 공제할 수 있는 매입세액으로 본다.

참고 **거래사실 확인신청서(매입자발행세금계산서 발급용) 양식**

거래사실 확인신청서(매입자발행세금계산서 발급용)

※ 뒤쪽의 작성방법을 읽고 작성하시기 바랍니다. (앞쪽)

접수번호	접수일	처리기간

1. 신청인 인적사항			
① 상호(법인명)		② 사업자등록번호	
③ 성명(대표자명)		④ 전화번호	
⑤ 사업장소재지			
사업의 종류	⑥ 업태	⑦ 종목	
2. 공급자 인적사항			
⑧ 상호(법인명)		⑨ 사업자등록번호	
⑩ 성명(대표자명)		⑪ 전 화 번 호	
⑫ 사업장소재지			

3. 신청 내용					
⑬ 공급대가		⑭ 공급가액		⑮ 부가가치세	

4. 거래내역 명세서

NO	⑯ 거래일	⑰ 거래품목	⑱ 규격	⑲ 수량	⑳ 공급대가 (부가가치세포함)	㉑ 비고 (대금결제방법)
	합계					

매입자발행세금계산서의 발행을 위하여 「부가가치세법 시행령」 제71조의2제2항에 따라 거래사실의 확인을 신청합니다.

년 월 일

신청인 (서명 또는 인)

세 무 서 장 귀하

첨부서류	1. 공급자가 발행한 영수증 또는 무통장입금증 등 대금결제 증명자료(필수) 2. 그 밖의 거래사실 증명자료

210㎜×297㎜[백상지(80g/㎡) 또는 중질지(80g/㎡)]

2 영수증

1 개요

(1) 영수증의 정의와 관련 서식 예시

영수증은 세금계산서의 필요적 기재사항 중 '공급받는 자의 등록번호'를 기재하지 않을 뿐만 아니라 원칙적으로 공급가액과 부가가치세액을 별도로 구분하지 않고 '공급대가'를 표시한 것을 말한다. 「부가가치세법」 시행령 제73조 제7항에서 영수증의 서식을 국세청장에게 위임하였는데 이에 따라 국세청 행정규칙에 의해 고시된 영수증 서식 예시(국세청고시 제2024-4호(2024.2.1.))는 다음과 같다.

<table>
<tr><td colspan="3">0303-1B</td><td colspan="7">영 수 증
(공급받는 자용)</td><td colspan="3">201 . . .</td></tr>
<tr><td colspan="13">근거 : 부가가치세법시행령 제73조제7항</td></tr>
<tr><td rowspan="4">공
급
자</td><td colspan="2">등 록 번 호</td><td colspan="10"></td></tr>
<tr><td colspan="2">상 호</td><td colspan="5"></td><td colspan="2">성 명</td><td colspan="3"></td></tr>
<tr><td colspan="2">사 업 장 주 소</td><td colspan="10"></td></tr>
<tr><td colspan="2">업 태</td><td colspan="5"></td><td colspan="2">종 목</td><td colspan="3"></td></tr>
<tr><td colspan="3">작 성</td><td colspan="8">공급대가</td><td colspan="2">비 고</td></tr>
<tr><td>년</td><td>월</td><td>일</td><td>억</td><td>천</td><td>백</td><td>십</td><td>만</td><td>천</td><td>백</td><td>십</td><td>일</td><td></td></tr>
<tr><td></td><td></td><td></td><td></td><td></td><td></td><td></td><td></td><td></td><td></td><td></td><td></td><td></td></tr>
<tr><td colspan="3">품목</td><td colspan="2">단가</td><td colspan="2">수량</td><td colspan="6">공급대가</td></tr>
<tr><td colspan="3"></td><td colspan="2"></td><td colspan="2"></td><td colspan="6"></td></tr>
<tr><td colspan="3"></td><td colspan="2"></td><td colspan="2"></td><td colspan="6"></td></tr>
<tr><td colspan="3"></td><td colspan="2"></td><td colspan="2"></td><td colspan="6"></td></tr>
<tr><td colspan="3"></td><td colspan="2"></td><td colspan="2"></td><td colspan="6"></td></tr>
<tr><td colspan="13">위 금액을 영수(청구)함.

귀하</td></tr>
</table>

(2) 영수증의 특수 사례 : 신용카드매출전표와 금전등록기 영수증

영수증은 원칙적으로 공급가액과 부가가치세액을 별도로 구분하지 않고 '공급대가'를 표시한 것을 말한다. 다만, 일반과세자 중 영수증 발급대상자가 신용카드기 또는 직불카드기 등 기계적 장치(금전등록기를 제외한다)에 의하여 영수증을 발급할 때에는 영수증에 공급가액과 세액을 별도로 구분하여 적어야 한다. 또한 국세청고시 제2024-4호(2024.2.1.))에 의하여 영수증에 공급가액과 부가가치세액을 구분 표시하여야 하는 경우는 다음과 같다.

① 판매시점정보관리시스템(POS)에 의하여 교부하는 영수증에는 공급자의 등록번호·상호·성명(법인의 경우 대표자의 성명)·작성연월일을 적고 상품명에 부가가치세 과세 또는 면세 여부를 소비자가 구분할 수 있도록 표시하여야 하며, 합계란은 다음 양식과 같이 적어야 한다.

부가세 면세 물품가액	
부가세 과세 물품가액	
부가세	
합계	

② 신용카드가맹점 가입사업자가 교부하는 신용카드매출전표에는 공급자의 등록번호·상호·성명(법인의 경우 대표자의 성명)·작성연월일을 적고 공급 대가란은 다음 양식과 같이 적어야 한다.

금액 AMOUNT			백			천			원
	₩								
부가세 V.A.T	₩								
봉사료 S/C	₩								
합계 TOTAL	₩								

신용카드매출전표 실제 발행사례는 다음과 같다.

신용카드 매출전표
[고객용]

[거래일시]	21년11월23일 14:22
[승인번호]	12345550
[거래유형]	신용 승인(IC)
[카드번호]	9435-52**-****-****
[카드사명]	농협비씨신용
[매입사명]	비씨카드EDC
[할부유형]	일시불
[과세금액]	129,182원
[부가세]	12,918원
[봉사료]	0원
[총합계]	**142,100원**
[상세내역]	
일반판매×1	142,100원
[가맹점]	아름다운날들 대표자: 홍길동
[사업자번호]	7500000000
[CAT-ID]	8135555555
[가맹점번호]	710555555
[전화번호]	0225576482
[주소]	서울특별시노동로201번길
[서명]	

부가가치세법상의 특정 간이과세자와 영수증발급의무자가 신용카드가맹점으로 가입하여 신용카드매출전표 등을 발급하는 경우에는 영수증으로 인정되고 세액공제의 혜택이 주어진다.

신용카드매출전표 등은 영수증으로 보기 때문에 이를 발급받은 사업자는 매입세액공제를 받을 수 없으나 부가가치세액이 별도로 기재된 신용카드매출전표 등을 발급받아 보관하고 수령명세서를 제출하는 경우에는 매입세액공제를 받을 수 있다. 다만, 상기와 같이 간이과세자 등이 발급한 신용카드매출전표와 매입세액불공제대상 신용카드매출전표는 매입세액공제를 받을 수 없다.

2 영수증의 발급 주체

(1) 영수증 발급대상 원칙

1) 일반과세자 중 영수증 발급대상자

일반과세자 중 주로 사업자가 아닌 자에게 재화 또는 용역을 공급하는 사업자로서 다음의 사업을 하는 자는 영수증을 발급하여야 한다.

① 소매업, 음식점업(다과점업을 포함), 숙박업
② 미용, 욕탕 및 유사 서비스업
③ 여객운송업
④ 입장권을 발행하여 경영하는 사업
⑤ 부가가치세가 과세되는 성형수술 등 진료용역
⑥ 부가가치세가 과세되는 수의사가 제공하는 동물의 진료용역
⑦ 부가가치세가 과세되는 무도학원과 자동차운전학원
⑧ 간편사업자등록을 한 사업자가 국내에 전자적 용역을 공급하는 사업
⑨ 간이과세가 배제되는 전문직서비스업 및 행정사업(사업자에게 공급하는 것은 제외)
⑩ 우정사업조직이 소포우편물을 방문접수하여 배달하는 용역을 공급하는 사업
⑪ 공인인증기관이 공인인증서를 발급하는 용역
⑫ 주로 사업자가 아닌 소비자에게 재화 또는 용역을 공급하는 사업으로서 기획재정부령으로 정하는 사업(떡방앗간, 양복점업·양장점 및 양화점업 등)

이 중 '②' 에서 '⑦'까지의 사업(여객운송업 중 전세버스 운송사업은 제외)은 세금계산서 발급금지 업종이다. 즉 '②' 에서 '⑦'까지의 사업(여객운송업 중 전세버스 운송사업은 제외) 외에 위에 열거된 업종의 경우, 공급받는 자가 사업자등록증을 제시하고 세금계산서의 발급을 요구하는 경우에는 세금계산서를 발급하여야 한다.

2) 간이과세자 중 영수증 발급대상자

간이과세자 중 다음의 어느 하나에 해당하는 자는 그 공급을 받은 자에게 세금계산서를 발급하는 대신 영수증을 발급하여야 한다.

① 간이과세자 중 다음의 어느 하나에 해당하는 자(이하 특정 간이과세자)

㉠ 직전 연도의 공급대가의 합계액(직전 과세기간에 신규로 사업을 시작한 개인사업자의 경우 환산한 금액)이 4천800만원 미만인 자

㉡ 신규로 사업을 시작하는 개인사업자로서 간이과세자로 하는 최초의 과세기간 중에 있는 자

(2) 영수증 발급을 선택할 수 있는 사업자

전기사업자가 산업용이 아닌 전력을 공급하는 경우 등 법령으로 정하는 경우 해당 사업자는 영수증을 발급할 수 있다. 이 경우 해당 사업자가 영수증을 발급하지 아니하면 세금계산서를 발급하여야 한다

(3) 영수증 발급대상자의 세금계산서 발급

일반과세자 중 영수증 발급대상자는 공급받는 자가 사업자등록증을 제시하고 세금계산서의 발급을 요구하는 경우에는 세금계산서를 발급하여야 한다. 이 때 세금계산서 발급금지 업종 사업자 외의 사업자가 신용카드매출전표·직불카드영수증·결제대행업체를 통한 신용카드매출전표·기명식 선불카드 및 현금영수증 등을 발급한 경우에는 세금계산서를 발급하지 아니한다(즉 신용카드매출전표 등이 세금계산서를 대체하게 된다.)

다만, 앞서 언급한 바와 같이 위 (1)의 '②' 에서 '⑦'까지의 사업(여객운송업 중 전세버스 운송사업은 제외)은 세금계산서 발급금지 업종이므로 세금계산서를 발급할 수 없다.

그러나 이 경우((1)의 '②'에서 '⑦'까지의 사업을 하는 사업자)에도 감가상각자산을 공급하거나 사업의 역무 외의 역무를 공급하는 경우로서 그 재화 또는 용역을 공급받는 사업자가 세금계산서의 발급을 요구하는 경우에는 세금계산서를 발급해야 한다.

(4) 영수증 발급대상자의 계산서 발급

영수증 발급대상자는 금전등록기를 설치하여 영수증을 대신하여 공급대가를 적은 계산서를 발급할 수 있다(부가법 36 ④). 이 경우 사업자가 계산서를 발급하고 해당 감사테이프를 보관한 경우에는 영수증을 발급하고 장부의 작성을 이행한 것으로 보며, 현금수입을 기준으로 부가가치세를 부과할 수 있다.

(5) 간이과세자의 영수증 발급 적용기간

① 직전 연도의 공급대가에 따라 영수증 발급에 관한 규정이 적용되거나 적용되지 아니하게 되는 기간은 해의 1월 1일부터 12월 31일까지의 공급대가의 합계액(신규로 사업을 시작한 개인사업자의 경우 환산한 금액)이 4,800만원에 미달하거나 그 이상이 되는 해의 다음 해의 7월 1일부터 그 다음 해의 6월 30일까지로 한다.

② 간이과세자 중 신규사업자의 영수증 발급에 관한 규정이 적용되는 기간은 사업 개시일부터 사업을 시작한 해의 다음 해의 6월 30일까지로 한다.

③ 간이과세자의 영수증 발급 적용기간에 재화 또는 용역을 공급하는 경우에는 공급받는 자가 사업자등록증을 제시하고 세금계산서의 발급을 요구하더라도 세금계산서를 발급할 수 없다.

③ 세금계산서 및 영수증발급의무의 면제

영업의 성격상 세금계산서 또는 영수증을 발급하는 것이 부자연스럽거나 비거주자 또는 외국법인을 상대로 하는 거래 및 간주공급 등에 대하여는 세금계산서(영수증) 발급의무가 면제된다.

(1) 발급요구가 없는 경우에 한하여 면제되는 경우

① 소매업의 경우에는 공급받는 자가 세금계산서의 발급을 요구하지 아니하는 경우에 한하여 세금계산서 발급의무가 면제된다.

② 공인인증기관이 공인인증서를 발급하는 용역의 경우에는 공급받는 자가 사업자로서 세금계산서의 발급을 요구하지 아니하는 경우에 한하여 세금계산서 발급의 무를 면제한다.

(2) 기타의 면제대상

① 택시운송사업자·노점 또는 행상을 하는 자가 공급하는 재화 또는 용역
② 무인자동판매기를 이용하여 재화·용역을 공급하는 자가 공급하는 재화 또는 용역
③ 미용, 욕탕 및 유사서비스업 영위하는 자가 공급하는 재화 또는 용역
④ 간주공급(자가공급·개인적 공급·사업상 증여 및 폐업시 잔존재화의 공급). 다만, 판매목적의 타사업장 반출의 경우는 제외한다.
⑤ 영세율이 적용되는 재화 또는 용역 중 법령에서 정하는 것
⑥ 부동산임대용역 중 간주임대료에 해당하는 부분
⑦ 간편사업자등록을 한 사업자가 국내에 공급하는 전자적용역
⑧ 그 밖에 국내사업장이 없는 비거주자 또는 외국법인에 공급하는 재화 또는 용역

(3) 신용카드매출전표 등의 발급시 세금계산서 발급의무면제의 특례

세금계산서 발급금지 업종 사업자 외의 사업자가 신용카드매출전표·직불카드영수 증·결제대행업체를 통한 신용카드매출전표·기명식 선불카드 및 현금영수증 등을 발급한 경우에는 세금계산서를 발급하지 아니한다.

참고 **영세율대상거래의 세금계산서의 발급의무**

발급의무 ○	발급의무 ×
① 원료반출수출재화 ② 내국신용장(구매확인서)에 의하여 공급하는 재화 ③ 한국국제협력단과 한국국제보건의료재단에 공급하는 재화 ④ 수출재화임가공용역 ⑤ 외국항행선박 등에 제공하는 재화·용역 ⑥ 선박의 외국항행용역 중 공급받는 자가 국내사업장이 있는 비거주자 또는 외국법인인 경우	① 수출하는 재화 ② 국외에서 제공하는 용역 ③ 항공기의 외국항행용역 ④ 국내주재의 외국정부기관, 미국군 등에 공급하는 재화·용역 ⑤ 국내사업장이 없는 비거주자, 외국법인과의 거래

4 세금계산서 vs 영수증 비교

영수증은 주로 최종소비자와 거래하는 영세사업자와 간이과세자 중 신규사업자 또는 소규모사업자가 발급하며, 세금계산서와는 달리 합계표를 제출할 필요는 없고, 해당 영수증을 발급받은 자는 이를 근거로 매입세액을 공제받을 수 없다. 그 이유는 세금계산서는 거래사실이 사업자등록번호별로 집계되어 세무서에 보고되고 상호 대조되는데 반하여 영수증은 거래사실의 상호대조가 어렵기 때문이다. 또한 영수증 발급 대상자는 이를 발급하지 않더라도 가산세를 부담하지 아니한다.

구 분	세금계산서	영수증
기재금액	공급가액 및 부가가치세를 구분기재함	공급대가를 기재함
매입세액공제의 적용 여부	매입세액공제 ○	매입세액공제 ×
미발급시 가산세의 적용 여부	가산세 ○ (세금계산서불성실가산세(2%) 부과)	가산세 ×

3 계산서

면세사업자는 세금계산서나 영수증이 아닌 계산서를 발급한다. 원칙적으로 세금계산서는 공급가액과 부가가치세를 구분하여 기재하고, 영수증의 경우 공급가액과 부가가치세를 구분하지 않고 공급대가를 기재하게 된다. 반면에 계산서는 면세사업자 대상이므로 공급가액만 기재한다.

[별지 제28호서식(2)]

계 산 서 (공 급 자 보 관 용)	책번호	권	호
	일련번호		

공급자	등록번호				공급받는자	등록번호			
	상 호 (법인명)		성명	인		상 호 (법인명)		성 명	
	사업장 주소					사업장 주소			
	업 태		종목			업 태		종 목	

작 성			공 급 가 액											비 고
년	월	일	공란수	백	십	억	천	백	십	만	천	백	십	일

월	일	품 목	규 격	수 량	단 가	공 급 가 액	비 고

합 계 금 액	현 금	수 표	어 음	외상미수금	이 금액을 영수/청구 함

Chapter 06

Value Added Tax

매입세액의 계산

6 매입세액의 계산

구 분	금 액	세 액
세금계산서 수취분 매입세액		××× [*1]
+ 예정신고누락분 매입세액		×××
+ 매입자발행세금계산서에 의한 매입세액		×××
+ 기타공제매입세액		
신용카드매출전표 등의 수령분	×××	
의제매입세액	×××	
재활용폐자원 등의 매입세액	×××	
재고매입세액	×××	
변제대손세액	×××	
과세전용매입세액	×××	××× [*2]
- 공제받지 못할 매입세액		
매입세액불공제	××× [*3]	
공통매입세액의 면세사업분	××× [*3]	
대손처분받은 세액	×××	(×××)
= 매입세액		×××

*1 모든 세금계산서의 수령분을 기재함(총액기재)
*2 공제가능한 금액만 기재함
*3 세금계산서의 수령분 중 불공제되는 금액을 기재함

1 일반적인 매입세액공제

1 세금계산서 수취분 매입세액

(1) 매입세액 공제 요건

사업자가 자기의 사업을 위하여 사용하였거나 사용할 목적으로 재화·용역을 공급받거나 재화를 수입하면서 세금계산서(또는 수입세금계산서)를 발급받은 경우에는 세금계산서에 의해 확인되는 매입세액을 매출세액에서 공제한다.

매입세액은 재화·용역을 공급받는 시기 또는 재화의 수입시기가 속하는 예정신고 기간 또는 과세기간의 매출세액에서 공제한다. 따라서 거래형태, 대금의 결제 여부 및 구입한 재화의 사용 여부 등에 상관없이 재화·용역의 공급시기 또는 재화의 수입시기에 관련 매입세액을 공제한다. 외상으로 원재료를 매입하고 과세기간 종료일까지 그 대금을 결제하지 아니한 경우에도 원재료의 매입시기에 세금계산서를 발급받았다면 그 매입세액을 공제할 수 있다. 즉, 부가가치세를 실제로 현금지급하지 않은 경우라도 매입세액을 공제할 수 있는 것이다.

구 분	내 용
① 자기의 사업을 위한 매입세액일 것	업무와 무관한 매입세액 및 면세사업을 위한 매입세액은 불공제함
② 과세사업에 사용되었거나 사용될 재화 또는 용역일 것	매입한 과세기간에 사용되지 않은 재화 또는 용역의 매입세액도 공제함 * 매입세액의 공제시기는 사용한 과세기간이 아니라 매입한 과세기간임
③ 세금계산서에 의하여 입증된 매입세액일 것	세금계산서를 미수취하거나 세금계산서를 수취하더라도 매입처별세금계산서합계표를 미제출한 매입세액은 불공제함 * 세금계산서를 미수취하더라도 신용카드매출전표 등을 발급받아 보관하고 수령명세서를 제출하는 경우에는 매입세액, 의제매입세액 등을 공제함

(2) 예정신고 및 확정신고 누락분 공제

예정신고기간에 공제하였어야 할 매입세액을 실수로 공제하지 못한 경우에는 확정신고시 공제할 수 있으며, 확정신고시 공제하지 못한 경우에는 수정신고·경정청구 또는 기한 후 신고시 공제할 수 있다. 이 경우에는 가산세가 부과되지 않는다. 그러나 경정시 경정기관의 확인을 거쳐 매입세액을 공제하는 경우에는 자발적으로 잘못된 것을 고쳐 신고하는 것이 아니므로 가산세(매입처별세금계산서합계표 제출불성실가산세)가 부과된다.

2 매입자발행세금계산서에 의한 매입세액

(1) 의의

재화 또는 용역의 공급자가 세금계산서를 발급하지 아니하면 공급받는 자가 매입세액을 공제할 수 없어 불이익을 당하게 되므로 공급자가 세금계산서를 발급하지 아니한 경우에는 공급받는 자가 관할세무서장의 확인을 받아 매입자발행세금계산서를 발행하여 매입세액을 공제할 수 있도록 하였다.

(2) 대상 및 세금계산서 발행절차

납세의무자로 등록한 사업자로서 세금계산서 발급의무가 있는 사업자(영수증발급대상 사업자 중 거래상대방의 요구시 세금계산서 발급의무가 있는 사업자 포함)가 거래건당 공급대가가 5만원 이상인 재화 또는 용역을 공급하고 세금계산서 발급 시기에 세금계산서 를 발급하지 아니한 경우(사업자의 부도·폐업, 공급 계약의 해제·변경 등이 발생한 경우로서 사업자가 수정세금계산서 또는 수정전자세금계산서를 발급하지 아니한 경우를 포함) 그 재화 또는 용역을 공급받은 자(면세사업자를 포함한 모든 사업자)는 관할세무서장의 확인을 받아 매입자발행세금계산서를 발행할 수 있다. 매입자는 과세기간 종료일로부터 6개월 이내에 관할세무서에 서면으로 거래사실확인신청서와 거래증빙서류를 함께 제출해야 하며 관할세무서장은 신고일로부터 익월 말까지 거래사실을 확인하여 매입자에게 통보해야 한다. 따라서 재화·용역의 공급시기에 매입세액으로 공제되는 것이나, 과세기간의 마지막 달(6월, 12월)에 신고된 경우에는 경정청구절차를 통해 매입세액공제가 가능하다.

(3) 매입세액공제 절차

매입자발행세금계산서를 발급한 신청인은 예정신고 및 확정신고 또는 경정청구시 매입자발행세금계산서합계표를 제출한 경우 매입자발행세금계산서에 기재된 매입세액을 해당 재화 또는 용역의 공급시기에 해당하는 과세기간의 매출세액 또는 납부세액에서 매입세액으로 공제받을 수 있다.

3 신용카드매출전표 등 수취분 매입세액

(1) 공제가능 매입세액

사업자가 일반과세자(세금계산서의 발급금지업종, 간이과세자 중 직전 연도 공급대가가 4,800만원 미만 또는 신규사업자 제외)로부터 재화 또는 용역을 공급받고 부가가치세액이 별도로 구분 가능한 신용카드매출전표 등(직불카드영수증·기명식선불카드영수증·현금영수증을 포함함)을 발급받은 때에는 다음의 요건을 모두 충족하는 경우에 이를 세금계산서와 동일한 성격의 증빙으로 보아 그 부가가치세액은 공제할 수 있는 매입세액으로 본다. 그리고 이 경우에는 거래상대방이 세금계산서를 요구하더라도 세금계산서를 발급하지 않는다.

① 신용카드매출전표 등 수취명세서를 제출할 것

② 신용카드매출전표 등의 증빙을 그 거래사실이 속하는 과세기간에 대한 확정신고를 한 날로부터 5년간 보관할 것

③ 간이과세자가 영수증을 발급하여야 하는 기간에 발급한 신용카드매출전표 등이 아닐 것

(2) 공제불가능 매입세액

다음의 공급자로부터 신용카드매출전표 등을 발급받으면 매입세액을 공제할 수 없다.

① 간이과세자 중 다음의 어느 하나에 해당하는 자(이하 특정 간이과세자)

㉠ 직전 연도의 공급대가의 합계액(직전 과세기간에 신규로 사업을 시작한 개인사업자의 경우 환산한 금액)이 4천800만원 미만인 자

㉡ 신규로 사업을 시작하는 개인사업자로서 간이과세자로 하는 최초의 과세기간 중에 있는 자

② 일반과세자 중 세금계산서의 발급금지업종을 영위하는 사업자

❹ 공제받지 못할 매입세액

(1) 개 요

구 분	내 용
조세정책 (법인세법상 손금)	① 면세사업(비과세사업) 관련 매입세액(∴매출로 과세되지 않을 것이므로 미리 불공제함) ② 기업 업무추진비 관련 매입세액 ③ 비영업용소형승용차의 구입과 임차 및 유지에 관한 매입세액 ④ 토지조성 관련 매입세액 ⑤ 영수증을 발급받은 경우의 매입세액(∴ 세금계산서의 미수취) ⑥ 간주임대료에 대하여 부담한 매입세액(∴ 세금계산서의 발급불가) * 임차인이 부담하는 간주임대료에 대한 부가가치세는 공제되지 않음
의무불이행· 업무무관 (법인세법상 손금불산입)	① 사업자등록 전 매입세액 ㉠ 사업자등록증발급일까지 매입거래분에 대하여 관련매입세액을 공제받기 위해서는 해당 사업자 또는 대표자의 주민등록번호를 기재한 세금계산서를 발급받은 경우에는 매입세액을 공제함 ㉡ 공급시기가 속하는 과세기간이 끝난 후 20일 이내에 등록을 신청한 경우 등록신청일부터 공급시기가 속하는 과세기간 기산일까지 역산한 기간 내의 것은 그 과세기간 내 매입세액은 공제함 ② 세금계산서의 미수령·부실기재분 매입세액(시기경과후 수령도 포함함) * 공급가액과 사실이 다른 경우에는 실제가액과의 차액을 불공제함 ③ 매입처별세금계산서합계표의 미제출·부실기재분 매입세액(나중에 제출한 경우도 포함함) ④ 사업과 직접 관련 없는 매입세액(공동경비 중 법정기준 초과분 포함함)

(2) 비영업용 소형승용차의 구입과 임차 및 유지에 관한 매입세액

"영업용"이란 운수업, 자동차 판매업 등과 같이 승용차를 직접 영업에 사용하는 것을 의미하므로 그 외의 목적으로 사용하는 것은 비영업용에 해당한다. 또한, 소형승용자동차란 개별소비세 과세대상이 되는 승용자동차를 말한다(9인승 이상의 승용자동차, 승합자동차 및 화물자동차는 소형승용자동차가 아님). 물론 비영업용 소형승용자동차도 사업에 사용될 수 있으나 단순히 임직원 편의를 위해 사용되는 경우가 많고, 이를 구분하기 사실상 어려우므로 일률적으로 사업과 직접 관련없는 지출로 본다. 즉 비영업용 소형승용차의 구입과 임차 및 유지에 관한 매입세액은 공제할 수 없다. 비 영업용 소형승용차는 업무용으로 사용되는지 확인하기 어렵고, 영업에 직접 사용함으로써 수익에 직접 공헌하기보다는 임직원이 최종 소비하는 것으로 보아 비영업용 소형승용차의 구입과 임차 및 유지와 관련된 매입세액은 공제하지 아니한다.

(3) 토지조성 관련 매입세액

① 토지의 획득 및 형질변경, 공장부지 및 택지조성에 관련된 매입세액

② 건축물이 있는 토지를 취득하여 건축물을 철거하고 토지만 사용시 철거한 건축물의 취득 및 철거비용에 관련된 매입세액
③ 토지의 가치를 증가시켜 토지의 취득원가를 구성하는 비용에 관련된 매입세액

(4) 세금계산서의 미수령·부실기재분 매입세액

세금계산서 또는 수입세금계산서를 발급받지 아니한 경우 또는 발급받은 세금계산서 또는 수입세금계산서에 필요적 기재사항의 전부 또는 일부가 적히지 아니하였거나 사실과 다르게 적힌 경우에는 매입세액(공급가액이 사실과 다르게 적힌 경우에는 실제 공급 가액과 사실과 다르게 적힌 금액의 차액에 해당하는 세액을 말함)을 공제할 수 없다.

다음은 예외적으로 매입세액공제가 허용된다.

① 사업자등록을 신청한 사업자가 등록증발급일까지의 거래에 대하여 사업자 또는 대표자의 주민등록번호를 적어 발급받은 경우
② 발급받은 세금계산서의 필요적 기재사항 중 일부가 착오로 기재되었으나 해당 세금계산서의 그 밖의 필요적 기재사항 또는 임의적 기재사항으로 보아 거래사실이 확인되는 경우
③ 재화 또는 용역의 공급시기 이후에 발급받은 세금계산서로서 해당 공급시기가 속하는 과세기간의 확정신고기한까지 발급받은 경우(후발급의 특례에 따라 발급받은 경우를 포함함)
④ 공급시기 이후 세금계산서를 발급받았으나, 실제 공급시기가 속하는 과세기간의 확정신고기한 다음날부터 1년 이내이고 다음의 어느 하나에 해당하는 경우
  ㉠ 과세표준수정신고서와 경정 청구서를 세금계산서와 함께 제출하는 경우
  ㉡ 해당 거래사실이 확인되어 납세지 관할세무서장, 납세지 관할지방국세청장 또는 국세청장이 결정 또는 경정하는 경우
⑤ 재화 또는 용역의 공급시기 전에 세금계산서를 발급받았더라도 재화 또는 용역의 공급시기가 그 세금계산서의 발급일부터 6개월 이내에 도래하고 해당 거래사실이 확인되어 납세지 관할세무서장등이 결정 또는 경정하는 경우
⑥ 전자세금계산서로서 국세청장에게 전송되지 않았으나 그 사실이 확인되는 경우
⑦ 전자세금계산서의 발급대상 사업자로부터 발급받은 전자세금계산서 외의 세금계산서로서 재화나 용역의 공급시기가 속하는 과세기간의 확정신고기한까지 발급(후발급의 특례규정에 따라 발급받은 경우를 포함함)받았고, 그 거래사실도 확인되는 경우
⑧ 조세회피 의도가 없는 위장거래인 경우 : 지점이 공급한 재화에 대해 본점을 공급하는 자로 기재하거나 공급받은 재화를 실제로 사용하는 사업장(제조장)이 아닌 동일 사업자가 운용하는 다른 사업장(본사)을 공급받는 자로 기재하는 등 필요적 기재사항 중 '공급하는 자' 또는 '공급받는 자'가 사실과 다르게 기재된 경우로서 다음의 요건을 모두 충족한 경우
  ㉠ 실제 공급하는 자 또는 공급받는 자가 속하는 사업자단위과세 또는 총괄납부범위 내의 다른 사업자 중 하나로 잘못 기재(나머지 필요적 기재사항은 모두 사실대로 기재함)
  ㉡ 공급하는 자가 당초세금계산서에 근거하여 매출세액을 모두 납부
⑨ 조세회피 의도 없이 잘못 적용한 위탁매매 또는 대리인에 의한 매매인 경우 : 거래의 실질이 위탁매매 또는 대리인에 의한 매매에 해당함에도 불구하고 거래 당사자 간 계약에 따라 위탁매매

또는 대리인에 의한 매매가 아닌 거래로 하여 세금계산서를 발급받은 경우로서 그 거래사실이 확인되고 거래 당사자가 납세지 관할세무서장에게 해당 납부세액을 신고하고 납부한 경우

⑩ 조세회피 의도 없이 잘못 적용한 위탁매매 또는 대리인에 의한 매매에 해당하지 않는 경우 : 거래의 실질이 위탁매매 또는 대리인에 의한 매매에 해당하지 않음에도 불구하고 거래 당사자 간 계약에 따라 위탁매매 또는 대리인에 의한 매매로 하여 세금계산서를 발급받은 경우로서 그 거래사실이 확인되고 거래 당사자가 납세지 관할세무서장에게 해당 납부세액을 신고하고 납부한 경우

(5) 매입처별세금계산서합계표의 미제출·부실기재분 매입세액

사업자는 세금계산서 또는 수입세금계산서를 발급하였거나 발급받은 경우에는 매출처별 세금계산서합계표와 매입처별 세금계산서합계표를 해당 예정신고 또는 확정신고를 할 때 함께 제출하여야 한다. 한편 전자세금계산서를 발급하거나 발급받고 전자세금계산서 발급명세를 해당 재화 또는 용역의 공급시기가 속하는 과세기간(예정신고의 경우에는 예정신고기간) 마지막 날의 다음 달 11일 까지 국세청장에게 전송한 경우에는 매출·매입처별 세금계산서합계표를 제출하지 아니할 수 있다.

매입처별 세금계산서합계표 제출의무자가 합계표를 제출하지 아니한 경우에는 매입세액을 공제할 수 없다. 한편 제출한 매입처별 세금계산서합계표의 기재사항 중 거래처별 등록번호 또는 공급가액의 전부 또는 일부가 적히지 아니하였거나 사실과 다르게 적힌 경우 그 기재사항이 적히지 아니한 부분 또는 사실과 다르게 적힌 부분의 매입세액은 공제할 수 없다. 다만, 매입처별 세금계산서합계표의 거래처별 등록번호 또는 공급가액이 착오로 사실과 다르게 적힌 경우로서 발급받은 세금계산서에 의하여 거래사실이 확인되는 경우에는 매입세액을 공제한다.

다음은 예외적으로 매입세액공제가 허용된다.

① 매입처별세금계산서합계표의 거래처별 등록번호 또는 공급가액이 착오로 사실과 다르게 기재된 경우로서 발급받은 세금계산서에 의하여 거래사실이 확인되는 경우

② 매입처별세금계산서합계표(또는 신용카드매출전표등수령명세서)를 지연제출(예정신고분을 확정신고시 제출하는 것)하는 경우와 수정신고·경정청구·기한후신고시 제출하는 경우

③ 발급받은 세금계산서 또는 신용카드매출전표 등을 경정시에 경정기관의 확인을 거쳐 제출하는 경우 ☞ 단, 이 경우에는 매입처별세금계산서합계표불성실가산세가 부과됨

(6) 면세 재화 또는 용역의 공급에 관련된 매입세액

부가가치세가 면제되는 재화 또는 용역을 공급하는 사업(부가가치세가 과세되지 아니하는 재화 또는 용역을 공급하는 사업을 포함)에 관련된 매입세액(투자에 관련된 매입세액을 포함)은 공제하지 않는다.

(7) 기업업무추진비 지출 관련 매입세액

소모성 비용의 지출을 억제하기 위하여 기업업무추진비 지출 관련 매입세액을 공제하지 아니한다. 기업업무추진비 지출 관련 매입세액은 소득세법 및 법인세법상 기업 업무추진비로 보아 시부인하여야 한다.

(8) 사업과 직접 관련없는 지출에 대한 매입세액

사업과 직접 관련이 없는 지출에 대한 매입세액은 공제받을 수 없다. 여기서 사업과 직접 관련이 없는 지출의 범위는 다음과 같다.

① 법인세법 및 소득세법의 업무무관비용

② 공동경비 중 기준에 의한 분담금액을 초과하는 금액으로서 법인세법상 손금불산입되는 금액

(9) 사업자등록을 신청하기 전의 매입세액

신규로 사업을 개시한 자가 사업자등록을 신청하기 전의 매입세액은 공제되지 아니 한다. 다만, 공급시기가 속하는 과세기간이 끝난 후 20일 이내에 등록을 신청한 경우 등록신청일부터 공급시기가 속하는 과세기간 기산일(1월 1일 또는 7월 1일)까지 역산한 기간 내의 것은 제외한다.

사례 매입세액 공제

내용	사유	매입세액 공제여부
건축물이 있는 토지를 취득하여 건축물을 철거하고 토지만을 사용하는 경우 건축물의 취득과 관련된 매입세액	토지관련 매입세액	×
발급받은 세금계산서에 필요적 기재사항의 일부가 적히지 아니한 경우	적법한 세금계산서가 아님	×
택시운수 사업자가 택시로 사용하기 위하여 소형승용차를 구입한 경우	영업용 소형승용차	○
제약회사가 업무용(영업사원들의 영업활동에 이용)으로 소형승용차를 구입한 경우	비영업용 소형승용차	×
제조업 사업자가 업무용으로 사용하기 위하여 경차를 구입한 경우	경차	○
과세사업자가 기업업무추진비를 지출한 경우	기업업무추진비 관련 매입세액	×
출판사(면세사업자)가 도서 제작을 위한 종이를 구입한 경우	면세사업 관련 매입세액	×
공급자가 세금계산서를 발급하지 않아 관할세무서장의 확인 없이 공급받는 자가 세금계산서를 발행한 경우	관할세무서장이 확인한 것만 가능	×

2 누적효과와 환수효과

❶ 의 의

면세재화에 대한 매입세액은 공제되지 않으므로 해당 재화의 원가에 가산된다. 만약 면세재화가 계속 면세로 거래되어 최종소비자가 소비하게 되면 문제가 없다. 그러나, 어느 단계에서 면세재화를 원재료로 하여 제조·창출된 재화 또는 용역이 과세로 전환되면, 공제받지 못하고 원가에 가산된 면세관련 매입세액에 대해서도 부가가치세가 부과되는 결과를 초래하게 된다. 이를 "누적효과"라 하며, 면세단계에서 과세를 포기한 부가가치세가 다시 국고에 환수되는 환수효과라 한다.

❷ 누적효과와 환수효과의 이해

(1) 과세사업자

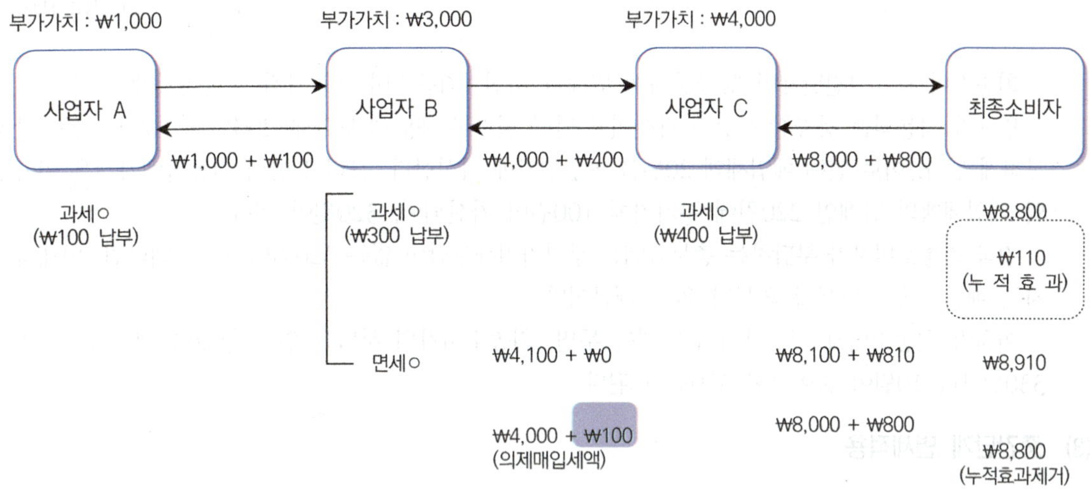

농부가 100원의 부가가치를 가진 밀을 생산하여 밀가루공장에 판매한다. 농부는 매출세액으로 10원을 납부한다.

밀가루공장의 사장은 밀에 100원의 부가가치를 덧붙여, 200원의 밀가루를 빵공장에 판매한다. 그는 매출세액 20에서 그가 부담 한 밀가루 매입세액 10원을 차감한 10원을 납부한다.

빵공장 사장은 매입한 200원의 밀가루에 다시 100원의 부가가치를 더하여, 300원의 빵을 최종소비자에게 판매한다. 그리고 그는 빵의 매출세액 30원에서 밀가루의 매입세액 20원을 제한 10원을 납부한다.

따라서 징수된 총 부가가치세액의 합은 30원이다. 이는 최종소비자가 부담한 부가가 치세액 30원(300원 × 10%)과 일치한다.

결국 최종소비자의 총부담액은 330원이다.

(2) 최종단계 면세적용

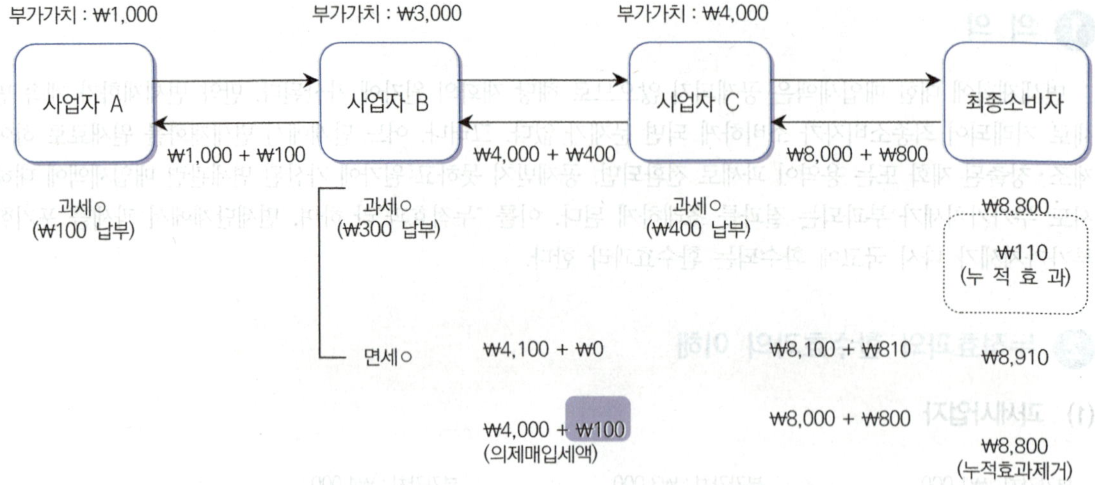

최종소비자의 직전단계인 빵공장에게 면세를 하면, 최종소비자의 가격은 낮아지게 된다.

면세가 적용되는 빵공장 사장은 자신이 부담한 밀가루 매입세액 20원(200원 × 10%)을 돌려받지 못하게 된다. 이로 인해 매입세액 20원을 매입원가에 가산한다. 그리고 빵의 최종판매가격은 밀가루와 매입세액의 합계인 220원에 부가가치 100원이 가산되어, 320원이 된다.

결국 최종소비자가 부담하는 총부담액은 부가가치세부담이 없는 320원이 된다. 왜냐면, 면세사업자는 매출세액을 납부할 의무가 없기 때문이다.

이처럼 최종소비자 직전단계에 면세를 두면, 최종소비자의 부담은 일반과세흐름에 따른 금액인 330원보다 10원이 줄어들어 320원이 된다.

(3) 중간단계 면세적용

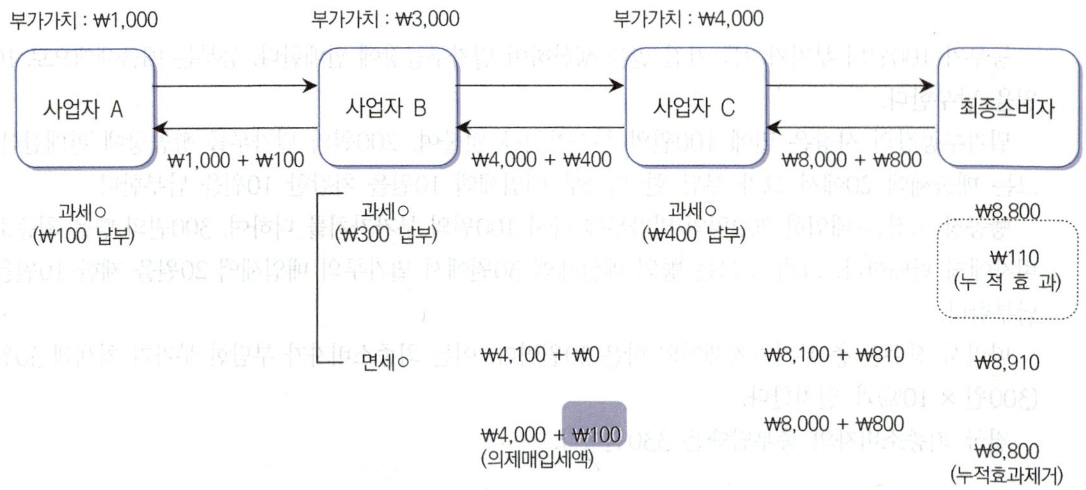

중간단계인 밀가루공장에 면세를 두면, 최종소비자 가격은 오히려 높아진다.

밀가루공장 사장은 100원의 밀을 구입할 때 부담한 매입세액 10원을 돌려받지 못한다. 따라서 그는 밀 가격 100원에 돌려받지 못한 매입세액 10원을 더한 금액인 110원으로 매입비용을 책정한다. 그리고 밀가루의 가격은 매입비용 110원에 밀가루의 부가가치 100원을 더한 210원으로 결정된다. 또한 면세가 적용되는 밀가루공장은 매출세액 납부의무를 지지 않는다.

밀가루생산의 다음단계인 빵공장의 사장은 210원의 밀가루를 매입하고, 210원의 밀가루에 100원의 빵 부가가치를 더하여 310원의 빵을 생산한다. 결국 최종소비자의 빵 가격은 310원에 310원의 10%인 31을 더한 341원으로 결정된다. 이로 인해 징수된 부가가치세액의 합계액은 농부단계의 세액인 10원과 빵공장 단계의 세액인 31원의 합인 41원이 된다.

이처럼 중간단계인 밀가루공장에 면세를 하면, 최종소비자의 가격(341원)은 일반거래흐름(중간단계도 과세)에서의 최종소비자 부담액 (330원)보다 11원 더 비싸진다.

(4) 누적효과와 환수효과

1) 누적효과

누적효과(cascade effect)는 면세전 단계에서 이미 과세된 부분에 대해 중복적으로 다시 과세하는 현상이다. 누적효과란 경제순환과정의 중간단계에서 면세를 적용한 후, 그 다음단계에서 과세하는 경우, 전체 거래에서 창출된 부가가치에 대한 부가가치세액보다 더 많은 세액이 징수되는 효과를 말한다.

이는 면세 전단계에서 과세된 부가가치액이 최종단계에서 다시 과세될 뿐만 아니라, 면세 전단계의 부가가치세에 대해서도 부가가치세가 과세되기 때문이다.

우선 면세 전단계인 농부의 부가가치 100원이 최종단계인 빵 생산 단계에서 다시 과표로 잡혀 과세된다. 빵공장 사장은 최종소비자에게 면제 전단계인 농부의 부가가치 100원의 10%인 10원을 다시 징수하게 되는 것이다. 또한 밀가루 공장사장이 부담한 밀의 매입세액 10원(100원 × 10%)에 다시 부가가치세가 과세되는 현상이 나타난다.

그가 부담한 매입세액 10원이 매입원가에 가산되어, 그의 매입금액은 210원이 된다. 결국 이 매입금액 210원에 빵의 부가가치 100원이 더해진 결과, 310원이 빵공장 매출세액의 과표가 된다. 따라서 최종소비자는 밀가루 공장사장이 부담한 매입세액 10원의 10%인 1원을 추가 부담하게 되는 것이다. 이처럼 중간단계에 면세가 적용되면, 최종소비자의 세부 담은 누적효과로 인해 일반거래흐름의 세부담보다 11원 더 높아지게 된다.

결국 누적효과는 다음의 식으로 정리된다.

(면세전단계의 부가가치액 + 면세전단계의 부가가치세) × 10% = [징수된 부가가치세액 전체 합계액(10+31)] - [전체 거래단계 부가가치액의 합계액(300) × 10%] = 11원

2) 환수효과

환수효과(catching up effect)는 면세단계에서 과세를 포기한 부가가치세가 다시 국고에 환수되어 면세의 효과가 취소되는 현상을 의미한다. 중간 거래단계에 면세를 적용하고 최종거래 단계에서

과세하면, 누적효과 뿐만 아니라 환수효과도 발생한다.

환수효과란 경제순환 과정 중 중간단계에서 적용된 경감된 세액이 그 다음 단계에서 다시 징수됨으로써 세액의 경감효과가 취소되는 것을 말한다. 즉 중간단계에서 창출한 부가가치액에 대한 세액이 면제가 되었는데, 그 부가가치가 다시 최종단계에서 과표로 잡혀, 면제되었던 부가가치세가 국고로 환수되는 현상을 말한다.

환수효과의 계산은 면세단계의 부가가치액에 10%를 곱한 금액이다. 앞의 사례에서 밀가루공장의 부가가치인 100원에 10%를 곱한 10원이 환수효과로 인한 금액이다.

3) 누적효과와 환수효과의 계산

누적효과와 환수효과는 정부가 기대한 세부담 증가액과 실제 징수된 부가가치세액(최종소비자의 세부 담)의 차액으로도 계산될 수 있다.

정부가 밀가루공장에 면세를 하였을 때 정부가 예상 한 세부담 증가액은 농부단계에서의 부가가치 100원의 세금인 10원과 빵공장단계에서 부가가치 100원의 세금인 10원의 합계인 20원이다. 밀가루공장은 면세가 적용되어, 다음단계인 빵공장에 대한 세금의 납부 의무가 없기 때문이다.

그런데 실제로 징수한 금액(최종소비자의 세부담액)은 농부단계의 세금 10원(밀가루 사장이 매입비용으로 포함한 금액)과 최종단계인 빵공장단계의 징수액인 31원(310원 × 10%)의 합인 41원이다. 따라서 누적효과와 환수효과의 합은 '징수된 부가가 치세액의 합계액(41) - 정부가 기대했던 징수액(20)'인 21원이다. 이 21원은 누적효과와 환수효과로 배분된다.

우선 누적효과는 최종소비자의 총세부담인 41원(소비자가 부담한 부가가치세액 31원 + 면세 전단계의 매입세액 10원)에서 중간단계에 과세될 경우의 전체 세 부담인 30원[(100 + 100 + 100) × 10%]을 차감한 금액인 11원이다.

그리고 이 30원(중간단계에서 과세될 경우 세부담)에서 정부가 의도한 세부담인 20원을 차감한 금액인 10원이 환수효과로 나타난다.

이를 식으로 표현하면 다음과 같다.

* 최종소비자의 세부담액(a) (-) 중간단계에서 과세되 었을 경우 세부담(b) (-)정부가 기대한 세부담(c)
* (a) - (b) = 누적효과 (b) - (c) = 환수효과

3 환수효과와 누적효과를 제거하기 위한 방법

(1) 의의

환수효과는 중간단계의 면세적용을 취소하게 된다. 누적효과는 면세전단계의 부가가치 및 부가가치세가 최종단계에서 과표로 잡히는 결과를 초래하여, 소비자의 세부담이 증가하게 된다. 이러한 환수효과와 누적효과를 제거하기 위한 방법으로 의제매입세액공제제도, 면세포기제도, 간이과세포기제도, 간이과세자에서 일반과세자로 전환되는 때의 재고매입세액공제제도 등이 존재한다.

(2) 의제매입세액공제제도

예를 들어 '농부(과세) - 밀가루공장(면세) - 음식점(과세) - 소비자'의 거래흐름이 있다. 농부와 밀가루공장 음식점은 모두 100원의 부가가치를 창출한다. 음식점사장은 직전단계의 밀가루 매입세액을 돌려받지 못한다. 밀가루공장에 면세가 적용되기 때문이다.

그런데 의제매입세액이 적용되면, 음식점사장은 매입세액의 일부를 돌려받을 수 있다. 즉 그의 매입비용 210(110 + 100)원에 공제율(6/106 가정)을 곱한 금액이 의제매입세액(19)이 된다. 이에 따라 매입비용 210원은 돌려받는 금액인 19원과 원재료(밀가루)가 되는 191원으로 재구성된다. 그리고 음식점사장은 191원의 밀가루에 100원의 부가가치를 붙여 291원의 음식을 만든다.

음식점사장의 납부세액은 매출세액[(191 + 100) × 10% = 29.1]에서 의제매입세액(19)을 차감한 10.1을 납부하게 된다. 이로 인해 국고수입은 농부단계의 세금 10원과 음식점 단계의 세금 10.1을 합한 20.1원이 된다.

최종소비자는 음식값으로 291원 + 29.1 = 320.1원을 지불하게 된다. 그가 부담한 세금은 최종소비자의 음식값인 320.1과 전체 거래의 순수 부가가치의 합인 300원과의 차액인 20.1원이 된다. 이는 전체 국고수입인 20.1원과 일치한다.

따라서 의제매입세액이 최종단계에서 적용되었을 경우, 소비자의 세부담은 줄어들 게 된다. 의제매입세액이 적용되었을 때 소비자의 부담은 20.1원인 반면, 최종단계에 의제매입세액이 적용되지 않았을 때의 최종소비자의 세부담은 41원이 되기 때문이다.

이러한 세 부담 완화가 발생한 것은 최종단계에서 과표로 잡히는 부가가치 금액이 의제매입세액 적용으로 인해 줄어들기 때문이다.

(3) 면세포기

면세제도는 환수효과와 누적효과로 인해 소비자의 세 부담을 증가시키는 부정적인 효과를 낳고 있다. 따라서 근본적으로 면세품목을 과세로 전환하자는 주장도 제기되고 있다.

면세를 통해 세부담이 완화된 부분이 환수효과로 세부담이 증가하고, 또한 누적효과로 인해 중복과세되고 있는 점에서, 이 주장은 비논리적이지 않다. 모든 품목이 과세되면, 세금 환급제도를 고려해 봄직하다. 면세품목이 과세되면 기초생활 필수품등에 세부담이 증가할 수 있는데, 이를 완화하기 위해 일정소득 이하의 소비자에게 증빙을 통해 부담한 세액이 환급되면, 사회적 약자인 저소득층은 소득지원을 받는 효과를 얻게 된다는 것이다.

면세포기제도는 학술등 연구단체의 원활한 거래를 위한 제도이다. 이 단체가 그 연구와 관련하여 공급하는 재화용역에 대해서는 면세가 적용된다. 그런데 거래 상대방이 과세사업자인 경우에는 환수효과와 누적효과로 인해 시장가격이 상승하므로, 거래를 기피하게 된다. 따라서 이러한 단체는 면세를 포기하고 과세를 적용받을 수 있도록 허용하고 있다.

간이과세의 포기제도도 누적효과를 제거하기 위한 제도이다. 일반과세자가 영수증발급자로부터 재화를 공급받는 경우 매입세액공제를 받을 수 없다. 그 결과 누적효과가 발생하여 일반과세자는 간이과세자로부터 공급받는 것을 기피하게 된다. 따라서 간이과세를 포기하고 일반과세를 적용받을 수 있도록 허용하고 있다.

3 의제매입세액공제

1 의 의

사업자가 부가가치세를 면제받아 공급받거나 수입한 농산물, 축산물, 수산물 또는 임 산물 등(이하 면세농산물 등)을 원재료로 하여 제조, 가공한 재화 또는 창출한 용역의 공급에 대하여 과세되는 경우에는(수출로 면세를 포기하여 영세율이 적용되는 경우는 제외) 그 면세농산물 등의 가액 중 일정비율에 해당하는 금액을 매입세액으로 공제할 수 있는데 이를 "의제매입세액공제"라 한다. 원래 부가세법상 매입세액 공제를 받으려면 매입세금계산서를 발급받아 그 합계표를 제출해야 한다. 그러나 면세농산물에 대해서 세금계산서 없이 일정한 금액을 매입세액으로 의제하여 공제하는 것이므로 의제매입세액이라 한다.

면세재화에 대한 매입세액은 공제되지 않으므로 해당 재화의 원가에 가산된다. 만약 면세재화가 계속 면세로 거래되어 최종소비자가 소비하게 되면 문제가 없다. 그러나, 어느 단계에서 면세재화를 원재료로 하여 제조·창출된 재화 또는 용역이 과세로 전환되면, 공제받지 못하고 원가에 가산된 면세관련 매입세액에 대해서도 부가가치세가 부과되는 결과를 초래하게 된다. 이를 "누적효과"라 하는데 의제매입세액공제는 이러한 누적효과와 면세단계에서 과세를 포기한 부가가치세가 다시 국고에 환수되는 환수효과를 완화하기 위한 규정이다. 의제매입세액공제는 면세원재료를 이용한 재화의 생산원가를 줄이게 되고 결과적으로 최종소비자의 세부담을 경감시키는 효과를 얻을 수 있다. 즉 이러한 의제매입세액은 부가가치세 과세단계에서 과세자 → 면세자 → 과세자로 과세 흐름이 일어날 경우 환수효과와 누적효과가 발생하고, 이러한 환수효과와 누적효과는 면세의 효과를 상실시킴은 물론이며, 면세가 없는 경우보다 더 소비자의 부가가치세 부담을 가중시키기 때문에 이를 제거하기 위한 것이다.

2 요 건

(1) 과세사업자일 것

과세사업자가 면세로 공급받거나 수입한 농산물 등을 원재료로 하여 제조·가공한 재화 또는 창출한 용역의 공급에 대하여 부가가치세가 과세되는 경우(본래 면세대상에 대하여 면세를 포기함으로써 영세율을 적용받는 경우는 제외)에 의세매입세액 공제를 적용한다. 면세사업자는 의제매입세액을 공제할 수 없다.

(2) 농산물 등을 면세로 공급받은 경우일 것

면세농산물 등은 농산물·축산물·수산물·임산물과 소금을 말하며, 다음의 것을 포함한다.

㉠ 면세농산물 등을 원생산물의 본래의 성질이 변하지 아니하는 정도의 1차 가공(탈곡·정미·정맥·제분·정육·건조·냉동·염장·포장 등)을 거친 것

㉡ 면세대상인 단순가공식료품(김치·두부 등)

㉢ 원생산물의 본래의 성질이 변하지 아니하는 정도로 1차 가공하는 과정에서 필수적으로 발생하는 부산물

㉣ 미가공식료품을 단순히 혼합한 것

(3) 제조·가공한 재화 또는 창출한 용역이 과세대상일 것

면세농산물 등을 원재료로 제조·가공한 재화 또는 창출한 용역이 과세대상인 경우에만 의제매입세액을 공제할 수 있다. 면세농산물 등을 원재료로 면세재화를 생산하거나 면세농산물 등을 그대로 양도하는 경우에는 의제매입세액을 공제할 수 없다.

(4) 공제서류를 제출할 것

의제매입세액을 공제받으려는 사업자는 예정신고 또는 확정신고시 의제매입세액공제신고서와 함께 매입처별계산서합계표, 신용카드 매출전표 등 수령명세서 및 매입자발행계산서합계표 중 하나의 서류를 제출하여야 한다. 다만, 제조업을 경영하는 사업자가 농어민으로부터 면세농산물 등을 직접 공급받는 경우에는 의제매입세액 공제신고서만을 제출하더라도 의제매입세액을 공제할 수 있다.

3 계 산

의제매입세액 = 면세농산물 등의 매입가액 × 의제매입세액공제율

(1) 면세농산물 등의 매입가액

구 분	내 용
국내 매입분	국내 매입분은 운임 등의 부대비용을 제외한 매입원가로 하며, 수입가액은 관세의 과세가격으로 한다. 운임 등의 부대비용은 세금계산서를 발급받아 매입세액공제를 받을 수 있으므로 의제매입세액공제대상에서 제외한다. * 면세사업자가 농산물 등을 공급할 때 운임을 함께 받는 경우 : 포함(∴ 세금계산서의 수령 ×)
수입분	관세의 과세가격

(2) 공제율 : 의제매입세액공제율은 업종별로 다음과 같이 적용한다.

업종		법인사업자	개인사업자
음식점업	과세유흥장소	$\frac{2}{102}$	$\frac{2}{102}$
	과세유흥장소 외	$\frac{6}{106}$	$\frac{8}{108}$ *1
제조업	최종소비자 대상 업종*2	$\frac{2}{102}$(중소기업 : $\frac{4}{104}$)	$\frac{6}{106}$
	기타업종	$\frac{2}{102}$(중소기업 : $\frac{4}{104}$)	$\frac{4}{104}$
기타의 사업		$\frac{2}{102}$	$\frac{2}{102}$

*1 과세표준 2억원 이하인 경우에는 2026년 12월 31일까지 $\frac{9}{109}$

*2 과자점업, 도정업, 제분업 및 떡류 제조업 중 떡방앗간을 경영하는 사업

(3) 의제매입세액공제의 한도(2025년 12월 31일까지)

<table>
<tr><th colspan="2">구분</th><th>공제한도</th></tr>
<tr><td rowspan="2">원칙</td><td>법인사업자</td><td>해당 과세기간에 해당 사업자가 면세농산물 등과 관련하여 공급한 과세표준 × 50% × 공제율</td></tr>
<tr><td>개인사업자</td><td>과세표준이 2억원 이하인 경우 : 과세표준 × 65% × 공제율
과세표준이 2억원 초과인 경우 : 과세표준 × 55% × 공제율</td></tr>
<tr><td colspan="2">음식점업을 경영하는 개인사업자</td><td>과세표준이 2억원 이하인 경우 : 과세표준 × 75% × 공제율
과세표준이 1억원 초과 2억원 이하인 경우 : 과세표준 × 70% × 공제율
과세표준이 2억원 초과인 경우 : 과세표준 × 60% × 공제율</td></tr>
</table>

이 때 매출액은 해당 사업자가 공급하는 면세농산물 등과 관련된 사업의 과세표준을 말한다. 공제한도의 적용방법은 예정신고나 조기환급신고시 의제매입세액공제한도를 적용하지 않고, 확정신고시 한도를 적용하여 예정신고나 조기환급신고시 공제받은 의제매입세액을 빼서 확정신고시 한도액을 계산한다.

(4) 면세농산물 등이 과세사업과 면세사업에 공통으로 사용되는 경우

1) 실지귀속이 구분되는 경우

과세사업에 사용되었거나 사용될 부분만 공제한다.

2) 실지귀속이 구분되지 않는 경우

해당 과세기간의 공급가액비율로 안분계산한다. ☞ 차기이월원재료는 실지귀속이 구분되지 않는 경우로 봄

$$\text{의제매입세액} = \text{면세농산물 등의 매입가액} \times \frac{2}{102}\text{등} \times \frac{\text{해당과세기간의 과세공급가액}}{\text{해당과세기간의 총공급가액}}$$

* 예정신고시에는 예정신고기간(3개월)의 공급가액을 기준으로 안분계산하고, 확정신고시 해당과세기간(6개월) 전체의 공급가액을 기준으로 정산함

(5) 제조업을 영위하는 사업자의 의제매입세액공제의 정산특례

1) 개요

제2기 과세기간에 대한 납부세액을 확정신고하는 경우 일정 요건을 모두 충족하는 제조업을 영위하는 사업자의 매입세액으로 공제할 수 있는 금액은 다음의 금액으로 할 수 있다

> 1역년 면세농산물 등 매입가액 × 공제율 – 제1기 공제액
> (한도) 1역년의 면세농산물 관련 과세표준 × 적용률× 공제율

이 경우 매입세액으로서 공제할 수 있는 금액의 한도는 1월 1일부터 12월 31일까지 면세농산물 등과 관련하여 공급한 과세표준 합계액에 30%(2025년 12월 31일까지 개인사업자에 대해서는 과세

표준 합계액이 4억원 이하인 경우에는 65%, 과세표준이 4억원 초과인 경우에는 55%, 법인사업자에 대해서는 50%)를 곱하여 계산한 금액에 공제율을 곱한 금액으로 한다.

2) 대 상

다음의 요건을 모두 충족한 제조업자로 한다.

① $\frac{\text{제1기 과세기간에 매입한 면세농산물 등의 가액}}{\text{1역년에 매입한 면세농산물 등의 가액}}$이 75% 이상

② 해당과세기간이 속하는 1역년 동안 계속하여 제조업을 영위할 것

4 공제시기

의제매입세액은 면세농산물 등을 구입한 시점에 공제하는 것이므로 면세농산물 등을 사용하는 시점에 공제하는 것이 아니라는 점에 유의하여야 한다. 다만, 사업자가 면세원재료를 직접 재배·사육 또는 양식하거나 타인이 재배·사육 또는 양식 중에 있는 면세농산물 등을 구입한 때의 의제매입세액 공제시기는 해당 면세농산물 등을 생산·채취 또는 벌목 등을 하여 과세재화의 제조·가공 또는 과세용역의 창출에 사용하거나 사용할 수 있는 때이다

5 재계산

의제매입세액의 공제를 받은 후 다음의 사유가 발생한 경우에는 그 공제한 의제매입세액을 납부세액에 가산하거나 환급세액에서 공제해야 한다.

① 면세농산물 등을 그대로 양도 또는 인도하는 경우

② 면세농산물 등을 면세사업 또는 기타의 목적을 위하여 사용하거나 소비하는 경우

사례 과세사업자의 경우

1. 20×1년 제1기 : 과일 1,000kg 매입

통조림제조 700kg × $\frac{2}{102}$ = × × × (의제매입세액공제)

소　　비 200kg ⟶ 공제 ×

기말재고 100kg × $\frac{2}{102}$ = × × × (의제매입세액공제)

2. 20×1년 제2기(재계산) : 100kg
- 통조림제조 : 80kg
- 소　　비 : 20kg → 20kg × $\frac{2}{102}$ = × × × (매입세액에서 차감함)

예제 1

다음은 돼지고기를 구입하여 소세지(과세재화)를 제조하는 중소기업인 ㈜ABC의 자료이다. 20×4년 제1기 과세기간에 공제받을 수 있는 의제매입세액을 계산하시오. 단, 공제서류를 최대한 적법하게 제출한 것으로 가정한다.

1. 20×4. 1. 1부터 20×4. 6. 30까지 사업자로부터 돼지고기 ₩260,000,000을 구입하고 계산서를 발급받았으며, 돼지고기 구입과 관련하여 운임 등 부대비용으로 ₩3,900,000을 지불하였다.
2. 20×4. 5. 20에 농민으로부터 소세지 원재료인 농산물 ₩1,300,000을 직접 공급받고 그 대금을 계좌로 입금하였다(계산서를 발급받지 못함).
3. 20×4년 제1기 과세기간 동안 구입한 돼지고기 중 50%만 제조에 투입되었으며, 구입한 농산물은 전량 제조에 투입되었다.
4. 20×4년 제1기 과세기간 동안의 소세지 공급가액(과세표준)은 ₩780,000,000이다.

정답

의제매입세액공제액 = Min[①,②] = ₩10,050,000

① 공제액 = (₩260,000,000 + 1,300,000)* × $\frac{4}{104}$(제조업 : 중소기업) = ₩10,050,000

② 공제한도액 = ₩780,000,000(공급가액) × 50% × $\frac{4}{104}$(제조업 : 중소기업) = ₩15,000,000

* 의제매입세액공제는 실제 제조에 투입되었는지 여부에 상관없이 면세농산물 등을 공급받거나 수입한 날이 속하는 과세기간의 매출세액에서 공제한다. 운임 등 부대비용은 의제매입세액공제대상에서 제외한다.

예제 2

중소기업이 아닌 ㈜ABC는 돼지고기 공급업과 소시지 제조업을 겸영하고 있다. 20×4년 제 1기의 자료가 다음과 같을 때 의제매입세액 공제액을 계산하시오.

20×4년 제1기 ㈜ABC는 2,000kg의 생돈육을 ₩102,000,000에 매입하였다.

동 생돈육은 2024년 제1기 동안 ㈜진경은 소시지 제조에 500kg를 사용하였고, 소시지 제조를 위한 재고로 남은 부분이 1,000kg이 있었으며 생돈육을 그대로 판매한 부분이 500kg이 있었다. ㈜진영의 1기 면세농산물과 관련하여 공급한 과세표준 합계액은 4억 원이다.

정답

(1) 의제매입세액 공제대상 원재료의 가액
  생돈육의 매입원가 : ₩102,000,000

(2) 의제매입세액 공제액(소시지 제조에 사용되었거나 소시지 제조를 위한 재고만 의제매입세액 공제대상이 되며 그대로 매각한 것은 의제매입세액 공제를 하지 못한다)
  ① 소시지 제조에 사용한 부분 = ₩102,000,000 × (500/2,000) × (2/102) = 500,000
  ② 재고로 남은 부분 = ₩102,000,000 × (1,000/2,000) × (2/102) = 1,000,000
  ③ 의제매입세액공제액 = ₩1,500,000
  단, 제조업의 의제매입세액 공제한도는 4억원의 50%인 2억원에 공제율(2/102)를 곱한 3,921,568원이며 공제액은 공제한도 이내이다.

예제 3

부가가치세법령상 일반과세자의 매입세액 공제에 대한 설명으로 옳지 않은 것은? [2024년 국가직 7급]

① 세금계산서의 필요적 기재사항 중 일부가 착오로 사실과 다르게 적혔으나 그 세금계산서에 적힌 나머지 필요적 기재사항 또는 임의적 기재사항으로 보아 거래사실이 확인되는 경우의 매입세액은 매출세액에서 공제한다.

② 건축물이 있는 토지를 취득하여 그 건축물을 철거하고 토지만 사용하는 경우 철거한 건축물의 취득 및 철거 비용과 관련된 매입세액은 매출세액에서 공제한다.

③ 의제매입세액으로서 공제한 면세농산물등을 그대로 양도 또는 인도하거나 부가가 치세가 면제되는 재화 또는 용역을 공급하는 사업에 사용하거나 소비할 때에는 그 공제한 금액을 납부세액에 가산하거나 환급세액에서 공제하여야 한다.

④ 의제매입세액을 공제받으려는 제조업을 경영하는 사업자가 농어민으로부터 면세 농산물등을 직접 공급받는 경우에는 의제매입세액 공제신고서만 제출한다.

정답 ②

건축물이 있는 토지를 취득하여 그 건축물을 철거하고 토지만 사용하는 경우에는 철거한 건축물의 취득 및 철거 비용과 관련된 매입세액은 매출세액에서 공제하지 않는다(부가령 80).

4 과세전용 매입세액

1 개 요

과세전용매입세액은 당초 면세사업에 사용 또는 소비되어 매입세액이 공제되지 않는 감가상각자산을 과세사업용으로 전환하여 사용 또는 소비하는 경우 당초 공제받지 못한 매입세액 중 일부를 매입세액으로 공제하는 것을 말한다. 이는 과세사업용 재화를 면세사업에 사용시 이미 공제받은 매입세액을 추징하도록 하는 재화의 공급의제규정과의 형평성 때문에 적용하는 것이다.

사례 과세전용매입세액

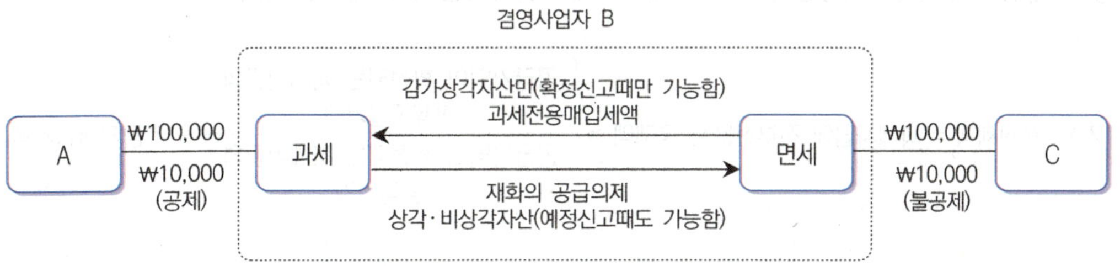

한편, 면세사업용 감가상각자산을 과세사업용으로 전환함에 따른 매입세액을 공제받기 위한 요건은 다음과 같다.

① 면세사업에 사용하기 위한 자산에 해당하여 면세사업 관련 매입세액으로 불공제된 감가상각자산일 것
② 해당 감가상각자산의 취득일이 속하는 과세기간 이후에 과세사업에 전용하거나 과세사업과 면세사업에 겸용으로 사용 또는 소비할 것
③ 과세사업 또는 과세사업과 면세사업에 공통으로 사용·소비하는 날이 속하는 과세기간에 대한 확정신고시 「과세사업전환 감가상각자산신고서」에 의해 사업장 관할세무서장에게 신고할 것

2 계 산

구 분	과세전용매입세액
과세사업에 전부 전용한 경우	매입세액불공제액 × (1 − 체감률 × 경과된 과세기간의 수)
과세사업에 일부 전용한 경우	매입세액불공제액 × (1 − 체감률 × 경과된 과세기간의 수) × 당기과세공급가액비율

위 산식에 적용되는 체감률과 경과된 과세기간의 수는 재화의 공급의제에 대한 과세표준계산규정을 준용한다. 또한, 과세사업에 일부전용한 경우로서 과세공급가액의 비율이 5% 미만인 경우에는 공제세액이 없는 것으로 본다. 한편, 과세사업의 공급가액 또는 면세사업의 공급가액이 없는 경우에는 다음과 같이 처리한다.

(1) 안분계산

공통매입세액의 안분계산규정을 준용하여 다음의 순서로 안분계산한다. 한편, 건물의 경우 '③ → ① → ②'의 순서로 적용한다.

① 총매입가액(공통매입가액은 제외함)에 대한 과세사업 관련 매입가액비율
② 총예정공급가액에 대한 과세사업 관련 예정공급가액비율
③ 총예정사용면적에 대한 과세사업 관련 예정사용면적비율

(2) 정 산

공급가액 또는 사용면적이 확정되는 과세기간의 확정신고시 다음의 방법으로 정산한다.

1) 당초 매입가액 또는 예정공급가액비율로 공제매입세액을 안분계산한 경우

$$\text{가산·공제세액} = \text{과세사업에 전부전용시 공제액} \times \frac{\text{공급가액이 확정되는 과세기간의 과세공급가액}}{\text{공급가액이 확정되는 과세기간의 총공급가액}} - \text{기공제매입세액}$$

2) 당초 예정사용면적비율로 공제매입세액을 안분계산한 경우

$$가산 \cdot 공제세액 = 과세사업에\ 전부전용시\ 공제액 \times \frac{사용면적이\ 확정되는\ 과세기간의\ 과세사용면적}{사용면적이\ 확정되는\ 과세기간의\ 총사용면적} - 기공제매입세액$$

예제

운송사업을 경영하는 ㈜ABC는 시내버스사업(면세사업)의 정비에 사용하기 위하여 20×4. 6. 30 정비기계를 취득하였다. 그러던 중 20×5. 6. 7 고속버스의 정비에 사용하던 정비기계의 갑작스런 고장으로 시내버스정비에 사용하던 정비기계를 고속버스(과세사업)정비에 일부 사용하였다. 다음 자료를 이용하여 고속버스 정비기계의 공통사용으로 인한 과세표준을 계산 하시오.

1. 시내버스 정비기계의 매입세액불공제액 : ₩10,000,000
2. 공급가액 내역(부가가치세 제외금액임)

과세기간	시내버스	고속버스
20×4. 7. 1. ~ 20×4. 12. 31	₩500,000,000	₩1,500,000,000
20×5. 1. 1. ~ 20×5. 6. 30	600,000,000	1,400,000,000

정답

1. 과세공급가액 비율 = $\frac{₩1,400,000,000}{₩2,000,000,000}$ 〉 5%
2. 매입세액 = ₩10,000,000 × (1 − 25% × 2)* × $\frac{₩1,400,000,000}{₩2,000,000,000}$ = ₩3,500,000

* 경과과세기간의 수는 20×4년 제1기, 제2기이다.

Chapter 07

V a l u e   A d d e d   T a x

경영사업자의 세액계산특례

7 겸영사업자의 세액계산특례

공통매입세액의 안분계산이란 과세사업과 면세사업(비과세사업을 포함함)을 겸영하는 사업자가 과세사업과 면세사업에 공통으로 사용되어 그 실지귀속을 구분할 수 없는 매입세액을 과세사업에 관련된 매입세액과 면세사업에 관련된 매입세액으로 안분계산하는 일련의 과정을 말한다.

사례 공통사용재화와 공통매입세액

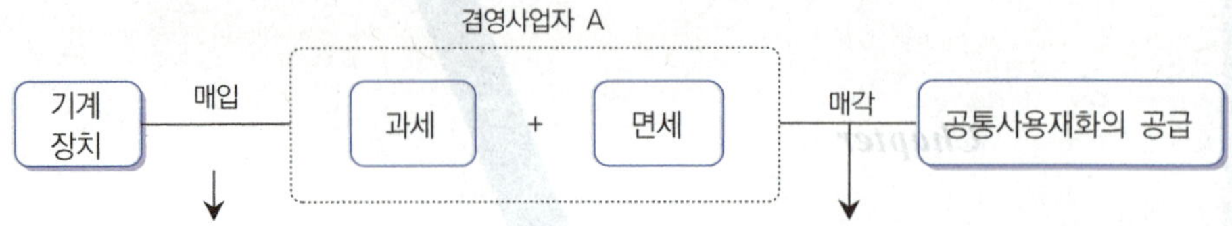

$$\text{공통매입세액공제} = \text{공통매입세액} \times \left(\frac{\text{해당과세기간의 과세공급가액}}{\text{해당과세기간의 총공급가액}}\right)$$

안분계산배제(전액을 매입세액공제액으로 함)

① 해당과세기간의 면세공급가액비율이 5% 미만. 단, 공통매입세액*이 500만원 이상인 경우 안분계산함

② 공통매입세액이 5만원 미만

③ 신규사업자가 동일과세기간에 매입하고 매각한 경우

$$\text{과세표준} = \text{공급가액} \times \left(\frac{\text{직전과세기간의 과세공급가액}}{\text{직전과세기간의 총공급가액}}\right)$$

안분계산배제(전액을 과세표준으로 함)

① 직전과세기간의 면세공급가액비율의 5% 미만. 단, 건별공급가액이 5,000만원 이상인 경우 안분계산함

② 건별공급가액이 50만원 미만

③ 신규사업자

1 원 칙

공통매입세액은 원칙적으로 실지귀속에 따라 구분한다. 그러나 실지귀속을 구분할 수 없는 경우에는 다음 산식에 의하여 계산한다.

$$\text{면세사업 관련 매입세액(불공제)} = \text{공통매입세액} \times \frac{\text{해당 과세기간의 면세공급가액}}{\text{해당 과세기간의 총공급가액}}$$

* 예정신고기간 중에 매입한 자산에 대해서 예정신고를 하는 경우 예정신고기간(3개월)의 공급가액을 기준으로 안분계산하고 확정신고시에 해당 과세기간(6개월)의 공급가액으로 정산해야 한다.

한편, 다음의 경우에는 안분계산을 생략하고 공통매입세액을 전액 공제한다.

① 해당과세기간의 총공급가액 중 면세공급가액비율이 5% 미만인 경우. 다만, 공통매입세액이 5백만원 이상인 경우는 제외함

② 해당과세기간의 공통매입세액합계액이 5만원 미만인 경우

③ 해당과세기간에 신규로 사업을 개시한 사업자가 해당과세기간에 공급한 공통사용재화에 대한 매입세액

예제 공통사용재화의 공급 및 공통매입세액

일반과세자인 A는 20×2년 2월 2일에 면세사업과 과세사업에 공통으로 사용하던 중고트럭을 ₩5,000,000(부가가치세를 제외함)에 처분하고, 새 트럭을 ₩10,000,000(부가가치세를 제외함)에 구입하였다. 다음의 매출액 자료를 이용하여 20×2년 제1기에 부가가치세의 예정신고시 중고트럭의 처분에 따른 부가가치세의 매출세액과 새 트럭의 구입에 따른 부가가치세의 매입세액 중 공제대상매입세액을 계산하면?

기 간	과세사업부문 매출액	면세사업부문 매출액
20×1년 1월 ~ 6월	₩60,000,000	₩40,000,000
20×1년 7월 ~12월	40,000,000	60,000,000
20×2년 1월 ~ 3월	30,000,000	70,000,000

정답

1. 부가가치세의 매출세액 : $₩5,000,000 \times \frac{₩40,000,000}{₩100,000,000} \times 10\% = ₩200,000$

2. 공제대상매입세액 : $₩10,000,000 \times 10\% \times \frac{₩30,000,000}{₩100,000,000} = ₩300,000$

2 해당 과세기간에 매입한 재화를 동일 과세기간에 공급한 경우(예외 1)

$$\text{면세사업 관련 매입세액(불공제)} = \text{공통매입세액} \times \frac{\text{직전 과세기간의 면세공급가액}}{\text{직전 과세기간의 총공급가액}}$$

* 신규사업자의 경우 안분계산의 생략사유에 해당하므로 안분계산을 생략하고 전액을 공제함

해당 과세기간에 매입한 재화를 해당 과세기간에 공급하여 매입과 공급이 동일한 과세기간인 경우 시간상으로는 매입이 공급보다 먼저 발생하였지만, 안분계산의 공급이 매입보다 먼저 발생한다. 왜냐하면 공급의 안분계산은 공급시기이고 매입의 안분계산은 과세기간의 종료 후 부가가치세의 신고시점이기 때문이다. 따라서 해당 과세기간에 매입한 재화를 해당 과세기간에 공급하는 경우 공급의 안분계산에 먼저 적용한 기준을 매입의 안분계산에 적용하는 것이다. ☞ 이렇게 하지 않으면 차익거래가 발생할 수 있음

3 공급가액이 없는 경우 (예외 2)

해당 과세기간 중 과세사업, 면세사업의 공급가액이 없는 경우 다음의 순서로 공통매입세액을 안분한다.

① 총매입가액(공통매입가액은 제외함)에 대한 면세사업에 관련된 매입가액비율

② 총예정공급가액에 대한 면세사업에 관련된 예정공급가액비율

③ 총예정사용면적에 대한 면세사업에 관련된 예정사용면적비율

* 건물을 신축 또는 취득한 경우로서 예정사용면적을 구분할 수 있는 경우 ③의 방법을 우선 적용함

한편, 공급가액이 없음에 따라 공급가액 이외의 방법으로 안분계산한 경우에는 공급가액 또는 사용면적이 확정되는 과세기간에 다음의 방법으로 정산한다.

당초 안분계산기준	정산기준
매입가액비율 예정공급가액비율	과세사업과 면세사업의 공급가액이 확정되는 과세기간의 공급가액비율
예정사용면적비율	과세사업과 면세사업의 사용면적이 확정되는 과세기간의 사용면적비율

* 건물 등에 대하여 예정사용면적비율을 적용하여 공통매입세액 안분계산을 한 경우에는 그 후 과세사업과 면세사업의 공급가액이 모두 있게 되어 일반적인 공통매입세액의 안분규정에 따라 공통매입세액을 계산할 수 있는 경우에도 과세사업과 면세사업의 사용면적이 확정되기 전의 과세기간까지는 예정사용면적비율을 적용함. 또한 과세사업과 면세사업의 사용면적이 확정되는 과세기간에 확정사용면적비율에 따라 공통매입세액을 정산함

예제 공통매입세액(1)

㈜ABC는 면세사업과 과세사업을 같이 영위하고 있다. 20×1년 10월 20일에 ₩15,000,000(공급가액임)을 면세와 과세사업에 공통으로 사용하기 위해 기계장치를 매입하여, 20×1년 12월 20일에 ₩10,000,000(공급가액임)에 매각하였다. 해당 20×1년 2기 확정신고시 동 기계장치의 구입과 관련하여 공제되는 매입세액은 얼마인가?

과세기간	면세 공급가액	과세 공급가액
20×1. 1. 1.~ 3. 31.	₩100,000,000	₩400,000,000
20×1. 4. 1.~ 6. 30.	200,000,000	300,000,000
20×1. 7. 1.~ 9. 30.	400,000,000	400,000,000
20×1. 10. 1.~12. 31.	100,000,000	600,000,000

정답

₩15,000,000 × 10% × 70% = ₩1,050,000

해당 과세기간에 매입하여 해당 과세기간에 공급한 경우 부가가치세과세표준을 직전과세기간의 공급가액비율로 안분하였기 때문에 매입세액도 직전과세기간의 공급가액비율로 안분계산한다.

4 납부세액 또는 환급세액의 재계산

① 개 요

납부세액 또는 환급세액의 재계산이란 과세사업과 면세사업에 공통으로 사용되는 감가상각자산의 취득과 관련하여 발생한 매입세액을 안분계산한 이후의 과세기간에 과세·면세비율이 증감한 경우 면세사업에 관련된 매입세액을 재계산하여 증감사유가 발생된 과세기간의 납부세액 또는 환급세액에 공제하거나 가산하는 것을 말한다.

사례 재계산

20×1년 제1기 2월 5일에 기계장치(공통매입세액)를 ₩30,000,000에 구입하고, 20×2년 제2기 11월 20일에 동 기계장치를 1억에 매각한 경우의 재계산은 아래와 같다.

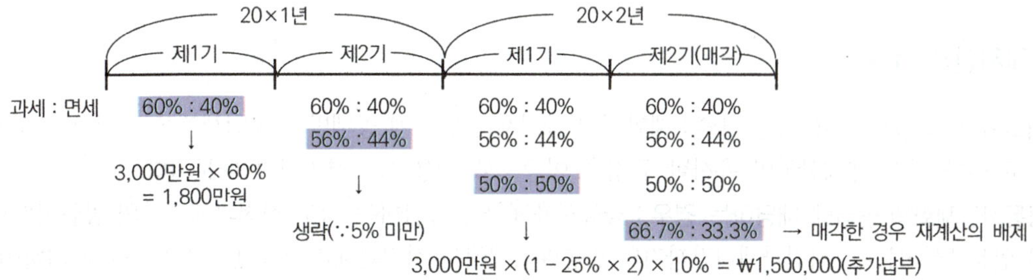

② 재계산의 요건

납부세액 또는 환급세액을 재계산하는 요건은 다음과 같다.

① 과세사업과 면세사업에 공통으로 사용되고 있는 감가상각자산일 것
② 공통매입세액의 안분계산규정에 의해 매입세액을 공제받은 경우일 것
③ 해당 과세기간의 면세비율과 해당 감가상각자산의 취득일이 속하는 과세기간(그 후의 과세기간에 재계산을 한 때에는 그 재계산한 과세기간)의 면세비율의 차이가 5% 이상일 것

③ 재계산의 방법

납부세액 또는 환급세액의 재계산요건에 해당되는 경우 다음 산식에 의하여 계산한 금액을 납부세액 또는 환급세액에 가산하거나 공제한다.

(1) 건물 또는 구축물

공통매입세액 × [1 - 체감률(5%) × 경과된 과세기간의 수] × 증감된 면세비율

(2) 기타의 감가상각자산

공통매입세액 × [1 – 체감률(25%) × 경과된 과세기간의 수] × 증감된 면세비율

위에서 증감된 면세비율은 취득일이 속하는 과세기간 또는 재계산한 과세기간의 면세비율과 해당 과세기간의 면세비율의 차이이다.

당초 안분계산기준	재계산방법
공급가액비율	증감된 면세공급가액비율로 재계산
사용면적비율	증감된 면세사용면적비율로 재계산

4 재계산의 시기

확정신고시에만 계산한다. ☞ 예정신고시에는 재계산하지 않음

5 재계산의 배제

① 재화의 공급의제에 해당하는 경우 : 재화의 공급의제는 당초에 공제받은 매입세액을 정산하는 절차이므로 이를 다시 재계산하면 유사한 규정을 이중으로 적용하는 결과이기 때문이다.

② 공통사용재화의 공급에 해당하는 경우 : 공통사용재화를 공급하는 경우 직전과세기간의 공급가액비율로 안분계산하는데, 직전과세기간까지의 공통매입세액은 직전과세기간의 공급가액비율에 의하여 안분계산되었으므로 매출세액과 매입세액이 모두 직전과세기간의 비율로 계산되었기 때문이다.

참고 정산의 유형

유 형	5% 미만 차이시
예정신고를 하는 때에는 예정신고기간(3개월)의 면세공급가액비율로 안분계산하고, 확정신고시 당해과세기간(6개월)의 면세공급가액비율로 정산하는 유형	정산 ○
당기 과세사업과 면세사업의 공급가액이 없는 경우 당기에 대용치인 매입가액비율, 예정공급가액비율, 예정사용면적비율로 안분계산하고 확정치가 확정되는 과세기간에 그 차이를 정산하는 유형	정산 ○
공통사용재화의 구입시 구입한 과세기간의 면세비율로 안분계산한 후, 그 후 과세기간의 면세비율이 증감될 때마다 정산하는 유형 ☞ 납부세액의 재계산	정산 ×

예제　납부세액의 재계산

㈜ABC는 20×1년 9월 15일에 건물을 ₩330,000,000(부가가치세를 포함함)에 취득하여 과세사업과 면세사업에 공통으로 사용하던 중 20×3년 11월 20일에 ₩500,000,000(부가가치세를 포함함)에 매각하였다. 과세기간별 면세공급가액비율이 다음과 같은 경우 20×2년 제2기부터 20×3년 제2기까지 납부세액 재계산으로 인하여 납부세액에 가산하거나 납부세액에서 공제할 금액은?

구 분	20×1년 제2기	20×2년 제1기	20×2년 제2기	20×3년 제1기	20×3년 제2기
면세공급가액비율	50%	60%	62%	54%	60%

정답

1. 20×2년 제2기 : 면세공급가액의 비율이 5% 이상 증감되지 않았으므로 재계산을 생략함
2. 20×3년 제1기 : ₩30,000,000 × (1 − 5% × 3) × (54% − 60%) = △₩1,530,000
3. 20×3년 제2기 : 공통사용재화를 공급하는 경우에는 재계산을 배제함

Chapter 08

Value Added Tax

차가감납부세액 및 납부절차

8 차가감납부세액 및 납부절차

구분	내용
매출세액	… 과세표준 × 세율, 예정신고누락분, 대손세액공제
- 매입세액	… 세금계산서상 매입세액, 기타공제매입세액
납부(환급)세액	
- 경감 · 공제세액	… 신용카드매출전표 등 발급세액공제, 전자신고세액공제 등
- 예정신고미환급세액[*1]	
- 예정고지세액[*2]	
+ 가산세	
= (지방소비세차감전) 차가감납부세액	
× 74.7%[*3]	
= (지방소비세차감후) 차가감납부세액	

*1 일반환급의 경우 예정신고기간에 대한 환급세액은 이를 환급하지 않고 확정신고시 납부세액에서 차감함

*2 개인사업자가 예정신고기간에 대하여 예정고지납부한 경우 확정신고시 해당과세기간 전체(6개월)에 대하여 신고하고 예정고지납부세액을 기납부세액의 성격으로 보아 납부세액에서 차감함

*3 부가가치세의 25.3%가 지방소비세로 부과됨에 따라 납부세액에서 경감·공제세액을 빼고 가산세를 더한 세액의 74.7%를 부가가치세로 함

1 차가감납부세액의 계산

① 계산구조

납부세액이란 사업자가 부가가치세 과세표준신고와 함께 정부에 납부해야 할 부가가치세액을 말하며, 공급한 재화 또는 용역에 대한 매출세액에서 매입세액을 공제한 금액으로 한다. 다만, 매출세액을 초과하는 매입세액은 환급세액으로 한다.

한편, 위의 납부세액은 그대로 정부에 납부할 세액이 되는 것이 아니라 가산세를 가산하고 예정신고기간의 미환급세액 등을 공제한 금액이 실제로 납부해야 할 세액이 된다.

② 세액공제

(1) 신용카드매출전표 등 발급세액공제

① 개인사업자(법인 및 각 사업장의 직전연도 재화 또는 용역의 공급가액의 합계액이 10억원을 초과하는 개인사업자는 제외함)인 일반과세자 중 영수증발급대상업종을 영위하는 사업자 및 간이과세자 중 직전연도 공급대가 4,800만원 미만 사업자 및 신규사업자가 과세되는 재화 또는 용역을 공급하고 세금계산서의 발급시기에 신용카드매출전표, 현금영수증 등을 발행하거나, 전자화

폐로 결제받는 경우에는 다음의 금액을 납부세액에서 공제한다.

신용카드매출전표 등 발급세액공제액 : Min[①, ②]
① 신용카드매출전표 등 발행금액(VAT포함) × 1.3%
② 연간 1,000만원 ☞ 한도액

예를 들어, 제1기 발급 5억원 : Min[₩5억 × 1.3% = ₩6,500,000, ₩10,000,000] = ₩6,500,000
제2기 발급 4억원 : Min[₩4억 × 1.3% = ₩5,200,000, ₩3,500,000] = ₩3,500,000

② 개인사업자 등 대상사업자가 공제받는 금액이 납부할 세액을 초과하는 때에는 그 초과부분은 없는 것으로 한다. 여기에서 납부할 세액이란 납부세액에서 공제 또는 가산할 세액(가산세는 제외함)을 공제하거나 가산한 세액을 말한다.

(2) 전자신고세액공제 ☞ 확정신고시에만 적용함

납세자가 직접 전자신고방법에 의하여 부가가치세의 신고를 하는 경우에는 해당 납부세액에서 1만원을 공제하거나 환급세액에 가산한다. 이때, 매출가액과 매입가액이 없는 일반과세자에 대해서는 전자신고세액공제를 적용하지 않는다.

한편, 간이과세자의 경우에는 납부세액에서 전자신고세액공제 이외의 세액공제를 차감한 후의 금액을 한도로 공제하므로 환급은 불가능하다.

(3) 전자세금계산서 발급 전송에 대한 세액공제

직전 연도의 사업장별 재화 및 용역의 공급가액(면세공급가액 포함)의 합계액이 3억원 미만인 개인사업자가 전자세금계산서를 2024년 12월 31일까지 발급(전자세금계산서 발급명세를 전송기한까지 국세청장에 전송한 경우로 한정)하는 경우에는 다음의 금액을 해당 과세기간의 부가가치세 납부세액에서 공제할 수 있다.

전자세금계산서 발급 전송에 대한 세액공제 = Min[① 발급건수 × 200원, ② 100만원]

참고 신용카드매출전표 등 관련한 세제상 혜택

구 분	신용카드매출전표 등 발행세액공제	신용카드매출전표 등 매입세액공제
취지	영수증발급대상사업자의 과세재원의 포착	증빙의 이중발행해소를 통한 납세편의의 도모
적용대상자	공급하는 사업자	공급받는 사업자
공제요건	① 영수증발급사업자(간이과세자를 포함함) ② 개인사업자	① 공급하는 사업자가 일반과세자(세금계산서의 발급금지업종 및 특정 간이과세자는 제외함)일 것 ② 공급가액과 부가가치세가 구분가능할 것 ③ 신용카드매출전표 등 수취명세서를 제출할 것 ④ 증빙을 5년간 보관할 것
공제금액	공급대가 × 1.3%	공급대가 × $\frac{10}{110}$

예제

다음은 ㈜ABC의 2024년 부가가치세 제1기 예정신고기간의 영업내역이다. 제1기 예정신고기간에 대한 차가감납부할세액은 얼마인가? [2008년 CPA 기출]

(1) 쌀음료 매출내역

① 카드매출(신용카드매출전표 발행) ₩100,000,000

② 외상매출(세금계산서 발행) ₩200,000,000

(2) 사용하던 쌀음료 포장기계 매각(세금계산서 발행) ₩10,000,000

(3) 매입내역

① 쌀음료 원재료인 쌀 구입 ₩153,000,000

② 설탕, 감미료 구입 ₩3,000,000

③ 쌀음료 포장기계구입 ₩20,000,000

(4) 위 거래금액은 부가가치세를 포함하지 아니한 금액이다.

(5) 매입내역 중 과세거래에 대해서는 부가가치세를 지급하고 세금계산서를 받았으며, 면세거래에 대해서는 계산서를 받았다.

정답

(1) 매출세액 : (100,000,000 + 200,000,000 + 10,000,000) × 10% = 31,000,000

(2) 매입세액 : (20,000,000 + 3,000,000) × 10% + 153,000,000 × $\frac{2}{102}$ = 5,300,000

(3) 차가감납부세액 : (1) − (2) = ₩25,700,000

2 가산세

1 국세기본법상 가산세

구 분	내 용
(1) 무신고가산세[*1]	① 일반무신고가산세 : 납부세액 × 20%
	② 부정행위로 무신고가산세[*2] : 납부세액 × 40%
(2) 과소신고·초과환급신고가산세[*1, *3]	① 일반과소신고 : 일반과소신고납부세액 등[*] × 10%
	② 부정과소신고 : (부정과소신고납부세액 + 부정초과신고환급세액) × 40%

구 분	내 용
(3) 납부지연가산세[*4](①+②)	① 미납부·미달납부세액(또는 초과환급세액) × 기간[*1] × $\frac{2.2}{10,000}$ ② 법정납부기한(납세고지서)까지 납부하지 아니한 세액 × $\frac{3}{100}$ *1 미납부 또는 미달납부한 경우 ① 법정납부기한의 다음날(초과환급의 경우는 환급받은 날의 다음날)부터 납부일까지의 일수를 말한다. 단, 납부고지일부터 납부고지서에 따른 납부기한까지의 기간은 제외한다. ② 납부고지서에 따른 납부기한의 다음 날부터 납부일까지의 기간(국세징수법에 따라 지정납부기한과 독촉장에서 정하는 그 기한을 연장한 경우에는 그 연장기간은 제외)이 5년을 초과하는 경우에는 그 기간은 5년으로 하며, 체납된 국세의 납부고지서별·세목별 세액이 150만원 미만인 경우 납부고지서에 따른 납부기한 다음날부터 지연이자 부분은 적용하지 아니한다.
(4) 대리납부불이행에 대한 원천징수납부 등 불성실 가산세	미납세액 × Min[3% + 기간* × $\frac{2.2}{10,000}$, 10%] * 납부기한의 다음 날부터 자진납부일(또는 고지일)까지의 일수

*1 영세율과세표준을 무신고하거나 과소신고한 경우에는 다음의 가산세액을 무신고가산(또는 과소신고·초과환급신고가산세)에 가산함

> 무신고 및 과소신고한 영세율과세표준 × 0.5%*
>
> * 국제거래에서 발생한 부정행위를 무신고, 과소신고·초과환급신고한 경우에는 각각 60%

*2 부정행위는 법인세법의 경우와 같음
*3 부가가치세의 과소신고·초과환급신고가산세는 부가가치세법에 따른 사업자가 아닌 자가 환급세액을 신고한 경우에도 적용함
*4 납부지연가산세는 부가가치세법에 따른 사업자가 아닌 자가 환급세액을 신고한 경우에도 적용함

위에서 과세기간을 잘못 적용하여 신고납부한 경우에는 실제 신고납부한 날에 그 금액의 범위에서 당초 신고납부했어야 할 과세기간에 대한 부가가치세를 자진납부한 것으로 본다(부정무신고, 부정과소신고의 경우는 제외함). 한편, 부가가치세법에 따른 사업자가 납부기한까지 어느 사업장에 대한 부가가치세를 다른 사업장에 대한 부가가치세에 더하여 신고납부한 경우에는 납부지연가산세를 적용할 때 부가가치세를 납부한 것으로 본다.

② 부가가치세법상 가산세

(1) 개 요

구 분		가산세액
미등록가산세	사업개시일로부터 20일 이내에 사업자등록신청을 하지 않은 경우	공급가액* × 1% * 사업개시일부터 등록을 신청한 날의 직전일까지의 공급가액
	타인명의*로 사업자등록을 하고 실제사업을 영위하는 것으로 확인되는 경우 * 여기서 타인이란 자기의 계산과 책임으로 사업을 영위하지 않는 자를 말하며, 배우자는 타인으로 보지 않음	공급가액* × 1% * 사업개시일부터 실제사업을 영위하는 것으로 확인되는 날의 직전일까지의 공급가액
세금계산서 불성실가산세	세금계산서의 발급시기경과 후 공급시기가 속하는 과세기간*에 대한 확정신고기한 내 발급하는 경우 * 후발급의 특례규정에 따라 발급하는 경우에는 그 과세기간 말의 다음 달 10일	공급가액 × 1%
	세금계산서의 필요적 기재사항의 전부 또는 일부가 착오 또는 과실로 적혀있지 않거나 사실과 다른 경우(부실기재), 이 경우 고의로 공급가액을 일부 부풀린 경우	공급가액 × 1%(*는 2%)
	공급시기가 속하는 과세기간* 에 대한 확정신고기한까지 미발급한 경우 * 후발급의 특례규정에 따라 발급하는 경우에는 그 과세기간 말의 다음 달 10일	공급가액 × 2%* * 전자세금계산서의 발급의무자가 과세기간내 종이세금계산서를 발급시 가산세 : 1%
	가공의 세금계산서를 발급하는 경우 및 발급받는 경우	공급가액* × 3%
	실제공급자·실제공급받는 자가 아닌 자의 명의로 세금계산서를 발급한 경우 및 발급받은 경우 * 둘 이상의 사업장을 보유한 사업자가 재화 또는 용역을 공급한 사업장이 아닌 자신의 다른 사업장 명의로 세금계산서를 발급한 경우는 1%	공급가액 × 2%
	사업자가 아닌 자가 가공의 세금계산서를 발급한 경우 및 발급받은 경우	공급가액 × 3%
매출처별세금계산서합계표제출 불성실가산세	미제출*1 혹은 부실기재*2 *1 미제출에는 수정신고 또는 경정시 제출한 경우를 포함하며 *2 부실기재는 착오기재를 제외함	공급가액 × 0.5%
	지연제출 * 예정신고시 제출해야 할 합계표를 확정신고와 함께 제출하는 경우	공급가액 × 0.3%

구 분		가산세액
매입처별세금계산서합계표제출불성실가산세	공급시기 이후에 발급받은 세금계산서로서 해당 공급시기가 속하는 과세기간의 확정신고기한까지 발급받은 경우로서 매입세액공제를 받는 경우 * 후발급의 특례규정에 따라 발급받은 경우를 포함	공급가액 × 0.5%
	공급시기 이후 세금계산서를 발급받았으나, 실제 공급시기가 속하는 과세기간의 확정신고기한 다음날부터 1년 이내에 발급받은 것으로서 수정신고·경정청구하거나, 거래사실을 확인하여 결정·경정하는 경우	공급가액 × 0.5%
	공급시기 이전 세금계산서를 발급받았으나, 실제 공급시기가 6개월 이내에 도래하고 거래사실을 확인하여 결정·경정하는 경우	공급가액 × 0.5%
	경정시 경정기관의 확인을 거쳐 제출한 경우	공급가액 × 0.5%
	매입세액을 과다기재한 경우 * 착오기재를 제외함	공급가액 × 0.5%
전자세금계산서발급명세미전송가산세	전자세금계산서발급명세의 전송기한*이 경과한 후 공급시기가 속하는 과세기간에 대한 확정신고기한까지 국세청장에게 세금계산서 발급명세를 전송하는 경우(지연전송) * 발급일의 다음 날	공급가액 × 0.3%
	전자세금계산서발급명세 전송기한*이 경과한 후 공급시기가 속하는 과세기간에 대한 확정신고기한까지 국세청장에게 세금계산서발급명세를 전송하지 않은 경우(미전송) * 발급일의 다음 날	공급가액 × 0.5%
현금매출명세서 및 부동산임대공급가액명세서 제출불성실가산세	현금매출명세서 등을 제출하지 않거나 제출한 수입금액이 사실과 다르게 기재된 경우	제출하지 않는 수입금액 또는 제출한 수입금액과 실제수입금액과의 차액 ×1%

참고 현금매출명세서의 제출

예식장업, 부동산중개업, 보건업(병원·의원에 한함), 산후조리원, 변호사업, 심판변론인업, 변리사업, 법무사업, 공인회계사업, 세무사업, 의사업, 한의사업, 약사업 등의 사업을 하는 사업자는 현금매출명세서를 예정신고 또는 확정신고와 함께 제출해야 한다.

(2) 중복적용의 배제

우선적용 가산세	내 용
미등록(타인명의등록)가산세가 적용되는 경우(1%)	세금계산서불성실가산세(1%) 및 매출처별세금계산서합계표불성실가산세(0.3%, 0.5%), 전자세금계산서발급명세미전송가산세(0.3%, 0.5%)를 미적용함
세금계산서불성실가산세 중 미발급(2%), 가공발급·가공수취(3%), 위장발급·위장수취(2%), 과다기재발급·수취분(2%)	미등록(타인명의등록)가산세(1%), 매출처별세금계산서합계표불성실가산세(0.3%, 0.5%) 및 매입처별세금계산서합계표불성실가산세(0.5%)를 미적용함
세금계산서불성실가산세 중 위장발급(2%), 과다기재발급(2%)	세금계산서불성실가산세 중 미발급분(2%)
세금계산서불성실가산세 중 지연발급(1%), 전자세금계산서전송불성실분(0.3%, 0.5%), 부실기재분(1%)	매출처별세금계산서합계표불성실가산세(0.3%, 0.5%)
세금계산서불성실가산세 중 지연발급(1%), 미발급(2%)	세금계산서불성실가산세 중 전자세금계산서전송불성실분(0.3%, 0.5%), 부실기재분(1%)
세금계산서불성실가산세 중 부실기재분(1%)	세금계산서불성실가산세 중 전자세금계산서전송불성실분(0.3%, 0.5%)
법인세법 또는 소득세법상 현금영수증 미발급가산세를 적용받는 경우	세금계산서불성실가산세 중 미발급분(2%), 매출처별세금계산서합계표불성실가산세 중 부실기재분(0.5%)
공급가액 과다기재 세금계산서 발급·수취 가산세(2%) 적용시	사실과 다른 세금계산서 발급 가산세(1%)를 미적용함

(3) 가산세의 감면

다음에 해당하는 경우에는 해당 가산세액의 일정률에 상당하는 금액을 감면한다.

① 법정신고기한 경과후 일정기간 이내에 수정신고를 한 경우 ☞ 과소신고가산세 및 초과환급신고가산세에 한하며, 경정이 있을 것을 미리 알고 제출한 경우는 제외함

㉠ 법정신고기한이 지난 후 1개월 이내 90%, 1~3개월 이내 75%, 3~6개월 이내 50%, 6개월 초과 1년 이내 30%, 1년 초과 1년6개월 이내 20%, 2년 이내에 수정신고한 경우에는 10%를 감면함

㉡ 신고만하고 납부하지 않은 경우에도 감면함

② 법정신고기한 경과 후 일정기간 내에 기한후신고를 한 경우 ☞ 무신고가산세에 한하며, 경정이 있을 것을 미리 알고 제출한 경우는 제외함

㉠ 법정신고기한이 지난 후 1개월 이내 50%, 1~3개월 이내 30%, 3~6개월 이내 기한후신고한 경우에는 20% 감면을 적용함

㉡ 신고만하고 납부하지 않은 경우에도 감면함

③ 과세전적부심사의 결정·통지기간 이내에 그 결과를 통지하지 않는 경우(50%) ☞ 결정·통지가 지연된 기간의 납부·환급불성실가산세에 한함

④ 세법에 따른 제출·신고·가입·등록·개설의 기한이 지난 후 1개월 이내에 해당 세법에 따른 제출 등의 의무를 이행하는 경우(50%) ☞ 제출 등의 의무위반에 대하여 세법에 따라 부과되는 가산세에 한함

⑤ 세법에 따른 예정신고기한 및 중간신고기한까지 예정신고 및 중간신고를 하였으나 과소신고하거나 초과신고한 경우로서 확정신고기한까지 과세표준을 수정하여 신고한 경우(해당 기간에 부과되는 가산세만 해당하며, 과세표준과 세액을 경정할 것을 미리 알고 과세표준신고를 하는 경우는 제외함)와 세법에 따른 예정신고기한 및 중간신고기한까지 예정신고 및 중간신고를 하지 아니하였으나 확정신고기한까지 과세표준신고를 한 경우(해당 기간에 부과되는 가산세만 해당하며, 과세표준과 세액을 경정할 것을 미리 알고 과세표준신고를 하는 경우는 제외함)에는 50% 감면함

(4) 가산세의 한도

다음에 해당하는 가산세에 대하여는 그 의무위반의 종류별로 각각 1억원(중소기업 : 5천만원)을 한도로 한다. 다만, 해당 의무를 고의적으로 위반한 경우에는 그렇지 않다.

① 미등록가산세(간이과세자의 미등록가산세를 포함함)
② 세금계산서불성실가산세(2%의 가산세율을 적용받는 경우는 제외함)
③ 매출처별세금계산서합계표제출불성실가산세
④ 매입처별세금계산서합계표제출불성실가산세
⑤ 현금매출명세서 및 부동산임대공급가액명세서제출불성실가산세

예제 1

다음 중 부가가치세법상 일반과세사업자에게 공급가액의 100분의 1에 상당하는 금액을 가산세로 부과하는 경우가 아닌 것은? [2007년 세무사 기출 수정]

① 사업자가 예정신고 또는 확정신고를 하는 때에 제출한 매입처별 세금계산서합계표의 기재사항 중 공급가액을 사실과 다르게 과다하게 적어 신고한 경우
② 사업자가 발급한 세금계산서의 필요적 기재사항의 전부 또는 일부가 착오 또는 과실로 기재되지 아니하거나 사실과 다른 때
③ 사업자가 매출처별세금계산서합계표를 제출하지 않은 경우
④ 사업자가 재화를 공급하고 실제로 재화를 공급하는 자 외의 자의 명의로 세금계산서를 발행한 경우

정답 ④

사업자가 재화를 공급하고 실제로 재화를 공급하는 자 외의 자의 명의로 세금계산서를 발행한 경우에는 공급가액의 2% 가산세를 부과한다.

예제 2

과세사업자인 ㈜ABC는 2024년 제1기 부가가치세 예정신고를 2024년 4월 23일에 하면서 국내매출로 인한 매출세액 ₩2,000,000과 매입세액 ₩1,000,000을 누락(부정행위로 인한 누락은 아님)한 후 2024년 제1기 부가가치세 확정신고를 2024년 7월 22일에 하면서 누락한 매출세액과 매입세액을 모두 포함시켰다. 이 때 부과되는 가산세 총액은 얼마인가? 단, 세금계산서는 모두 적법하게 교부하거나 교부받았다.

정답

(1) 매출처별세금계산서합계표불성실가산세(지연제출) : 20,000,000 × 0.5% = 100,000
(2) 과소신고가산세 : (2,000,000 - 1,000,000) × 10% × 50% = 50,000
  *법정신고기한이 지난 후 6개월 이내에 수정신고이므로 과소신고가산세의 50% 감면
(3) 납부불성실가산세 : (2,000,000 - 1,000,000) × 0.03% × 88일(4.26~7.22) = 26,400
(4) 가산세 합계 : (1) + (2) + (3) = 176,400

예제 3

다음 자료를 이용하여 ㈜ABC가 20×2년 제1기 확정신고시 납부하여야 할 가산세를 각각 계산하시오. 단, 아래 각 항목은 상호독립적인 것으로 가정한다.

1. 4.20이 공급시기인 거래(공급가액 : ₩5,000,000)에 대하여 전자세금계산서를 6.30에 발급 한 경우
2. 4.30에 재화를 공급받지 아니하고 전자세금계산서(공급가액 : ₩4,000,000)를 발급받은 경우
3. 5.20에 전자세금계산서(공급가액 : ₩3,000,000)를 발급하고, 7.10에 전자세금계산서발급 명세를 국세청장에게 전송한 경우
4. 4.10에 재화를 공급(공급가액 : ₩2,000,000)하였으나 착오로 7.25까지 전자세금계산서를 발급하지 아니하였으며, 전자세금계산서 발급명세도 전송하지 않은 경우
5. 공급시기(4.10)가 지난 후 7.20에 세금계산서(공급가액 : ₩1,000,000)를 발급받아 매입세액을 공제한 경우

정답

1. 세금계산서불성실가산세 : ₩5,000,000 × 1%(지연발급) = ₩50,000
2. 세금계산서불성실가산세 : ₩4,000,000 × 3%(가공수취) = ₩120,000
3. 전자세금계산서발급명세 전송불성실가산세(지연전송) : ₩3,000,000 × 0.3%(법인사업자) = ₩9,000
4. 세금계산서불성실가산세 : ₩2,000,000 × 2%(미발급) = ₩40,000
  * 이 경우 전자세금계산서발급명세 전송불성실가산세는 적용하지 아니한다(중복적용 배제).
5. 매입처별세금계산서합계표 제출불성실가산세 : ₩1,000,000 × 0.5%(지연수취) = ₩5,000

예제 4

㈜ABC는 20×7. 3. 20에 사업을 개시하였으나, 사업자등록신청은 20×7. 6. 1에 하였다. 다음 자료를 이용하여 미등록가산세를 계산하시오.

1. 공급가액 내역

20×7. 3. 20 ~ 20×7. 3. 31	₩60,000,000
20×7. 4. 1 ~ 20×7. 4. 30	90,000,000
20×7. 5. 1 ~ 20×7. 5. 31	20,000,000
20×7. 6. 1 ~ 20×7. 6. 30	100,000,000

정답

(₩60,000,000 + 90,000,000 + 20,000,000) × 1% = ₩1,700,000
미등록가산세의 산출기초가 되는 공급가액은 사업개시일부터 등록신청일의 직전일까지의 공급가액으로 한다.

참고 대리납부제도

1. 개 요

'대리납부'란 국내에 사업장이 없는 비거주자 또는 외국법인과 국내사업장이 있는 비거주자 또는 외국법인으로부터 용역(국내사업장과 관련 없는 용역을 제공하는 경우에 한함) 또는 무체물을 공급받는 경우 해당 용역 등을 공급받은 자가 그 대가를 지급하는 시점에 국외의 공급자를 대리하여 부가가치세를 징수·납부하는 것을 말한다.

한편, 부가가치세의 대리납부시 제출하는 대리납부신고서는 과세표준에 대한 신고가 아니므로 수정신고 또는 경정청구의 대상에 해당되지 않으며, 수정신고시 적용되는 가산세의 감면 등이 적용되지 않는다. 다만, 과다하게 납부한 대리납부세액에 대하여는 국세기본법에 따라 환급청구를 할 수 있다.

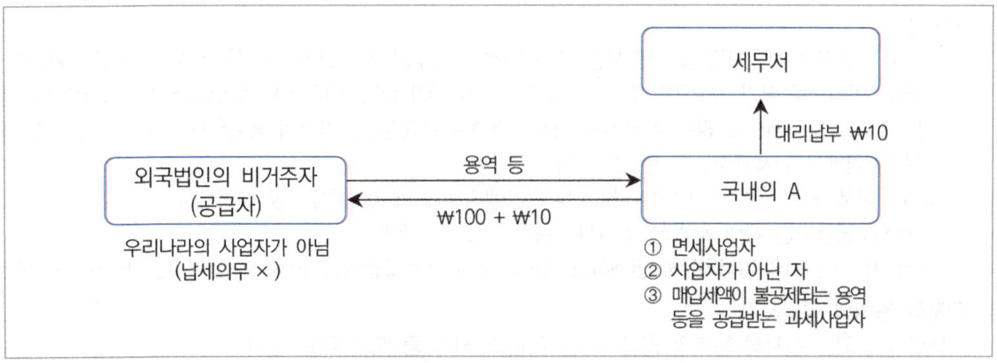

2. 대리납부의 적용요건

① 용역의 제공자가 국내사업장이 없는 비거주자 또는 외국법인이거나, 국내사업장이 있더라도 국내사업장과 관련없는 비거주자 또는 외국법인이어야 한다.
② 해당 용역이 부가가치세가 과세되는 용역 또는 권리의 공급이어야 한다.
③ 해당 용역이 국내에서 사용 또는 소비되어야 한다.
④ 제공받은 용역을 부가가치세가 과세되지 않는 사업에 사용 또는 소비되어야 한다.

참고 전자적 용역을 공급하는 국외사업자에 관한 특례

1. 의 의

해외개발자가 해외에서 직접 전자적 용역을 공급하거나 해외오픈마켓을 통하여 공급하는 경우 해외개발자 또는 해외오픈마켓사업자가 간편하게 사업자등록을 하여 부가가치세를 납부할 수 있도록 하는 제도이다. 이는 국내개발자와 해외개발자 간 과세형평을 제고하고 부가가치세의 소비지국과세원칙을 구현하기 위함이다. 현행 부가가치세의 규정은 아래와 같다.

① 국내오픈마켓(예 SKT, KT 등 앱스토어) 등에서 구매하는 경우 : 국내개발자의 앱은 국내개발자가 신고·납부하고, 해외개발자의 앱은 국내오픈마켓사업자 등이 신고·납부한다.

② 해외오픈마켓(애플·구글 등 앱스토어) 등에서 구매하는 경우 : 국내개발자의 앱은 국내개발자가 신고·납부하고, 해외개발자의 앱은 해외개발자·해외오픈마켓사업자 모두 납부하지 않는다.

2. 용역공급에 관한 특례

① 해외개발자가 직접공급한 경우 : 해외개발자가 국내에서 해당 전자적 용역이 공급되는 것으로 본다.

② 해외개발자가 해외오픈마켓을 통해서 공급하는 경우 : 해외오픈마켓사업자가 해당 전자적 용역을 국내에서 공급한 것으로 본다.

3. 사업자등록에 관한 특례

국내에 전자적 용역을 공급하는 자는(해외개발자에 해당하는 비거주자·외국법인) 간편사업자등록을 해야 한다.

① 등록신청 : 사업개시일부터 20일 이내에 국세정보통신망에 접속하여 ㉠ 사업자 및 대표자의 이름과 연락처, ㉡ 용역을 제공하는 사업장이 소재하는 국외사업자 등록과 관련된 정보, ㉢ 사업개시일 등 기획재정부령이 정하는 것에 대한 입력을 하는 간편사업자등록을 해야 한다.

② 등록 : 등록신청을 받은 국세청장은 간편사업자등록을 하고 간편사업자등록번호를 부여한 후 사업자에게 통지해야 한다.

③ 간편사업자등록을 한 자가 국내에서 폐업한 경우(사실상 폐업한 경우를 포함) 국세청장은 간편사업자등록을 말소할 수 있다.

4. 신고·납부 등에 관한 특례 : 간편사업자등록을 한 자는 부가가치세의 예정신고·납부 및 확정신고·납부를 해야 한다.

① 신고 : 사업자는 사업자명 및 간편사업자등록번호, 총공급가액, 공제받을 매입세액 및 납부할 세액을 기재하는 방식으로 부가가치세예정신고 및 확정신고를 해야 한다. 여기에서 총공급가액인 대가를 외국통화나 그 밖의 외국환으로 받은 경우에는 과세기간종료일(예정신고기간의 종료일)의 기준환율을 적용하여 환가한 금액을 과세표준으로 할 수 있다.

② 납부 : 국세청장이 정하는 바에 따라 외국환은행의 계좌에 납입하는 방식으로 해야 한다.

③ 납세지 : 공급받는 자의 사업장 소재지, 주소지 또는 거소지

④ 기타: 세금계산서의 발급의무를 면제하고 미신고·납부시 신고불성실가산세 및 납부지연가산세를 적용한다.

5. 전자적 용역의 공급시기

국내로 공급되는 전자적 용역의 공급시기는 다음의 시기 중 빠른 때로 한다.

① 구매자가 전자적 용역을 제공받은 때

② 구매자가 전자적 용역을 구매하기 위하여 대금의 결제를 완료한 때

6. 국외사업자가 공급시 부가가치세 과세대상이 되는 전자적 용역의 범위

① 게임, 음성, 동영상 파일, 전자문서, 소프트웨어 등 저작물

② 클라우드 컴퓨팅, 광고를 게재하는 용역, 중개용역

7. 기타사항
   ① 자료보관 : 간편사업자등록을 한 자는 전자적 용역의 공급에 대한 거래명세(등록사업자의 과세사업 또는 면세사업에 대하여 용역을 공급하는 경우의 거래명세를 포함한다)를 그 거래사실이 속하는 과세기간에 대한 확정신고 기한이 지난 후 5년간 보관하여야 한다.
   ② 제출요구 : 국세청장은 부가가치세 신고의 적정성을 확인하기 위하여 간편사업자등록을 한 자에게 전자적 용역 거래명세서를 제출할 것을 요구할 수 있다.
   ③ 자료제출 : 간편사업자등록을 한 자는 ②에 따른 요구를 받은 날부터 60일 이내에 전자적 용역 거래명세서를 국세청장에게 제출하여야 한다.

참고 사업양도자의 부가가치세 대리납부

사업의 양도(이에 해당하는지 여부가 분명하지 아니한 경우를 포함함)에 따라 그 사업을 양수받는 자는 그 대가를 지급하는 때에 그 대가를 받은 자로부터 부가가치세를 징수하여 그 대가를 지급하는 날이 속하는 달의 다음 달 25일까지 사업장 관할세무서장에게 납부할 수 있다.

참고 신용카드 등 결제금액에 대한 부가가치세 대리납부(조특법 106조의10)

1. **개념** : 신용카드업자는 부가가치세 체납률 등을 고려하여 특례사업자가 2021년 12월 31일까지 부가가치세가 과세되는 재화 또는 용역을 공급하고 그 신용카드업자로부터 공급대가를 받는 경우에는 해당 공급대가를 특례사업자에게 지급하는 때에 공급대가의 110분의 4에 해당하는 금액을 부가가치세로 징수하여 매 분기가 끝나는 날의 다음 달 25일까지 대리납부신고서와 함께 신용카드업자의 관할세무서장에게 납부하여야 한다.
2. **특례사업자** : 부가가치세가 과세되는 재화와 용역을 공급하는 사업자로서 일반유흥주점업 및 무도유흥주점업을 영위하는 사업자(간이과세자 제외)
3. **대상거래** : 신용카드·직불카드 또는 선불카드를 사용한 거래로 한정
4. **처리방법**
   ① 신용카드업자가 납부한 부가가치세액은 특례사업자가 부가가치세 신고시 이미 납부한 세액으로 본다.
   ② 특례사업자에 대하여 부가가치세를 결정하여 징수하는 경우에는 그 결정세액에서 해당 예정신고기간 또는 예정부과기간 종료일 현재 신용카드업자가 신용카드업자의 관할세무서장에게 납부할 부가가치세를 뺀 금액을 각각 징수한다. 다만, 그 산정한 세액이 음수인 경우에는 영으로 본다.
5. **납부금액** : 공급대가 × 4/104
6. **대리납부기한** : 매 분기가 끝나는 날의 다음 달 25일까지 대리납부신고서와 함께 신용카드업자의 관할세무서장에게 납부
7. **세액공제** : 신용카드업자가 납부한 부가가치세액의 1%(납부세액 한도)

참고 신탁 관련 제2차 납세의무 등에 대한 납부 특례

1. 부가가치세를 납부하여야 하는 수탁자의 관할 세무서장은 제2차 납세의무자로부터 수탁자의 부가가치세등을 징수하려면 다음의 사항을 적은 납부고지서를 제2차 납세의무자에게 발급하여야 한다. 이 경우 수탁자의 관할 세무서장은 제2차 납세의무자의 관할 세무서장과 수탁자에게 그 사실을 통지하여야 한다.
   ① 징수하려는 부가가치세등의 과세기간, 세액 및 그 산출근거
   ② 납부하여야 할 기한 및 납부장소
   ③ 제2차 납세의무자로부터 징수할 금액 및 그 산출 근거
   ④ 그 밖에 부가가치세등의 징수를 위하여 필요한 사항
2. 부가가치세를 납부하여야 하는 위탁자의 관할 세무서장은 수탁자로부터 위탁자의 부가가치세등을 징수하려면 다음의 사항을 적은 납부고지서를 수탁자에게 발급하여야 한다. 이 경우 수탁자의 관할 세무서장과 위탁자에게 그 사실을 통지하여야 한다.
   ① 부가가치세등의 과세기간, 세액 및 그 산출 근거
   ② 납부하여야 할 기한 및 납부장소
   ③ 그 밖에 부가가치세등의 징수를 위하여 필요한 사항
3. 2. 에 따른 고지가 있은 후 납세의무자인 위탁자가 신탁의 이익을 받을 권리를 포기 또는 이전하거나 신탁재산을 양도하는 등의 경우에도 2. 에 따라 고지된 부분에 대한 납세의무에는 영향을 미치지 아니한다.
4. 신탁재산의 수탁자가 변경되는 경우에 새로운 수탁자는 2. 에 따라 이전의 수탁자에게 고지된 납세의무를 승계한다.
5. 2. 에 따른 납세의무자인 위탁자의 관할 세무서장은 최초의 수탁자에 대한 신탁 설정일을 기준으로 그 신탁재산에 대한 현재 수탁자에게 위탁자의 부가가치세등을 징수할 수 있다.
6. 신탁재산에 대하여「국세징수법」에 따라 강제징수를 하는 경우「국세기본법」에도 불구하고 수탁자는「신탁법」에 따른 신탁재산의 보존 및 개량을 위하여 지출한 필요비 또는 유익비의 우선변제를 받을 권리가 있다.

3 부가가치세의 신고납부, 환급절차 및 결정·경정

1 예정신고와 납부

(1) 법인사업자인 경우

사업자는 예정신고기간의 종료 후 25일 이내에 예정신고기간에 대한 과세표준과 납부세액 또는 환급세액을 사업장의 관할세무서장에게 신고·납부해야 한다. 다만, 조기환급신고에 있어서 이미 신고한 내용은 예정신고의 대상에서 제외한다. 한편, 예정신고기간 및 신고기한은 다음과 같다.

구 분		신고기간	신고기한
제1기의 예정신고	계속사업자	1.1. ~ 3.31.	4.25.
	신규자	개시일(등록일) ~ 3.31.	
제2기의 예정신고	계속사업자	7.1. ~ 9.30.	10.25.
	신규자	개시일(등록일) ~ 9.30.	

* 21.1.1이후 직전 과세기간 과세표준 1.5억 미만 법인사업자도 예정고지대상에 추가함

(2) 개인사업자인 경우

1) 원칙 : 고지납부

개인사업자에 대하여는 각 예정신고기간마다 직전과세기간에 대한 납부세액(신용카드매출전표 등 발행세액공제, 전자세금계산서의 발급·전송에 대한 세액공제 및 전자신고세액공제를 뺀 금액)의 50%에 상당하는 금액(1천원 미만의 단수가 있을 시에는 단수금액을 절사함)을 결정하여 해당 예정신고기한까지 징수한다.

구 분	고지서 발부기간	징수기한
제1기의 예정신고기간	4.1. ~ 4.10.	4.25.
제2기의 예정신고기간	10.1. ~ 10.10.	10.25.

다만, 징수해야 할 금액이 50만원 미만이거나 간이과세자에서 해당 과세기간의 개시일 현재 일반과세자로 변경된 경우, 국세징수법에서 정하는 재난 등으로 인한 납부기한 등의 연장 사유로 관할 세무서장이 징수하여야 할 금액을 사업자가 납부할 수 없다고 인정되는 경우에는 이를 징수하지 않는다. 또한 예정신고기간에 대하여 고지납부한 경우 확정신고시 해당 과세기간 전체(6개월분)에 대하여 신고하고 예정고지납부세액을 기납부세액의 성격으로 보아 확정신고납부세액에서 공제한다.

2) 예외 : 신고납부

개인사업자라 할지라도 다음의 경우에는 예정신고·납부할 수 있다.

① 휴업 또는 사업부진으로 인하여 예정신고기간의 공급가액 또는 납부세액이 직전과세기간의 공급가액 또는 납부세액의 3분의 1에 미달하는 사업자

② 각 예정신고기간분에 대해 조기환급을 받고자 하는 사업자

2 확정신고와 납부

사업자는 각 과세기간에 대한 과세표준과 납부세액 또는 환급세액을 그 과세기간의 종료 후 25일(폐업하는 경우에는 폐업일이 속하는 달의 다음 달 25일)이내에 각 사업장의 관할세무서장에게 신고·납부해야 한다. 다만, 예정신고 및 조기환급신고에 있어서 이미 신고한 내용은 확정신고대상에서 제외한다. 한편, 확정신고기간 및 신고기한은 다음과 같다.

구 분		신고기간	신고기한
제1기 확정신고	계속사업자	1.1. ~ 6.30.	7.25.
	신규자	개시일(등록일) ~ 6.30.	
	폐업자	1.1. ~ 폐업일	폐업일이 속하는 달의 다음 달 25일
제2기 확정신고	계속사업자	7.1. ~ 12.31.	다음 해 1월 25일
	신규자	개시일(등록일) ~ 12.31.	
	폐업자	7.1. ~ 폐업일	폐업일이 속하는 달의 다음 달 25일

참고 확정신고시에만 적용되는 사항

① 대손세액공제
② 일반환급
③ 납부세액 및 환급세액의 재계산
④ 전자신고세액공제
⑤ 가산세
⑥ 과세전용매입세액
⑦ 의제매입세액의 한도계산
cf) 신용카드매출전표 등 발행세액공제는 예정신고시에도 적용함

참고 재화의 수입에 대한 신고와 납부

재화를 수입하는 자가 관세법에 따라 관세를 신고·납부하는 경우에는 재화의 수입에 대한 부가가치세를 함께 신고·납부해야 한다.

참고 재화의 수입에 대한 부가가치세의 납부유예

1. 납부유예의 신청
   ① 세관장은 매출액에서 수출액이 차지하는 비율 등 일정한 중소사업자가 물품을 제조·가공하기 위한 원재료 등 재화의 수입에 대하여 부가가치세의 납부유예를 미리 신청하는 경우에는 해당 재화를 수입할 때 부가가치세의 납부를 유예할 수 있다. 이 경우 납부유예의 적용요건은 아래와 같다.
   ㉠ 제조업을 주된 사업으로 하는 조세특례제한법상 중소기업 및 중견기업
   ㉡ 중소기업의 경우 직전연도의 수출(영세율)에 대한 공급가액이 총공급가액의 30% 이상이거나 수출액이 50억원 이상, 중견기업의 경우 수출액이 차지하는 비율이 30% 이상일 것
   ㉢ 3년 이상 계속사업을 하고, 2년 이상 국세체납이 없을 것(납세고지서에 따른 납부기한의 다음 날부터 15일 이내에 체납된 국세를 모두 납부한 경우는 제외), 최근 3년간 「조세범처벌법」 또는 「관세법」 위반으로 처벌받은 사실이 없을 것, 최근 2년간 납부유예가 취소된 사실이 없을 것
   ② 중소사업자는 ①의 적용요건의 충족 여부를 관할세무서장에게 확인요청할 수 있다. 이 경우 관할세무서장은 법인세의 과세표준 및 세액신고서 등을 기준으로 해당 중소사업자에게 확인서를 발급해야 한다.
2. 납부유예세액의 정산 및 납부
   납부를 유예받은 중소사업자는 납세지의 관할세무서장에게 예정신고 또는 확정신고 등을 할 때 그 납부가 유예된 세액을 해당 재화의 매입세액에서 차감하는 방법으로 정산하거나 납부해야 한다. 이 경우 납세지의 관할세무서장에게 납부한 금액은 세관장에게 납부한 것으로 본다.
3. 납부유예의 취소
   세관장은 부가가치세의 납부가 유예된 중소사업자가 아래의 어느 하나 사유에 해당하는 경우에는 그 납부의 유예를 취소할 수 있다. 이 경우 세관장은 해당 중소사업자에게 그 취소사실을 통지해야 한다.
   ① 국세를 체납한 경우
   ② 조세범처벌법 또는 관세법의 위반으로 국세청장 등으로부터 고발된 경우
   ③ 납부유예의 적용요건을 충족하지 못한 중소기업자에게 납부유예를 승인한 사실을 세관장이 알게 된 경우

❸ 환 급

(1) 일반환급

일반환급이란 각 과세기간별로 해당 과세기간에 대한 환급세액을 확정신고기한의 경과 후 30일이내에 사업자에게 환급하는 것을 말한다. 일반환급의 경우 예정신고기간의 환급세액은 환급되지 않고 예정신고시의 미환급세액은 확정신고시 납부세액에서 차감하며, 잔액이 있을 경우에는 확정신고기한 경과 후 30일 이내에 환급받게 된다. 다만, 결정·경정에 의하여 추가로 발생한 환급세액은 지체없이 사업자에게 환급하여야 한다.

(2) 조기환급

1) 조기환급대상

부가가치세법상 조기환급대상을 살펴보면 다음과 같다.

① 영세율 규정이 적용되는 때
② 사업설비(감가상각자산)를 신설·취득·확장 또는 증축하는 때
③ 재무구조개선계획을 이행중인 경우

2) 조기환급기간

조기환급기간이라 함은 예정신고기간 또는 과세기간 최종 3개월 중 매월 또는 매2월을 말한다. 이를 설명하면 다음과 같다.

① 매월의 경우 조기환급기간은 1월, 2월, 4월, 5월(제1기 과세기간) 또는 7월, 8월, 10월, 11월(제2기 과세기간)이다.
② 매2월의 경우 조기환급기간은 1·2월, 4·5월(제1기 과세기간) 또는 7·8월, 10·11월(제2기 과세기간)이다.

3) 조기환급절차

사업자는 조기환급기간 종료일로부터 25일 이내에 조기환급기간에 대한 과세표준과 환급세액을 신고하여야 하며, 조기환급신고를 받은 세무서장은 각 조기환급기간별로 해당 조기환급신고기한 경과 후 15일 이내에 사업자에게 환급한다.

4) 조기환급신고의 간주

조기환급을 적용받는 사업자가 조기환급기간 이외의 기간에 대한 예정신고서 또는 확정신고서를 제출한 경우에는 조기환급에 관하여 신고한 것으로 본다. 다만, 사업설비를 신설·취득·확장 또는 증축한 경우에는 건물등감가상각자산취득명세서를 첨부하여야 한다.

이 경우 사업장 관할세무서장은 예정신고기간 경과 후 또는 확정신고기한 경과 후 15일 이내에 사업자에게 환급하여야 한다.

5) 유의점

① 조기환급세액은 영세율이 적용되는 공급분에 관련된 매입세액·시설투자에 관련된 매입세액 또는 국내공급분에 대한 매입세액을 구분하지 아니하고 사업장별로 해당 매출세액에서 매입세액을 공제하여 계산한다.
② 사업자가 어느 한 사업장에서 조기환급사유가 발생하는 경우에는 해당 사업장의 거래분만을 조기환급신고 할 수 있다. 다만, 주사업장 총괄납부제도 또는 사업자단위 과세제도의 적용을 받는 사업자의 경우에는 그러하지 아니하다.

사례 각 과세기간별, 예정신고기간별, 조기환급기간(매월, 매2월)별 조기환급

(일반환급 : 30일내)

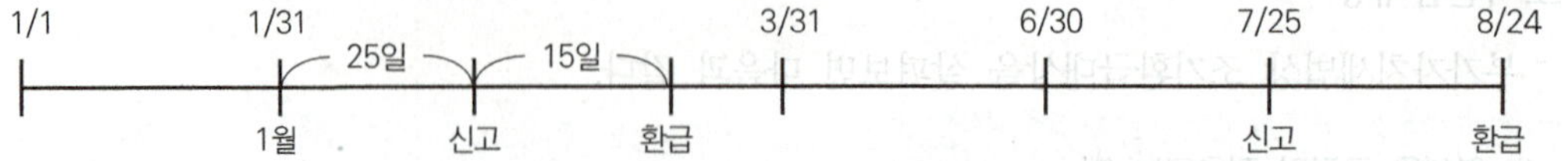

① 매월(1월 + 1월 + 1월), (1월 + 1월 + 1월)
② 매2월(2월 + 1월), (2월 + 1월)

4 결정·경정

(1) 결정·경정의 의의

부가가치세는 신고납세제도세목이다. 따라서 부가가치세의 과세표준과 세액은 납세의무자인 사업자의 신고에 의하여 확정된다. 다만, 일정한 법정사유(= 결정·경정사유를 말함)가 발생한 때에는 정부가 직접 과세표준과 세액을 확정한다.

(2) 결정·경정사유

1) 원 칙

정부는 사업자가 다음에 해당하는 경우에 한하여 그 과세기간에 대한 부가가치세의 과세표준과 세액을 조사에 의하여 결정 또는 경정한다.

① 확정신고를 하지 아니한 때 ⇦ 결정사유임
② 확정신고의 내용에 오류 또는 탈루가 있는 때
③ 확정신고에 있어서 매출·매입처별 세금계산서합계표를 제출하지 아니하거나 제출한 매출·매입처별 세금계산서합계표의 기재사항의 전부 또는 일부가 적혀 있지 아니하거나 사실과 다르게 적힌 때
④ 위 ①부터 ③ 이외에 다음 사유로 인하여 부가가치세를 포탈할 우려가 있는 경우
  ㉠ 사업장의 이동이 빈번한 때
  ㉡ 사업장의 이동이 빈번하다고 인정되는 지역에 사업장이 있는 때
  ㉢ 휴업 또는 폐업상태에 있는 때
  ㉣ 신용카드가맹점 또는 현금영수증가맹점 가입대상 사업자가 정당한 사유 없이 신용카드가맹점 또는 현금영수증가맹점으로 가입하지 아니한 경우로서 사업규모와 영업상황으로 보아 신고내용이 불성실하다고 판단되는 때

2) 예 외

영수증 발급대상사업 중 국세청장이 정하는 업종을 영위하는 사업자로서 동일 장소에서 계속하여 5년 이상 사업을 영위한 자에 대하여는 객관적인 증명서류에 의하여 과소신고한 것이 명백한 경우에 한하여 경정할 수 있다.

(3) 결정·경정기관

부가가치세 과세표준과 납부세액 또는 환급세액의 결정·경정은 각 사업장 관할세무서장이 행한다. 그러나 국세청장이 특히 중요하다고 인정하는 경우에는 관할지방국세청장 또는 국세청장이 결정·경정할 수 있다.

(4) 결정·경정방법

1) 실지조사와 추계조사

① 실지조사

정부가 과세표준과 세액을 결정·경정하는 경우에는 세금계산서·장부 그 밖의 증명서류를 근거로 하여 과세표준과 세액을 결정·경정하는 실지조사를 원칙으로 한다.

② 추계조사

그러나 다음에 해당하는 경우에는 추계조사를 할 수 있다.

> ㉠ 과세표준을 계산할 때 필요한 세금계산서·장부·그 밖의 증명 자료가 없거나 그 중요한 부분이 갖추어지지 아니한 때
> ㉡ 세금계산서·장부·그 밖의 증명의 내용이 시설규모·종업원수와 원자재·상품·제품 또는 각종 요금의 시가에 비추어 거짓임이 명백한 때
> ㉢ 세금계산서·장부·그 밖의 증명자료의 내용이 원자재사용량·동력사용량이나 그 밖의 조업상황에 비추어 거짓임이 명백한 때

2) 추계조사방법

구 분	내 용
동업자권형 방법	기장이 정당하다고 인정되고 신고가 성실하여 경정을 받지 아니한 동일업황의 다른 동업자와의 권형에 의하여 계산하는 방법
그 밖의 방법	① 국세청장이 업종별로 투입원재료에 대하여 조사한 생산수율이 있는 때에는 이를 적용하여 계산한 생산량에 그 과세기간 중에 공급한 수량의 시가를 적용하여 계산하는 방법
	② 국세청장이 사업의 종류·지역 등을 감안하여 사업과 관련된 인적·물적시설(종업원·객실·사업장·차량·수도·전기 등)의 수량·가액과 매출액의 관계를 정한 영업효율이 있는 때에는 이를 적용하여 계산하는 방법
	③ 국세청장이 사업의 종류·지역별로 정한 다음의 기준 중의 하나에 의하여 계산하는 방법 ㉠ 원단위투입량 ㉡ 비용의 관계비율 ㉢ 상품회전율 ㉣ 매매총이익율 ㉤ 부가가치율
	④ 주로 최종소비자를 대상으로 거래하는 음식 및 숙박업과 서비스업에 대하여는 국세청장이 정하는 입회조사기준에 의하여 계산하는 방법

3) 추계조사시 매입세액공제

추계조사시 납부세액을 계산함에 있어서 공제하는 매입세액은 사업자가 적법하게 발급받은 세금계산서를 관할세무서장에게 제출하고 그 기재내용이 명백한 분에 한한다. 그러나 재해 그 밖의 불가항력으로 인하여 발급받은 세금계산서가 소멸됨으로써 이를 제출하지 못하는 때에는 해당 사업자에게 공급한 거래상대자가 제출한 세금계산서에 의하여 확인되는 것으로 한다. 사업자가 경정시 경정기관의 확인을 거쳐 세금계산서를 제출하는 경우에도 매입세액은 공제하나, 매입처별세금계산서합계표불성실가산세가 적용된다.

5 부가가치세의 징수

사업자가 예정신고·확정신고를 하는 때에 신고한 납부세액에 미달하게 납부한 세액이 있는 경우 또는 결정·경정으로 인하여 추가로 납부하여야 할 세액이 있는 경우 사업장 관할세무서장은 해당 세액을 국세징수법에 따라서 징수한다. 그러나 재화의 수입에 대한 부가가치세는 세관장이 관세법에 따라서 징수한다.

예제

「부가가치세법」상 신고와 납부에 대한 설명으로 옳은 것은? [2024년 국가직 7급]

① 예정신고를 한 사업자 또는 조기에 환급을 받기 위하여 신고한 사업자는 이미 신고한 과세표준과 납부한 납부세액 또는 환급받은 환급세액을 포함해서 확정신고를 해야 한다.

② 국외사업자로부터 국내에서 용역을 공급받는 자(공급받은 그 용역을 과세사업에 제공하는 경우는 제외하되, 매입세액이 공제되지 아니하는 용역을 공급받는 경우는 포함한다)는 그 대가를 지급하는 때에 그 대가를 받은 자로부터 부가가치세를 징수하여야 한다.

③ 국외사업자가 사업자등록의 대상으로서 위탁매매인을 통하여 국내에서 용역을 공급하는 경우에는 해당 국외사업자가 해당 용역을 공급한 것으로 본다.

④ 국외사업자가 정보통신망을 통하여 이동통신단말장치 또는 컴퓨터 등으로 공급하는 용역으로서 광고를 게재하는 용역을 국내에 제공하는 경우에는 그 용역을 공급받는 자가 사업자등록을 하여야 한다.

정답 ②

① 이미 신고한 과세표준과 납부한 납부세액 또는 환급받은 환급세액을 제외하고 신고해야 한다(부가법 49 ①).

③ 국외사업자가 사업자등록의 대상으로서 위탁매매인을 통하여 국내에서 용역을 공급하는 경우에는 해당 위탁매매인이 해당 용역을 공급한 것으로 본다(부가법 53 ①).

④ 국외사업자가 전자적 용역24을 국내에 제공하는 경우에는 사업의 개시일부터 20일 이내에 간편사업자등록을 하여야 한다(부가법 53의2 ①).

Chapter 09

Value Added Tax

간이과세

9 간이과세

1 개 요

❶ 간이과세제도의 특징

간이과세자는 직전 1역년의 재화와 용역의 공급대가(부가가치세가 포함된 가격)가 8,000만원에 미달하는 개인사업자에 한하며 일반과세자와 비교하여 간이과세의 특징을 살펴보면 다음과 같다.

구 분	간이과세자	일반과세자
납부세액	공급대가 × 10% × 업종별부가가치율	공급가액 × 10% - 세금계산서 등 매입세액
매입세액	공급대가에 0.5%를 곱한 금액을 납부세액을 한도로 공제함	매입세액을 매출세액에서 한도 없이 공제함
발급증빙	원칙 : 세금계산서 발급 예외 : 영수증발급 대상 업종, 직전연도 공급대가 4,800만원 미만, 신규사업자는 영수증 발급	원칙 : 세금계산서 발급 예외 : 영수증발급 대상 업종은 영수증 발급
예정신고 납부	부과납부(예외로 신고납부)	법인 : 신고납부(예외로 고지납부) 개인 : 고지납부(예외로 신고납부)
환급	환급받을 수 없음	일반환급, 조기환급도 모두 가능함
과세기간	1. 1. ~ 12. 31.	제1기 : 1. 1. ~ 6.30., 제2기 : 7. 1. ~ 12.31.

❷ 간이과세자의 범위

직전 1역년의 공급대가가 1억 400만원(휴업하거나 신규사업자의 경우에는 12월로 환산한 금액기준) 미만인 개인사업자는 간이과세를 적용받는다. 2024년 7월 1일 이후 1억 400만원으로 간이과세 공급대가 적용기준이 변경되었으며 그 이전에는 8천만원이 적용되어 왔다.

다만 다음의 사업을 영위하는 자는 직전 1역년의 공급대가와 관계없이 간이과세를 적용받을 수 없다.

(1) 간이과세의 적용배제

① 간이과세가 적용되지 않는 다른 과세사업장을 보유하고 있는 사업자

② 일반과세자로부터 사업을 양수한 사업자

③ 2 이상의 사업장을 운영하는 경우에는 2 이상의 사업장 공급대가 합계액이 1억 400만원 이상인 경우. 다만, 부동산임대업 또는 과세유흥장소에 해당하는 사업장을 둘 이상 경영하고 있는 사업자의 경우 그 둘 이상의 사업장의 직전 연도의 공급대가(하나의 사업장에서 둘 이상의

사업을 겸영하는 사업자의 경우 부동산임대업 또는 과세유흥장소의 공급대가만을 말한다)의 합계액이 4,800만원 이상인 사업자로 한다.

④ 전전년도기준 복식부기의무자가 경영하는 사업

⑤ 부동산임대업 또는 과세유흥장소를 경영하는 사업자로서 해당 업종의 직전 연도의 공급대가의 합계액이 4,800만원 이상인 사업자

⑥ 다음의 사업을 영위하는 자

㉠ 광업, 제조업*, 도매업(소매업의 겸영을 포함하고, 재생용재료수집 및 판매업은 제외함), 상품중개업, 전기·가스·증기 및 수도 사업, 건설업, 전문, 과학 및 기술서비스업과 사업시설 관리, 사업지원 및 임대 서비스업

* 제조업 중 주로 최종소비자에게 직접 재화를 공급하는 사업으로서 과자점업·도정업·제분업·양복점업·양장점업 및 자기가 공급하는 재화의 50% 이상을 최종소비자에게 공급하는 사업으로서 국세청장이 정하는 것은 간이과세의 적용이 가능함

㉡ 부동산매매업, 법소정*의 부동산임대업, 법소정의 과세유흥장소를 영위하는 사업

* 특별시·광역시 및 시의 지역에 소재하는 부동산임대사업장을 영위하는 사업으로서 국세청장이 정하는 규모 이상의 사업을 말함

㉢ 변호사업, 심판변론인업, 변리사업, 법무사업, 공인회계사업, 세무사업, 의사업, 한의사업, 약사업 등

㉣ 사업장소재지역, 사업의 종류, 규모 등을 감안하여 국세청장이 정하는 기준에 해당하는 사업

(2) 신규사업자 및 미등록사업자에 대한 간이과세의 적용

① 신규로 사업을 개시하는 개인사업자는 직전 1역년의 공급대가가 없으므로 사업자등록신청시 간이과세적용신고서를 제출한 경우에 간이과세를 적용한다.

② 사업자등록을 하지 않은 개인사업자는 사업을 개시한 날이 속하는 1역년에 있어서 공급대가의 합계액이 1억 400만원에 미달한 경우에는 최초의 과세기간에 있어서 간이과세자로 한다.

③ 위 ①, ②의 경우에도 간이과세의 적용배제업종을 영위하는 사업자의 경우에는 일반과세자로 한다.

예제

부가가치세법령상 간이과세자로 보는 사업자에 해당하는 것은? [2024년 국가직 9급]

① 부동산매매업을 경영하는 자로서 직전 연도의 공급대가의 합계액이 5천만원인 개인사업자

② 전기·가스사업을 경영하는 자로서 직전 연도의 공급대가의 합계액이 6천만원인 개인사업자

③ 도배, 실내 장식사업을 경영하는 자로서 직전 연도의 공급대가의 합계액이 7천만원인 개인사업자

④ 특별시에서 「개별소비세법」 제1조 제4항에 해당하는 과세유흥장소를 경영하는 자로서 직전 연도의 공급대가의 합계액이 5천만원인 개인사업자

정답 ③

부동산매매업, 전기사업, 가스사업을 경영하는 자는 금액과 관계없이 간이과세자로 보지 않으며, 개별소비세법 제1조 제4항에 해당하는 과세유흥장소를 경영하는 자는 직전 연도의 공급대가의 합계액이 4천 800만원 이상인 경우 간이과세자로 보시 않는다.

3 과세유형의 변경

(1) 과세유형의 변경시기

구 분	내 용
일반적인 경우	간이과세자에 대한 규정이 적용되거나 적용되지 않게 되는 기간은 1역년의 공급대가가 1억 400만원에 미달하거나 그 이상이 되는 해의 다음 해 7월 1일부터 그 다음 해의 6월 30일까지로 함
신규사업자의 경우	신규로 사업을 시작한 개인사업자의 경우에는 최초의 과세기간은 선택에 따라 간이과세 또는 일반과세를 적용하고, 최초로 사업을 개시한 해의 다음 해의 7월 1일부터 그 다음 해의 6월 30일까지로 함
간이과세의 배제사업을 겸영하게 된 경우	간이과세배제사업의 개시일이 속하는 과세기간의 다음 과세기간부터 간이과세를 적용하지 않음. 간이과세 배제사업 폐지일이 속하는 해의 다음 해 7월 1일부터 간이과세 적용
기타의 경우	① 간이과세자가 간이과세포기신고를 한 경우 일반과세를 적용받고자 하는 달이 속하는 과세기간의 다음 과세기간부터 해당 사업장 외의 사업장에 대하여 간이과세를 적용하지 않음 ② 간이과세자가 일반과세사업장을 신규로 개설한 경우 해당 사업의 개시일이 속하는 과세기간의 다음 과세기간부터 간이과세를 적용하지 않음 ③ 결정 또는 경정한 공급대가가 기준금액 이상인 개인사업자는 그 결정 또는 결정한 날이 속하는 과세기간까지 간이과세자로 봄

(2) 과세유형의 변경절차

과세유형이 변경되는 경우에 해당 사업자의 관할세무서장은 그 변경되는 과세기간개시 20일 전까지 그 사실을 통지해야 하며, 사업자등록증을 정정하여 과세기간의 개시 당일까지 발급해야 한다.

① 간이과세자로 변경시 : 변경통지에 관계없이 간이과세를 적용한다. 다만, 부동산임대업의 경우에는 예외적으로 변경통지를 받은 날이 속하는 과세기간까지는 일반과세를 적용한다. 부동산임대업의 경우, 바로 적용시 거액의 재고납부세액이 부담되기 때문이다.

② 일반과세자로 변경시 : 변경통지를 받는 날이 속하는 과세기간까지는 간이과세를 적용한다.

(3) 간이과세의 포기

구 분	내 용
취지	간이과세의 적용에 따른 누적효과를 제거하고 세금계산서를 발급하지 못함에 따른 불이익을 해소하는 데 목적이 있음. 한편, 누적효과를 제거하기 위한 제도는 ① 의제매입세액공제, ② 재활용폐자원 등 매입세액공제, ③ 면세포기, ④ 간이과세포기 등이 있음
포기절차	포기하고자 하는 달의 전달 말일까지 간이과세포기신고서를 제출함
간이과세적용의 제한	① 간이과세를 포기한 사업자는 그 적용받고자 하는 달의 1일부터 3년이 되는 날이 속하는 과세기간까지는 일반과세를 적용함 ② 간이과세를 포기한 사업자가 3년이 경과한 후 다시 간이과세의 적용을 받고자 할 때에는 이를 적용받고자 하는 과세기간개시 10일 전까지 간이과세적용신고서를 제출해야 함

예제

부가가치세법령상 과세유형의 전환에 대한 설명으로 옳지 않은 것은? [2022년 국가직 7급]

① 일반과세자가 간이과세자로 변경되는 경우 그 변경되는 해에 간이과세자에 관한 규정이 적용되는 기간의 부가가치세의 과세기간은 그 변경 이후 1월 1일부터 12월 31일까지이다.

② 간이과세자가 일반과세자로 변경되는 경우 그 변경되는 해에 간이과세자에 관한 규정이 적용되는 기간의 부가가치세의 과세기간은 그 변경 이전 1월 1일부터 6월 30일까지이다.

③ 간이과세자가 부가가치세법 시행령 제109조 제2항에 따른 사업(간이과세자로 보지 아니하는 사업)을 신규로 겸영하는 경우에는 해당 사업의 개시일이 속하는 과세기간의 다음 과세기간부터 간이과세자에 관한 규정을 적용하지 않는다.

④ 부가가치세법 시행령 제109조 제2항에 따른 사업(간이과세자로 보지 아니하는 사업)을 신규로 겸영하여 일반과세자로 전환된 사업자로서 해당 연도 공급대가의 합계액이 1억 4백만원 미만인 사업자가 해당 간이과세자로 보지 아니하는 사업을 폐지하는 경우에는 해당 사업의 폐지일이 속하는 연도의 다음 연도 7월 1일부터 간이과세자에 관한 규정을 적용한다.

정답 ①

일반과세자가 간이과세자로 변경되는 경우 그 변경되는 해에 간이과세자에 관한 규정이 적용되는 기간의 부가가치세 과세기간은 그 변경 이후 7월 1일부터 12월 31일까지이다.

참고 면세포기와 간이과세포기

구 분	면세포기	간이과세포기
관할세무서장의 승인	불필요	불필요
포기대상의 제한	다음에 한하여 면세포기를 인정함 ① 영세율이 적용되는 재화·용역 ② 학술연구단체·기술연구단체가 공급하는 재화·용역	제한 없음
포기신청기한	언제든지 가능	포기하고자 하는 달의 전달 말일
기타	① 면세포기신고일부터 3년간은 면세를 받지 못함 ② 3년 경과후 다시 면세를 적용받고자 하는 경우 면세적용신고를 해야 함	① 적용받고자 하는 달의 1일부터 3년이 되는 날이 속하는 과세기간까지는 일반과세를 적용함 ② 적용받고자 하는 과세기간개시 10일 전까지 간이과세적용신고를 해야 함

④ 계산구조

구 분	금 액	업종별부가가치율	세 율	세 액
과 세 분	×××	×××	10%	×××
+영 세 율 적 용 분	×××		0%	-
+재 고 납 부 세 액	×××			×××
=납 부 세 액	×××			×××
- 매입세금계산서 등 수취세액공제	×××			(×××)
- 신용카드매출전표 등 발행세액공제	×××			(×××)
-전 자 신 고 세 액 공 제	-			(×××)
+가 산 세	-			×××
= (지방소비세차감전) 차가감납부할세액				×××
× 74.7%				× 74.7%
= (지방소비세차감후) 차가감납부할세액				×××

* 공제세액합계는 납부세액합계를 한도로 공제함 ☞ 환급 ×

(1) 과세표준 및 납부세액

납부세액 = 과세표준 × 업종별 부가가치율 × 10%(영세율 : 0%) + 재고납부세액

1) 과세표준

간이과세자의 과세표준은 부가가치세를 포함한 가격인 공급대가이다.

2) 업종별 부가가치율

구 분	부가가치율
소매업, 재생용 재료수집 및 판매업, 음식점업	15%
제조업, 농업·임업 및 어업, 소화물 전문 운송업	20%
숙박업	25%
건설업, 그 밖의 운수업, 창고업, 정보통신업, 그 밖의 서비스업	30%
금융 및 보험관련 서비스업, 전문·과학 및 기술 서비스업(인물사진 및 행사용 영상 촬영업 제외), 사업시설관리·사업지원 및 임대 서비스업, 부동산 관련 서비스업, 부동산임대업	40%

참고 **2 이상의 업종에 공통으로 사용하던 재화를 공급한 경우**

간이과세자가 2 이상의 업종에 공통으로 사용하던 재화를 공급하여 업종별 실지귀속을 구분할 수 없는 경우에 적용할 부가가치율은 다음 산식에 의하여 계산한 율의 합계액으로 한다. 이 경우 휴업 등으로 인하여 해당 과세기간의 공급가액이 없는 경우에는 그 재화를 공급한 날에 가장 가까운 과세기간의 공급대가에 의하여 계산한다.

$$\text{공통사용재화의 공급시 부가가치율} = \text{해당 재화와 관련된 각 업종별 부가가치율} \times \frac{\text{해당 과세기간의 각 업종의 공급대가}}{\text{해당 과세기간의 전체 업종의 총공급대가}}$$

3) 재고납부세액

일반과세자가 간이과세자로 변경된 경우에 당초 공제받은 매입세액을 취소하여 납부세액에 가산하는 금액을 말한다.

(2) 공제세액

1) 매입세금계산서 등 수령세액공제

간이과세자가 다른 사업자로부터 세금계산서·신용카드매출전표 등을 발급받아 매입처별세금계산서합계표 또는 신용카드매출전표 등 수령명세서를 사업장 관할세무서장에게 제출하는 때에는 다음의 금액을 각 과세기간에 대한 납부세액에서 공제한다. 다만, 그 공제액이 각 과세기간의 납부세액을 초과하는 경우에는 그 초과하는 부분은 없는 것으로 한다.

매입세금계산서 등 수취세액공제액 = 세금계산서 등을 발급받은 공급대가[*1] × 0.5%

*1 위 공급대가에 일반과세자의 매입세액공제규정을 준용하여 공제되지 않는 매입세액은 제외하며, 매입자발행세금계산서상의 매입세액은 포함함

2) 신용카드매출전표 등 발행세액공제

다음의 간이과세자가 과세되는 재화 또는 용역을 공급하고 세금계산서의 발급시기에 신용카드매출전표, 현금영수증 등을 발행하거나, 전자화폐로 결제받는 경우에는 다음의 금액을 납부세액에서 공제한다. 간이과세자가 공제받는 금액이 납부할 세액을 초과하는 때에는 그 초과부분은 없는 것으로 한다.

① 영수증발급 대상업종을 영위하는 사업자(직전 연도의 재화 또는 용역의 공급가액의 합계액이 사업장을 기준으로 10억원을 초과하는 자는 제외)

② 직전연도 공급대가 4,800만원 미만 사업자 및 신규사업자

신용카드매출전표 등 발행세액공제액 : Min[①, ②]

① 신용카드매출전표 등 발행금액(부가가치세를 포함함) × 1.3%

② 연간 1,000만원 ☞ 한도액

예를 들어, 1기 발급 5억원 : Min[5억원 × 1.3% = ₩6,500,000, ₩10,000,000] = ₩6,500,000

2기 발급 4억원 : Min[4억원 × 1.3% = ₩5,200,000, ₩3,500,000] = ₩3,500,000

3) 전자신고세액공제

간이과세자가 직접 전자신고방법에 의하여 부가가치세의 신고를 하는 경우에는 해당 납부세액에서 1만원을 공제한다.

4) 전자세금계산서 발급 전송에 대한 세액공제

전자세금계산서 발급 전송에 대한 세액공제 = Min[① 발급건수 × 200원, ② 100만원]

(3) 가산세

구 분	가산세
(1) 미등록가산세	공급대가 × 0.5%
(2) 세금계산서불성실 가산세	• 발급관련 : 일반과세자와 동일 • 수취관련 : 다음의 가산세만 적용 ① 미수취[*1] : 공급대가 × 0.5% ② 경정시 공제[*2] : 공급가액 × 0.5%
(3) 매출처별세금계산서합계표불성실 가산세	일반과세자와 동일
(4) 전자세금계산서바급명세전송불성실가산세	일반과세자와 동일
(5) 매출처별세금계산서합계표불성실 가산세	없음
(6) 신고불성실가산세	일반과세자와 동일
(7) 납부지연가산세	일반과세자와 동일

*1 미수취 : 세금계산서를 발급하여야 하는 사업자로부터 재화 또는 용역을 공급받고 세금계산서를 발급받지 아니한 경우(영수증을 발급하여야 하는 기간에 세금계산서를 발급받지 아니한 경우는 제외)를 말한다.

*2 경정시 공제 : 세금계산서 등을 발급받고 수취세액공제를 받지 아니한 경우로서 결정 또는 경정 기관의 확인을 거쳐 간이과세자의 납부세액계산 특례규정에 따라 납부세액을 계산할 때 매입세액으로 공제받는 경우를 말한다.

예제

간이과세자인 A는 과세유흥장소가 아닌 음식점업(업종별 부가가치율 15%)을 영위하고 있다. 아래 20×9년 자료에 의하여 A가 납부하여야 할 차가감 납부세액을 계산하시오.

(1) 1월 1일부터 12월 31일까지의 공급대가(부가가치세 포함)는 ₩88,000,000이며, 이 중 신용카드매출전표 및 현금영수증 발행금액은 ₩10,000,000이다.

(2) 1월 1일부터 12월 31일까지의 세금계산서를 발급받은 재화·용역의 공급대가는 ₩11,000,000으로서 이 중 기업업무추진비와 관련된 공급대가 ₩2,200,000이 포함되어 있다.

(3) 갑은 20×6년 과세기간의 과세표준과 납부세액을 전자신고하고자 하며, 예정부과기간에 고지납부한 세액은 없다.

정답

1. 납부세액 : ₩88,000,000 × 15%(업종별 부가가치율) × 10% = ₩1,320,000

2. 공제세액
   (1) 신용카드매출전표 등 발행공제 : ₩10,000,000 × 1.3% = ₩130,000
   (2) 세금계산서 등 세액공제 : (₩11,000,000 - 2,200,000) × 0.5% = ₩44,000
   (3) 전자신고세액공제 : ₩10,000
3. 차가감 납부세액 : ₩1,320,000 - 130,000 - 44,000 - 10,000 = ₩1,136,000

---

5 신고와 납부

(1) 개 요

간이과세자는 과세기간의 과세표준과 납부세액을 그 과세기간이 끝난 후 25일(폐업하는 경우에는 폐업일이 속한 달의 다음 달 25일)이내에 정부에 신고하고 납부해야 하며, 일반과세자와는 달리 제1기 확정신고의 납부절차는 없으나 예정부과기간에 대한 고지납부 또는 신고·납부절차는 있음에 유의해야 한다. 따라서 해당 과세기간의 세액을 납부하는 경우 예정부과기간에 대하여 납부한 세액은 공제하고 납부한다.

이때, 간이과세자는 매출·매입처별세금계산서합계표를 신고와 함께 제출해야 한다.

(2) 예정부과제도

1) 원 칙 : 사업장 관할세무서장의 예정부과·징수

사업장 관할세무서장은 예정부과기간(1월 1일부터 6월 30일까지)마다 직전과세기간에 대한 납부세액의 50%에 해당하는 금액을 납부세액으로 결정(7월 1일부터 7월 10일까지 납세고지서를 발부함)하여 예정부과기간이 끝난 후 25일 이내 고지 징수한다.

> 예정부과기간의 납부세액 = 직전 과세기간에 대한 납부세액의 1/2

직전 과세기간에 대한 납부세액의 경우, 납부세액에서 공제하거나 경감한 신용카드발행세액 공제, 전자신고세액공제, 세금계산서 수취분에 대한 매입세액공제액, 농수산물의제매입 세액 공제액이 있는 경우 그 세액을 뺀 금액으로 하고, 결정, 경정과 수정신고 및 경정청구에 따른 결정이 있는 경우에는 그 내용이 반영된 금액으로 한다. 직전 과세기간이 일반과세자가 간이과세자로 변경된 이후 7월 1일부터 12월 31일까지의 과세기간에 해당하는 경우에는 직전 과세기간에 대한 납부세액의 전액을 말하며, 1천원 미만의 단수가 있을 때에는 그 단수금액은 버린다.

다만, 징수하여야 할 금액이 50만원 미만이거나 일반과세자에서 과세기간 개시일 현재 간이과세자로 변경된 경우, 국세징수법에 따른 재난 등으로 인한 납부기한 등의 연장사유로 관할세무서장이 징수해야 할 금액을 간이과세자가 납부할 수 없다고 인정되는 경우에는 이를 징수하지 않는다.

2) 예 외 : 간이과세자의 신고·납부 허용 혹은 강제

① 간이과세자의 신고·납부 허용

휴업 또는 사업부진 등으로 예정부과기간의 공급가액 또는 납부세액이 직전예정부과기간의 공급가액 또는 납부세액의 3분의 1에 미달하는 간이과세자는 예정부과기간의 과세표준과 납부세액을 예정부과기한까지 신고·납부할 수 있다.

② 간이과세자의 신고·납부 강제

예정부과기간에 세금계산서를 발급한 간이과세자는 예정부과기간의 과세표준과 납부세액을 예정부과기한까지 사업장 관할 세무서장에게 신고하여야 한다.

* 예외규정에 따라 예정신고하는 간이과세자는 매출·매입처별 세금계산서합계표를 예정신고할 때 제출하여야 한다. 다만, 매출·매입처별 세금계산서합계표를 예정신고를 할 때 제출하지 못하는 경우에는 확정신고를 할 때 이를 제출할 수 있다.

(3) 납부의무의 면제

간이과세자의 해당 과세기간에 대한 공급대가가 4,800만원 미만인 경우에는 납부세액의 납부의무를 면제한다. 이 경우 다음의 사항에 주의해야 한다.

① 미등록가산세를 제외한 가산세는 부과하지 않는다. ☞ 미등록가산세는 공급대가의 0.5%와 5만원 중 큰 금액으로 하며 고정사업장이 없는 경우에는 미등록가산세도 부과하지 않음

② 재고납부세액은 면제대상에서 제외하므로 납부할 의무가 있다.

③ 납부의무가 면제되는 사업자가 자진납부한 사실이 확인된 경우에는 납부한 금액을 환급한다.

한편, 해당 과세기간에 신규로 사업을 시작한 간이과세자에 대하여는 그 사업개시일부터 그 과세기간종료일까지의 공급대가의 합계액을 12개월로 환산한 금액을 기준으로 하고, 휴업자·폐업자 및 과세기간 중 과세유형을 전환한 간이과세자에 대하여는 그 과세기간개시일부터 휴업일·폐업일 및 과세유형전환일까지의 공급대가의 합계액을 12개월로 환산한 금액을 기준으로 한다. 이 경우 1개월 미만의 끝수가 있을때에는 이를 1개월로 한다.

2 과세유형변경시 세액계산의 특례

1 의 의

구 분	내 용
재고매입세액	간이과세자가 일반과세자로 과세유형의 변경시 간이과세자가 재고품 및 감가상각자산의 매입 당시 부담한 매입세액 중 매입세금계산서 등 수취세액공제로 공제받은 금액외의 공제받지 못한 금액을 추가로 공제하는 제도임
재고납부세액	일반과세자가 간이과세자로 과세유형의 변경시 일반과세자가 재고품 및 감가상각자산의 매입당시 공제받은 매입세액 중 매입세금계산서 등 수취세액공제로 공제받을 금액외의 공제받은 금액을 다시 납부하는 제도임

(1) 대상자산

① 재고품 : 상품, 제품(반제품 및 재공품을 포함함), 재료(부재료를 포함함) ☞ 저장품은 대상 ×

② 건설 중인 자산

③ 감가상각자산

㉠ 건물·구축물 : 취득 후 10년 이내의 것

㉡ 기타 감가상각자산 : 취득 후 2년 이내의 것

재고매입세액의 경우 매입세액공제대상인 자산인 것에 한하며, 재고납부세액의 경우 매입세액을 공제받은 경우만 해당하되, 사업의 양도에 의하여 사업양수자가 양수한 자산으로서 사업양도자가 매입세액을 공제받은 재화를 포함한다.

(2) 신 고

과세유형이 변경되는 날의 직전과세기간에 대한 신고와 함께 대상자산을 신고해야 한다.

(3) 승 인

신고를 받은 관할세무서장은 재고금액을 조사·승인하고 다음의 기한 내에 해당 사업자에게 재고매입세액·재고납부세액을 통지해야 하며 통지가 없는 경우 신고한 재고금액을 승인한 것으로 간주한다.

구 분	내 용
재고매입세액	재고품 등 신고기한 경과 후 1월 이내에 해당 사업자에게 공제될 재고매입세액을 통지
재고납부세액	간이과세자로 변경된 날부터 90일 이내 해당 사업자에게 재고납부세액을 통지

2 재고매입세액(간이과세자 → 일반과세자)

간이과세자가 일반과세자로 변경되는 경우 변경일 현재 보유하고 있던 재화의 공급에 대해서도 일반과세자로서 매출세액을 납부하여야 한다. 따라서 간이과세자였을 때 매입하였던 잔존재화의 매입세액을 전액 공제해 주어야만 일반과세자와 과세형평을 유지할 수 있다. 즉, 간이과세자였을 때 재화를 매입하였음에도 불구하고 매입세액을 전액 공제받지 못하고 세금계산서 등 세액공제만 받았기 때문에 일반과세자로 전환되는 시점에서 잔존재화에 대한 매입세액을 공제해 주는데 이것이 재고매입세액공제이다.

재고매입세액은 다음의 금액을 그 승인을 얻은 날이 속하는 과세기간의 매출세액에서 공제한다.

구 분	재고매입세액
재고품	취득가액[*1] $\times \frac{10}{110} \times (1 - 0.5\% \times \frac{110}{10})$
건설 중인 자산	건설중인자산 관련 공제대상매입세액 $\times (1 - 0.5\% \times \frac{110}{10})$
매입한 감가상각자산	취득가액[*1] $\times \frac{10}{110} \times$ (1 - 체감률[*2] × 경과된 과세기간의 수) $\times (1 - 0.5\% \times \frac{110}{10})$
자가제작 감가상각자산	제작 관련 공제대상매입세액 × (1 - 체감률[*2] × 경과된 과세기간의 수) $\times (1 - 0.5\% \times \frac{110}{10})$

*1 장부 또는 세금계산서에 의해 확인되는 금액을 취득가액(부가가치세를 포함함)으로 하며, 장부 또는 세금계산서가 없거나 누락된 경우에는 재고매입세액을 계산하지 않음

*2 건물 또는 구축물의 경우 10%, 기타감가상각자산의 경우 50%를 적용함

예제

20×3. 7. 1에 간이과세자이던 A는 일반과세자로 변경되었다. 과세유형 변경일 현재 사업장의 자산내역의 다음과 같을 경우 A의 과세유형 변경에 따른 재고매입세액공제액을 계산하시오.

구 분	취득일	취득가	장부가	시가
상품	20×2. 1. 21	₩11,000,000	₩10,000,000	₩6,000,000
건물	20×1. 7. 20	₩110,000,000	₩20,000,000	₩14,000,000
기계장치	20×2. 6. 20	₩22,000,000	₩5,000,000	₩3,000,000
비영업용 소형승용차	20×2. 4. 20	₩25,000,000	₩10,000,000	₩7,000,000

* 상기 금액은 부가가치세가 포함된 것이다.

정답

1. 상 품 : ₩11,000,000 × $\frac{110}{10}$ × (1 − 0.5% × $\frac{110}{10}$) = ₩945,000
2. 건 물 : ₩110,000,000 × (1 − 10% × 2) × $\frac{110}{10}$ × (1 − 0.5% × $\frac{110}{10}$) = 7,560,000
3. 기계장치 : ₩22,000,000 × (1 − 50% × 1) × $\frac{110}{10}$ × (1 − 0.5% × $\frac{110}{10}$) = 945,000
4. 재고매입세액공제 : ₩9,450,000

3 재고납부세액(일반과세자 → 간이과세자)

일반과세자가 간이과세자로 변경될 경우 변경일 현재 보유하고 있던 재화에 대해서는 일반과세자로서 공급받을 때 매입세액을 이미 공제받았다. 이 재고재화를 간이과 세자로 변경된 후에 공급하면 부가가치율을 곱한 후의 적은 금액에 대해서 납부세액이 계산된다.

이러한 문제점을 해결하기 위하여 부가가치세법에는 일반과세자가 간이과세자로 전환될 때, 이미 공제받은 매입세액을 취소하는 방안으로 일종의 매입세액공제의 정산이라고 할 수 있는 재고납부세액제도를 도입하고 있다. 재고납부세액은 간이과세자로 변경된 날부터 거래에 대한 납부할 세액에 가산하여 납부한다.

구 분	재고매입세액
재고품	취득가액[*1] × $\frac{10}{110}$ × (1 - 0.5% × $\frac{110}{10}$)
건설 중인 자산	건설중인자산 관련 공제대상매입세액 × (1 - 0.5% × $\frac{110}{10}$)
매입한 감가상각자산	취득가액[*1] × $\frac{10}{110}$ × (1 - 체감률[*2] × 경과된 과세기간의 수) × (1 - 0.5% × $\frac{110}{10}$)
자가제작 감가상각자산	제작 관련 공제대상매입세액 × (1 - 체감률[*2] × 경과된 과세기간의 수) × (1 - 0.5% × $\frac{110}{10}$)

*1 장부 또는 세금계산서에 의해 확인되는 금액을 취득가액(부가가치세 제외)으로 하며, 장부 또는 세금계산서가 없거나 누락된 경우에는 시가에 의함
*2 건물 또는 구축물의 경우 5%, 기타감가상각자산의 경우 25%를 적용함

예제1

20×3. 7. 1에 일반과세자이던 A는 간이과세자로 변경되었다. 과세유형 변경일 현재 사업장의 자산내역의 다음과 같을 경우 A의 과세유형 변경에 따른 재고납부세액을 계산하시오.

구 분	취득일	취득가	장부가	시가
상 품	20×2. 1. 21	₩11,000,000	₩10,000,000	₩6,000,000
건 물	20×1. 7. 20	₩110,000,000	₩20,000,000	₩14,000,000
기 계 장 치	20×2. 6. 20	₩22,000,000	₩5,000,000	₩3,000,000
비영업용 소형승용차	20×2. 4. 20	₩25,000,000	₩10,000,000	₩7,000,000

* 상기 금액은 부가가치세가 포함된 것이다.

정답

1. 상 품 : $₩11,000,000 \times 10\% \times (1 - 0.5\% \times \frac{110}{10}) =$ ₩1,039,500
2. 건 물 : $₩110,000,000 \times (1 - 5\% \times 2) \times 10\% \times (1 - 0.5\% \times \frac{110}{10}) =$ 9,355,500
3. 기계장치 : $₩22,000,000 \times (1 - 25\% \times 1) \times 10\% \times (1 - 0.5\% \times \frac{110}{10}) =$ 1,559,250
4. 비영업용 소형승용차 : –*
5. 재고납부세액 : ₩11,954,250

* 소형승용자동차의 경우 식료품가공업에서는 비영업용소형승용차로 사용되므로 매입세액 공제대상이 아니며 토지의 공급도 매입세액공제대상이 아니다.

예제2

간이과세제도에 관한 설명으로 옳지 않은 것은? [2010년 세무사 기출 수정]

① 과자점업만을 영위하는 개인사업자로서 직전연도의 공급대가의 합계액이 1억 400만원에 미달하는 경우에는 간이과세를 적용받을 수 있다.

② 광업 또는 부동산매매업을 영위하는 개인사업자의 경우에는 직전연도의 공급 대가의 합계액에 관계없이 간이과세를 적용받을 수 없다.

③ 간이과세를 포기하고자 하는 경우에는 일반과세자에 관한 규정을 적용받으려 는 달의 전달 마지막 날까지 법령이 정하는 바에 따라 사업장 관할세무서장에게 간이과세 포기신고를 하여야 한다.

④ 간이과세자의 해당 과세기간에 대한 공급대가가 4,800만원 미만인 경우에는 그 과세기간의 공급대가에 해당 업종의 부가가치율을 곱한 금액의 100분의 10에 상당하는 납부세액과 납부세액에 더하여야 할 재고매입세액의 납부의무를 면제한다.

정답 ④

간이과세자의 해당 과세기간에 대한 공급대가가 4,800만원 미만인 경우에도 납부세액 에 더하여야 할 재고매입세액은 납부하여야 한다.

참고 재고매입세액공제와 재고납부세액의 비교

구 분	재고매입세액공제	재고납부세액
적용대상	간이과세자 ⇨ 일반과세자	일반과세자 ⇨ 간이과세자
대상자산	과세유형 변경일 현재의 재고품 및 감가상각자산(매입세액공제대상에 한함)	과세유형 변경일 현재의 재고품 및 감가상각자산(매입세액공제를 받은 것에 한 함)
통지기한	재고품 등의 신고기한 경과 후 1월 이내	간이과세자로 변경된 날로부터 90일 이내
공제 및 납부방법	승인을 얻은 날이 속하는 예정신고기간 또는 과세기간의 매출세액에서 공제(환급가능)	간이과세자로 변경된 날로부터 6월간의 거래에 대한 납부할 세액에 가산하여 납부
재고품 또는 감가상각자산의 금액	장부 또는 세금계산서에 의해 확인되는 취득가액(부가가치세 포함)	장부 또는 세금계산서에 의해 확인되는 취득가액(부가가치세 제외)
취득가액이 확인되지 않는 경우	공제불가	장부 또는 세금계산서가 없거나 기장이 누락된 경우에는 시가에 의해 납부하여야 함
매입세액계산	재고금액 등의 10/110	재고금액 등의 10/100

3 간이과세자와 일반과세자 간 비교

❶ 적용대상

직전 1역년의 공급대가가 1억 400만원 미만인 개인사업자는 자동적으로 간이과세를 적용받는다. 다만 제조업 등 아래의 일정한 사업을 영위하는 개인사업자는 간이과세를 적용받을 수 없다.

① 광업·도매업·제조업

② 부동산매매업·일정한 부동산임대업(특별시·광역시 및 시의 지역에 소재하는 부동산임대사업장을 영위하는 사업으로서 국세청장이 정하는 규모 이상의 사업을 말함)·일정한 과세유흥장소

③ 일정한 전문자격사업 : 변호사업, 심판변론인업, 변리사업, 법무사업, 공인회계사업, 세무사업, 의사업, 한의사업, 약사업 등

이 때, 제조업 전부가 간이과세 배제되는 것은 아니며 제조업 중 주로 최종소비자에게 직접 재화를 공급하는 사업으로서 과자점업·도정업·제분업·양복점업·양장점업 및 자기가 공급하는 재화의 50% 이상을 최종소비자에게 공급하는 사업으로서 국세청장이 정하는 것은 간이과세의 적용이 가능하다.

또한 신규로 사업을 개시하는 개인사업자는 직전 1역년의 공급대가가 없으므로 사업자등록신청시 간이과세적용신고서를 제출한 경우에 간이과세를 적용하며, 사업자등록을 하지 않은 개인사업자는 사업을 개시한 날이 속하는 1역년에 있어서 공급대가의 합계액이 1억 400만원에 미달한 경우에는 최초의 과세기간에 있어서 간이과세자로 한다. 다만 이 경우에도 간이과세의 적용배제업종을 영위하는 사업자의 경우에는 일반과세자로 한다.

부가가치세법에서는 간이과세를 적용받는 사업자를 정의하고 있으며, 이에 해당하지 않는 사업자를 일반과세자로 분류하고 있다.

② 세금계산서 발행

세금계산서 발급의 의무가 있는 대상자는 다음과 같다.

구 분		발급증빙
과세 사업자	일반 과세자	법인사업자, 직전공급가액 3억 이상 개인사업자 : 전자세금계산서 발급
		최종소비자대상업종 : 영수증 발급
		위 외의 경우 : 세금계산서 발급(전자세금계산서 발급가능)
	간이 과세자	일반적인 경우 : 세금계산서 발급
		신규사업자 및 직전연도 공급대가 합계액이 4,800만원 미만인 사업자 : 영수증 발급

납세의무자 분류와 세금계산서 발급대상 분류를 연결해보면, 부가가치세의 납세의무자인 과세사업자는 원칙적으로 세금계산서를 발급하여야 한다. 그러나 소매업 등 주로 최종소비자와 거래하는 영수증 발급 대상자는 영수증을 발급할 수 있으며, 간이과세자 중 신규사업자 및 직전연도 공급대가 합계액이 4,800만원 미만인 사업자는 영수증을 발급하여야 한다.

③ 납부세액의 구조

간이과세자의 과세표준은 해당 과세기간의 공급대가의 합계액으로 하며 업종별 부가가치율에 10%를 곱하여 납부세액을 산출하므로 부가가치세액을 간편하게 산출하는 특징이 있다. 다만 간이과세자는 매입세액 공제를 받을 수 없으므로 사업초기, 매입세액이 매출세액보다 많은 경우, 일반과세자는 차액만큼 환급을 받지만 간이과세자는 환급을 받지 못한다. 즉 사업자등록시 간이과세자의 혜택을 누리고자 간이과세자로 등록한 경우 사업초기 매입세액이 많더라도 돌려받지 못하게 되는 상황이 발생할 수 있다.

참고 **간이과세자와 일반과세자**

구 분	간이과세	일반과세
적용대상자	직전 1역년의 공급대가가 1억 400만원만원 미만인 개인사업자(법인은 안됨).	간이과세자가 아닌 모든 과세사업자(개인, 법인사업자)
적용배제업종	• 간이과세가 적용되지 않는 다른 사업장 보유 • 제조업 등 아래의 일정한 사업을 영위하는 자 ① 광업·도매업·제조업 ② 부동산매매업·일정한 부동산임대업·과세유흥장소 ③ 일정한 전문자격사업	없음
세금계산서 발행	원칙 : 세금계산서 발급 예외 : 영수증발급 대상 업종은 영수증 발급가능하되, 직전연도 공급대가 4,800만원 미만, 신규사업자는 세금계산서 발급불가	원칙 : 세금계산서 발급 예외 : 영수증발급 대상 업종은 영수증 발급
납부세액의 구조	공급대가 × 부가가치율 × 세율	매출세액 - 매입세액
대손세액공제	없음	있음
매입세금계산서 등 수취세액공제	공급대가 × 0.5%	매입세액 × 100%
의제매입세액공제	없음	적용
예정신고납부 및 예정고지	세금계산서 발급한 간이과세자는 예정부과기간의 납부세액 신고 납부 의무 그 외의 경우 예정부과, 징수	법인 : 신고납부(예외로 고지납부) 개인 : 고지납부(예외로 신고납부)
납부의무의 면제	해당 과세기간의 공급대가가 4,800만원 미만인 경우 납부의무를 면제함. 단, 재고납부세액은 면제하지 않음	없음
포기제도	간이과세를 포기하고 일반과세자가 될 수 있음	없음
가산세	① 미등록가산세 : 공급대가의 0.5% ② 세금계산서 수취 관련 가산세 : 미수취시 적용	① 미등록가산세 : 공급대가의 1% ② 세금계산서 수취 관련된 가산세 : 미수취 이외의 지연수취 등에도 적용
과세유형변경시	재고납부세액을 적용함	재고매입세액을 적용함

저/자/소/개

신일항

경 력

- (현) 가천대학교 경영대학 교수
  한국윤리경영학회 부회장(ESG위원회 위원장)
  한국공인회계사회 논문편집위원회 회계감사분과장
- (전) 한국회계정보학회 부회장(IT 회계혁신위원장)
  한국윤리경영학회 상임이사(AI & Tech윤리위원회 위원장)
  한국공인회계사회 중소회계법인 감사품질개선 위원회 위원
  삼일회계법인, Senior Manager
  삼정회계법인, Manager

학 력

- 연세대학교, 경영학 박사
- 연세대학교, 경영학 석사
- 연세대학교, 경제학 학사

자격증

- 공인회계사(K.I.C.P.A.)
- 세무사(C.T.A.)
- 공인내부감사사(C.I.A.)
- 공인정보시스템감사사(C.I.S.A.)

저 서

- 경영학을 만나다 (한경사), 2022
- 회계감사바이블 (탐진), 2022
- 알기쉬운 회계감사 (탐진), 2021
- 회계입문 바이블 (탐진), 2021

논 문

- Asia-Pacific Business Review / Asia-Pacific Journal of Accounting & Economics / 회계학연구 / 회계저널 / 세무와 회계저널 / 회계 · 세무와 감사 연구등 다수

부가가치세법 입문 바이블

발행일 • 2025년 6월 12일

지은이 • 신 일 항
펴낸이 • 김 대 명
펴낸곳 • 나우퍼블리셔
등록번호 • 2020년 1월 20일 (제2020-000005호)
주소 • 서울특별시 성동구 한림말5길 11 덕성빌딩
전화 • 010-9133-5272 | 팩스 02-6305-3639
전자우편 • nowpublisher@daum.net
홈페이지 • www.nowpublisher.co.kr
ISBN • 979-11-7102-125-3 93320
가격 • 20,000원

이 저서는 2024년 가천대학교 교내연구비 지원에 의한 결과임
(GCU-202405920001)